JN290578

法と暴力の記憶

東アジアの歴史経験

高橋哲哉／北川東子／中島隆博――［編］

東京大学出版会

Law, History, and Violence in East Asia
TAKAHASHI Tetsuya, KITAGAWA Sakiko and NAKAJIMA Takahiro, editors
University of Tokyo Press, 2007
ISBN978-4-13-010103-5

はじめに

日本、韓国、中国、台湾など、東アジアの国と地域で歴史認識をめぐる論争が激しくなっている。日本と韓国、日本と中国の間で、靖国問題、歴史教科書問題、戦後補償問題など、「過去」をどう捉えるかが政治・外交問題にまで発展することは周知の通りである。だが、それぱかりではない。韓国ではたとえば軍事独裁政権時代の評価をめぐって、とくにその時代に犯された国家による人権侵害をめぐって、深刻な対立が生じている。中国でもたとえば文化大革命時代の評価をめぐって、当時の「イデオロギー暴力」をめぐって、やはり議論が起こりつつある。フェミニズムとジェンダーの視点の導入は、日本でも韓国でも中国でも台湾でも、従来の男性中心的な歴史像に異議を唱えて議論を巻き起こしている。

本書はこうした東アジアにおける歴史認識問題を、従来広く見られた枠組みに囚われず、より広い視点から考察しようとしたものである。従来こうした問題は、とくにかつての日本帝国が行なった戦争と植民地支配の実態と評価をめぐって、日韓、日中などの二国間関係で歴史家を中心に議論が行なわれてきた。これに対して、本書のアプローチの特徴はとりあえず以下の三点に求められよう。

（一）　執筆者は日本が四名、韓国から四名、中国から二名、台湾から二名、フランスから一名と多様である。その専門も、哲学を中心に歴史学、法学、人類学、文学研究、思想史など多岐にわたる。

（二）一九四五年に終焉を迎えた日本帝国による戦争と植民地支配だけでなく、一九四五年以後の東アジアにおける暴力の歴史にも考察を広げた。結果として、一九世紀後半から二〇世紀後半までのおよそ百年に及ぶ東アジアの歴史を射程に収めた。

（三）書名にもあるように、こうした東アジアにおける暴力の歴史を、とくに「法」と「暴力」との絡み合い、共犯関係という観点から考察した。

これらのうち、（一）の意味は明らかであろうし、（二）についてはとくに第Ⅲ部の序を参照していただくとして、ここでは（三）について多少の敷衍をしておきたい。

本書で私たちは、東アジアにおける近代百年の歴史経験に「法と暴力」という観点から接近しようと試みた。その場合とくに重要なのは、「法」と「暴力」との絡み合い、共犯関係という問題意識である。

法と暴力とは一般に対立的に捉えられることが多い。法律は人間社会において不法な暴力を抑止し、また取り締まるものだと考えられている。法律がなければ個人も集団も容易に暴力に訴えるだろうし、加害者の処罰も被害者への償いも保証されず、社会を維持することが困難になるだろう。だから、暴力の応酬が「無法状態」を生み出しているような地域には、何よりもまず「法の支配」を確立することが重要になる。法の支配が確立された「法治国家」においてこそ、人は恣意的な暴力の恐怖から解放される、というように。しかし、こうした考え方が単純に過ぎることは、法と暴力とが支配の手段としてつねに絡まりあってきた歴史をかえりみれば、すぐにも見当がつく。

法と暴力との抜き差しならない関係を哲学的に突き詰めようとした試みとしては、何といってもヴァルター・ベンヤミンの『暴力批判論』（一九二一年）に指を屈するだろう。そこでベンヤミンは、「法の根源」を「運命の冠をかぶった暴力」に見出し、「歴史哲学的な法研究」による「法的暴力」の批判という課題を提起した。法による支配は、法秩序を維持するための「法維持的暴力」を必要とするのみならず、法秩序そのものを初めて創設する「法措定的暴力」をも前提している。国家権力の創設は、以後それが行なうすべての法措定的および法維持的行為の起源となる根源的な法措定的暴力であり、したがって、すべての法的暴力の批判は究極的には「国家暴力の廃絶」を射程に収めなければならない。

こうしたベンヤミンの視点に立つとき、東アジアにおける近代百年の歴史を国家暴力の歴史として捉えることが可能になるのではないか。私たちが問おうとしたのは、まさにベンヤミンが問題にしていた近代ヨーロッパの法観念が暴力的に移入されるのと同時に始まった東アジアの「近代化」と、そこに生じた国家暴力における「法」と「暴力」との複雑な絡み合いなのである。ベンヤミンが『暴力批判論』で提示した諸概念を使えば、彼が問題にした戦争、兵役義務、ストライキ、死刑、警察暴力、議会制といった歴史事象だけでなく、東アジアの近代を特徴づける植民地支配や軍事独裁、内戦や革命や家父長制度の暴力をも、新たな視点で批判的に分析することが可能になるように思えるのだ（ベンヤミンが導入したもう一つの区別、「神話的暴力」と「神的暴力」との区別についてここで立ち入る必要はないであろう）。

もとより、本書に寄稿した一三人の研究者が、みなベンヤミンの概念を直接に使って論じているわけではない。だが本書を一読されれば、執筆者がそれぞれに「法的暴力」とその根源としての「国家暴力」の問題を鋭く意識しながら議論を展開していることに気づかれるにちがいない。

本書は全体を三部に分け、第Ⅰ部でおよそ二〇世紀前半まで、第Ⅲ部で二〇世紀後半を扱い、その間に第Ⅱ部としてジェンダーと近代化をめぐる考察を置いた。

本書を読まれる読者は、全体を通じて議論がおのずから、それぞれの研究者がおのれの位置する国や社会における暴力の歴史を自省するという方向に向かっていることに気づかれるだろう。その結果、期せずして明らかになったのは、日本、中国、韓国、台湾でどれ一つとして同じではなかった「近代化」や「国民化」のプロセスにおいて、しかしそれらのいずれもが、「暴力」の歴史と記憶、その清算と責任の問題を抱えている点で「類似」もしているという事実であった。日本、中国、韓国、台湾の研究者たちが、それぞれの歴史的経験の中から問いを立てることによって、法の暴力を批判しつつ法を通して暴力を縮減していくという共通の課題が浮かび上がってくるのも確認できたと思う。フランスの哲学者アラン・ブロッサ氏の寄稿によって、この東アジアの思想的・実践的課題がヨーロッパのそれと深い連関の中にあることも同時に確認された。

本書の企画と編集を通して東京大学出版会編集部の小暮明さんには大変お世話になった。心から感謝したい。また本書は、編者三人が属するＵＴＣＰ（東京大学二〇世紀ＣＯＥ、共生のための国際哲学交流センター）が、二〇〇六年一月六日から三日間にわたって開催した国際シンポジウム「東アジアにおける法・歴史・暴力」がきっかけとなって生まれたものである。一三人の執筆者はすべてそのシンポジウムの発表者であった。シンポジウムの際にお世話になった関係者の皆さんにも、お一人ずつお名前を挙げられないのが残念であるが、この場を借りて御礼申し上げておきたい。

二〇〇七年二月

高橋哲哉

目次

II 近代の法的暴力とジェンダー

III■一九四五年以後の法と暴力

光州の記憶と国立墓地……金 杭 301

I

戦争・植民地における法と暴力

序

高橋哲哉

東アジアにおける歴史認識問題の焦点になっているのは、一九世紀後半から二〇世紀前半にかけて日本国家が行なった戦争と植民地支配をどう捉えるか、という問題である。

第I部ではこの問題に、「法」と「暴力」との絡み合いに注目しつつアプローチする。

戦争において法は沈黙する（Inter arma silent leges）。ヨーロッパのこの古い格言がすぐさま連想させるほど、戦争は法と無縁であるわけではない。戦争の「合法性」をめぐる議論はヨーロッパにおいて「正戦論」とともに古く、古代にまで遡り、近世以降は「戦時国際法」の発展とともに存在してきた。二〇世紀の国際法においても「戦争の違法化」の流れが強まる一方、最近になって「正戦論」（just war theory）が復活し、戦争の「合法性」をめぐる議論が活発化している。

しかし、戦争暴力と法との関係は、国際法を前提にした戦争の「合法性」の問題にとどまるものではない。たとえばベンヤミンは『暴力批判論』において、戦争を「法措定的暴力」の典型例と見ている。戦争はどんな場合にも――一方が圧倒的な勝利者となった場合にも――必ず「講和」という儀式を必要とする。国家は戦争において互いの「主権」の関係を新たな「法」として措定し、互いの支配領域を確定し直すことをめざすからである。戦争暴力が法措定的暴力であるというのは、それが「境界設定」の暴力であることを意味する。

とはいえこれは、戦争の勝者と敗者が同等の権利をもって「講和条約」という「法」を結ぶということではない。勝者は圧倒的な力をもって新たな「法」を敗者に押しつける。この構造は法一般と同じである、とベンヤミンは言う。「法律は富者にも貧者にも平等に橋の下で寝ることを禁じている」(アナトール・フランス)のだが、この法を措定するのは富者=勝者=権力者であって、法は法であるかぎり「権力者の特権」にとどまるだろう、と。

植民地支配もまた法と暴力の絡まり合う場面である。直接統治の場合はもちろん間接統治の場合でも、それはまず暴力を背景とした「主権」の簒奪と「合法的」支配の宣言から始まる。そして統治権力に反抗するあらゆる実力行使を「違法」な暴力として断罪し、「合法的」に取り締まっていくのである。

植民地支配への抵抗はどうか。物理的な対抗暴力となるか、非暴力抵抗という形をとるかにかかわらず、抵抗運動はそれが勝利する瞬間に、つまり宗主国の統治から独立した「主権」を獲得する瞬間に、独立国家という新たな権力=法の領域を創設する法措定的暴力となる。独立国家は以後その主権の及ぶ範囲内で唯一「合法的」に暴力を行使できる主体となり、それに反抗するすべての実力行使を「違法」として断罪し、取り締まっていく。

革命にあっても同様である。革命の暴力が国家権力の奪取をめざし、新たな国家権力の創設に帰着するのであれば、それはまさに法措定の暴力であり、革命政権は以後あらゆる「法維持的暴力」を駆使して自己の権力を守ろうとするだろう。

このように見てくると、戦争や植民地支配が「法的暴力」を含んでいるだけでなく、既成の法的暴力=権力支配に挑戦する独立運動や革命運動も、それが国家権力の所有をめぐる闘争である限り、法的暴力の圏域から自由であるわけではないことが分かってくる。だからこそベンヤミンは、暴力批判論の究極の課題を「国家暴力の廃絶」に置いたのである。

暴力批判論は、暴力の歴史の哲学である。〔中略〕手近なものしか見ない眼では、法を措定し維持する暴力の諸形態のなかに、弁証法的な変動を認めるくらいのことしかできない。〔中略〕神話的な諸形態にしばられたこの循環を打破するときにこそ、いいかえれば、互いに依拠しあっている法と暴力を、つまり究極的には国家暴力を廃止するときにこそ、新しい歴史時代が創出されるのだ。

「国家暴力の廃止」がいかにして可能になるのか、ベンヤミンが示唆した「神的暴力」とは何かといった議論はいまは措く。私たちがここ第I部で試みるのは、近代の東アジアにおける戦争や植民地支配の歴史経験を、ベンヤミン的な「法的暴力」の批判という視点から捉え直すことである。

第I部の論考のうち、全体の理論的・基礎的考察として位置づけられるのは萱野稔人「近代政治システムと暴力」であろう。萱野はベンヤミンにも近い発想から、カール・シュミットやとりわけマックス・ウェーバーの見解から出発して、近代国家を「合法的な暴力の独占」によって特徴づける。合法的な国家がまず存在し、それが違法行為を犯した者を取り締まるために合法的に暴力を行使するというのではなく、まず一定の領域内で暴力的支配を確立した集団が事後的に自己の存在と支配を合法化し、その存在と支配を脅かす暴力を違法行為として取り締まるようになったものが国家である。

萱野はここから、近代の主権国家システムにおける国際関係、植民地支配、戦争を、合法化された暴力としての国家権力の運動として描き出すとともに、その先に、現代においてこのシステムが変容しつつあることを指摘する。現代における覇権は領土主権の拡大による帝国主義的支配としてではなく、「経済的な権力のラウム」のグローバルな確立をめざす「帝国的」なものに変わりつつある、というのである。

徐勇「中国の「四十年戦争史」と中国人の暴力認識」は、辛亥革命から朝鮮戦争まで中国では「非地域的で全体に係わる内戦あるいは対外戦争」が集中的に発生していたとして、これを「四十年戦争」として包括的に捉える視点を打ち出している。「四十年戦争」は「国家体制の変革の必要に端を発し、中国史上未曾有の政党政治の確立によって収束した」と徐は言う。ここでは戦争がフランス革命を「典型」とする「武力」による「革命」のモデルに従って論じられており、「四十年戦争」はベンヤミン流にいえば現代中国国家を生み出す革命的な法措定的暴力だった、ということになるであろう。

王泰升「台湾における「法の暴力」の歴史的評価――日本植民地時代を中心に」は、専門の法制史研究者が植民地支配の「法の暴力」の実態にメスを入れた点で特筆に価する。王はまず「植民地統治者あるいは外来の統治者が公布・執行した国の法は、その動機や目的が母国または外来集団の利益であるならば、たとえ当時は形式上合法であったとしても、今日ではやはり不公不正義の「法の暴力」と批判される」として、「法的暴力」の概念の有効性を確認する。そして最初は軍事暴力による抵抗運動の制圧から始まった日本帝国の植民地支配が、その後どのような「法の暴力」を行使していったのかを、刑事法、民事法の順に詳細に分析する。このような法的暴力的支配にもかかわらず、なぜ台湾では今なお少なからぬ人々が日本の台湾統治を肯定的に評価するのか。この問いに対しても王の論考は説得的な答えを用意している。

拙論「BC級戦犯と「法」の暴力」は、日本の敗戦後、連合国による戦犯裁判で死刑判決を受けた朝鮮人BC級戦犯たちのケースを通して、法的暴力の「恣意性」について批判的考察を行なったものである。朝鮮および台湾出身のBC級戦犯たちは、植民地支配、戦時動員、戦犯裁判、国籍剝奪など、日本国家と連合国が行使した何重もの「法的暴力」によって翻弄された。ここではとくに、同じく死刑判決を受けながら処刑された者と減刑された者の違いに焦点を当て、「不確定で曖昧な運命の領域から降りかかる」「神話的暴力」（ベンヤミン）の様相を呈するとされる法的暴力の極限的な「恣意性」を明らかにしようと試みた。

アラン・ブロッサ「歴史認識論争――相対主義とミメティズムを超えて」は、東アジアの歴史認識論争について、当事者ではないフランス人哲学者が冷静に考察した論考として大いに参考になるだろう。ブロッサはここで、現代のフランス社会で問われているホロコーストやアルジェリア植民地支配や奴隷貿易をめぐる歴史認識問題と、東アジアのとくに日本の過去をめぐる問題とを巧みにつき合わせながら、次のような提案をしている。すなわち、歴史認識問題の解決には、「かつて民族・国民・国家の名においてなされた行為については、いま生きているその子孫たちが、まるで「忠誠」を尽くすように擁護し、推奨しなければならない」という「鉄の戒律」を打破することが必要である、と。関連するさまざまな貴重な指摘とともに、深く味わうべき洞察に満ちた論考である。

BC級戦犯と「法」の暴力

高橋哲哉

たとへ霊魂でもこの世の何処かに漂い度い。それが出来なければ誰かの思ひ出の中にでも残りたい。

趙文相の遺書（一九四七年）より

1 単なる偶然で……

靖国神社にいわゆる「A級戦犯」の受刑者一四名（死刑七名、獄死七名）が合祀されており、それが日本の首相の靖国神社参拝のさいに大きな問題になることは周知のとおりである。しかし私はここで「A級戦犯」ではなく「BC級戦犯」のほうに目を向けてみたい。靖国神社には、日本の敗戦後、国内外で行なわれた連合国によるBC級戦犯裁判で有罪判決を受け、刑死した者一〇五四名が合祀されている。「A級」「BC級」合わせて一〇六八名にのぼる「戦犯」の合祀者について、靖国神社の典型的な語りはこうである。「戦後、日本と戦った連合軍（アメリカ、イギリス、オランダ、中国など）の、形ばかりの裁判によって一方的に〝戦争犯罪人〟という、ぬれぎぬを着せられ、むざんにも生命をたたれた千六十八人の方々――靖國神社ではこれらの方々を「昭和殉難者」とお呼びしていますが、すべて神さまとしてお祀りされています」(『やすくに大百科』靖国神社社務所発行)。

「戦犯」刑死者を「昭和殉難者」と呼び、彼らを「ぬれぎぬ」ないし「冤罪」の犠牲者と見なして、彼らの名誉を回復し、逆にその功績を顕彰する語りは、靖国神社の専有物ではない。山口県護国神社の「戦争裁判殉国烈士の碑」、愛媛県護国神社の「殉国二十二烈士の碑」、岡山県吉備津神社の「法務死殉国烈士慰霊顕彰碑」等、各県出身の「戦犯」刑死者の顕彰碑にもまったく同じ語りが見られる。また、仏教寺院の例としては、高野山奥の院の「英霊殿」に隣接する「昭和殉難者法務死追悼碑」がある。九世紀にさかのぼる真言密教の聖地であり、二〇〇四年にはユネスコの「世界遺産」にも登録された高野山の一角に、「A級戦犯」「BC級戦犯」合わせて一〇六八名の刑死は「冤罪」であり、当時の「国策の伸張」と「国運の開拓」に尽力した彼らの「功烈」を忘れてはならないという碑文が、「高野山真言宗宗務総長」の名で建てられているのだ。

日本国内では、戦後早くから今日まで、東京裁判(極東国際軍事裁判)についてもBC級戦犯裁判についても、多くの問題点が指摘され、否定的な評価が根強い。たしかに、これらの戦犯裁判が多くの問題点を含んでいたことは事実だが、しかしだからと言って、「戦犯」全員が自動的に免責されるわけでもなければ、戦争指導者の責任も日本軍の行なった戦争犯罪もなくなるわけではない。戦犯裁判の問題点は、靖国型の語りとは別の形で正確に認識されねばならない。最高責任者・昭和天皇が米国の政治的判断で免責されたこと、七三一部隊や細菌戦、重慶爆撃など日本軍の重大な戦争犯罪が訴追されなかったこと、日本の植民地支配責任がまったく問われなかったこと、広島・長崎の原爆や都市無差別爆撃など連合国の戦争犯罪がまったく問われなかったこと、とくにBC級戦犯裁判では被告の選定が恣意的であり、裁かれるべき者が裁かれず、裁かれる必要のない者が裁かれたりして、事実「冤罪」が少なくなかったこと、裁判手続きが粗略であったこと、等々。

ＢＣ級戦犯裁判は、太平洋戦争の戦場になった地域全域にわたって、アメリカ、イギリス、オランダ、フランス、オーストラリア、中国、フィリピンの七ヵ国によって行なわれた。全体で二二四四件、五七〇〇人が裁かれ、九三四人の死刑が最終的に確認されている（日本の法務省資料による）。これらの裁判は、日本国内で感情的に強調されるほどにはすべてが杜撰なわけではなかったが、その恣意性が極限に達する場合もあった。日本軍の捕虜虐待について三ヵ月間で約一〇〇人を裁いたというオーストラリアの検事ジョン・ウィリアムズは、こう証言している。「ほとんどの戦犯裁判において元捕虜たちは、告訴する日本人の名前すらわからず、ただあだ名、ニックネームで見分けていただけでした。それでは戦犯という決め手とはならなかったのです。戦犯として有罪となった人々は単なる偶然で裁かれたに過ぎません。裁判が形だけの不備なものだったと思われるかもしれませんが、しかし、裁判を開く以外に、他にどんな方法があったのでしょうか。他に解決の方法はありませんでした。当時、東南アジアのいたるところに投降してきた日本兵が大量にいたのです。彼らをそのままほったらかしにしておけばよかったのですか。オランダ兵や現地の中国やシンガポールの人々が端から撃ち殺すままにしておけばよかったのですか」（ＮＨＫスペシャル「チョウ・ムンサンの遺書」一九九一年八月一五日放映）。

戦犯裁判は、いずれにせよ、Ｗ・ベンヤミンのいう「神話的暴力」(die mythische Gewalt) の典型的様相を呈している。それは、境界線を除去するのではなく境界線を設定し、勝者と敗者の区別とともに、第二次世界大戦後の世界秩序に根源的な「法」を措定する「法措定的暴力」(die rechtsetzende Gewalt) の特徴をもつ。ベンヤミンによれば、それは「罪をつくって贖わせる」暴力であり、「脅迫的」な暴力であり、「血の匂いのする」暴力であり、「犠牲を要求する」暴力である。ＢＣ級戦犯裁判で恣意性が極限に達したケースにおいては、こうした特徴がとりわけはっきりと露呈している。誰が本当に戦犯なのかの「決め手」もなく「単なる偶然で裁かれた」に過ぎない場合、死刑判決は、あたかもギリシャ神話のニオベにふりかかった暴力のように、「不確定で曖昧な運命の領域からふりかかる」

暴力として感じられるであろう(1)。

2■朝鮮人は日本人として……

BC級戦犯裁判で裁かれた中には、台湾人一七三名、朝鮮人一四八名をはじめ、サイパン人、ロタ、ウィルタ、ニブヒなど、植民地出身の戦犯がいた。朝鮮人二三人、台湾人二一人が死刑となり、「昭和殉難者」として靖国神社に合祀されている。高野山奥の院に建つ「昭和殉難者法務死霊票」は、刑死したA級・BC級戦犯の名を出身地別に刻銘したものだが、そこにも朝鮮出身者、台湾出身者の名が刻まれている。この中にはフィリピン捕虜収容所長だった朝鮮出身の洪思翊(ホン・サイック)陸軍中将のような高官もいるが、ほとんどが通訳や捕虜収容所の監視員で、兵以下の存在として上官の命令に絶対服従を叩き込まれた軍属であった(2)。この中から、朝鮮人軍属の趙文相(チョウ・ムンサン)に注目してみよう。

趙文相は開城(ケソン)の敬虔なクリスチャンの一家に生まれた。京城帝国大学在学中、捕虜監視員の募集に応じ、ビルマのタンビュザヤ近くの捕虜収容所で捕虜の監視と通訳をしていた。日本軍がタイとビルマの間に建設した泰緬鉄道の工事現場へ、日本人上官の命令に従ってイギリス人やオーストラリア人の捕虜を送り出す役目であった。朝鮮で募集された軍属は捕虜収容所の末端の監視員として、非人道的な処遇と強制労働を課せられた連合軍捕虜たちの日本軍に対する憎悪の矢面に立たされた。趙文相は、アメリカ人捕虜ズンモに対する集団リンチ事件の容疑者として訴追されたが、「神に誓って」リンチに参加しなかったと容疑を強く否認した。検事は趙がクリスチャンだと知ると、別のビンタ事件で彼を追及した。

検事「お前は上官の命令には忠実だったが、自己の良心と聖書の教えには忠実ではなかったというのか」
趙「軍隊では個人の良心と宗教的心情は考慮されません」
検事「お前は捕虜を乱暴に取り扱ったことはないか」
趙「ビンタくらいはしたことがあります」
検事「残酷さはキリスト教の教えではないはずだ」
趙「それは残酷さをどう解釈するかによります。ビンタは日本軍ではごく日常的な行為でした。しかし、捕虜がビンタが残酷だというなら、私は残酷だったのかもしれません。私は釜山の訓練所で捕虜は動物のように扱えと教わりました」

（前出、NHKスペシャル）

趙文相はこうして、「ビンタ」という「残酷」な行為で死刑判決を受ける。一九四七年二月二五日、シンガポールのチャンギー刑務所で絞首刑に処せられ、二六歳の短い生涯を閉じた。遺書の中に前日に書かれた一節がある。「「あの世ではまさか朝鮮人日本人とかいふ区別はないでせうね」と金子の詠嘆声［「金子」は同じ朝鮮人死刑囚、金長録の日本名――筆者］。浮世のはかなき時間に何故相擯き相憎まねばならぬだろう。日本人も朝鮮人もないものだ。皆東洋人じゃないか。いや、西洋人だって同じだ。ああ明日は朗らかに行こう」。「日本人」と「朝鮮人」とのあいだで、「何故相擯き相憎まねばならぬ」のか。この言葉の中に、趙文相の生と死を翻弄した「植民地支配」という巨大な暴力の影を見ないわけにはいかないだろう。あるいは、次の一節。「あわただしい一生だった。二十六年間ほとんど夢の間に過ぎた。石火光中とはよくも言ひ表したものだ。この短い一生の間、自分は何をしていたか、全く自分を忘れていた。猿真似と虚妄、何故もう少しく生きなかったか。たとへ愚かでも不幸でも自分のものといった生活をしてゐたらよかったものを、知識がなんだ、思想がなんだ、少なくとも自分のそれは殆ど他人からの借物だった。しかもそれを自分のものとばかり思ってゐたとは何と哀れなる哉。友よ、弟よ、己の知恵で己の思想をもたれよ。今自分は自分の死を前にして自分のものの殆どないのにあきれてゐる(3)」。

趙文相には「平原守矩《もりつね》」という「日本名」があった。趙文相はその誕生のときから、「大日本帝国」の「臣民」としては「日本人」であり、同時に、それにもかかわらず、「戸籍法」の適用外に置かれた「外地人」としては「朝鮮人」であり、種々の差別的待遇の下に置かれていた。「皇民化」という名の同化政策によって民族性を否定されながら、同時に「戸籍法」という「法」の暴力によって差別されていたのである。そして、こうした植民地支配をそもそも可能にしたのは、一九世紀末から「韓国併合に関する条約」(一九一〇年)に至るまで、軍事的暴力を背景に日本が韓国に次々に押しつけていった「条約」という名の「法措定的暴力」であった。この「法措定的暴力」の上にはじめて、朝鮮総督府や警察、憲兵隊といった「法維持的暴力」(die rechtserhaltende Gewalt)のシステムが機能し始めたのである。

そして趙文相らが東南アジアの捕虜収容所に送りこまれた背景には、「改正兵役法」(一九四三年三月)に基づき朝鮮全土に施行された「徴兵令」(一九四三年八月)という新たな「法」の暴力があった。たしかに朝鮮人捕虜監視員は徴兵令に基づく兵ではなく軍属であり、徴兵令施行前の一九四二年五月に朝鮮全土から「募集」された人々だった。しかし、日中戦争の全面化に伴い朝鮮に志願兵制度を導入(一九三八年二月)し、朝鮮人を兵力として動員しようとした日本政府は、太平洋戦争の開戦に伴い、「兵力保持ノ困難ト之ニ伴フ民族ノ払フヘキ犠牲トヲ考察スルトキハ外地民族ヲ兵力トシテ活用スルハ今ヤ議論ノ時機ニアラス焦眉ノ急務ナリ」(陸軍省兵備課『大東亜戦争ニ伴フ我カ人的国力ノ検討』)という分析に基づいて、一九四二年五月八日、一年後に朝鮮に徴兵制を施行することを閣議決定した。徴兵の脅威が捕虜監視員への「応募」を後押ししたのであった。

日本軍軍属としての趙文相の死刑、また彼と同じ朝鮮人捕虜監視員の死刑は、朝鮮に対する日本の植民地支配と戦時動員を可能にした何重もの「法的暴力」の連鎖の果てにあった。台湾人軍属二一名の死刑についても同じことが言える。日本軍の戦争で日本人上官の命令によって行動した彼らは、連合軍による戦犯裁判において「日本人」として裁かれた。すなわち彼らは、日本の戦争責任の肩代わりをさせられたのだ。このことは、連合国が日本の植民地支配の責任を問わなかったことと不可分である。ポツダム宣言に「カイロ宣言ノ条項ハ履行セラルベク」とされた「カイロ宣言」には「三大国ハ朝鮮ノ人民ノ奴隷状態ニ留意シ驪テ朝鮮ヲ自由且独立ノモノタラシムルノ決意ヲ有ス」とあったのに、なぜ連合国は、日本の植民地支配責任を問わなかったのか。それを問うなら、最高司令官「大元帥」天皇や、彼らに命令を下した日本人上官の責任をさておいて、末端の朝鮮人・台湾人軍属を死刑にするなどできなかったはずではないか。じつはこの問題は、ＢＣ級戦犯裁判の現場でも問われていたものだった。趙文相と同じ朝鮮人捕虜監視員で死刑判決を受けた李鶴来（イ・ハンネ）の裁判記録には、李が被告になる理由はないとする弁護人と検事の次のようなやり取りが残っている。

弁護人「当法廷は、朝鮮市民の一人を法廷で裁く前に、朝鮮の位置に格段の注意を払うべきである。というのは、もし朝鮮そのものが日本の侵略の犠牲者であるならば、戦犯法廷に立つ朝鮮人の一人を裁くことは、侵略の罪を不問に附するのと同然である。ある特定の侵略を不問に附することは、軍事法規の下では、侵略の正当化と同罪なのである」［中略］

裁判官「この異議申し立てに対する検察官の答えを聞きたい」

検察官「私はこの異議申し立てに対しきわめて簡潔に答える。被告人自身が、日本帝国陸軍に使用されていたことを認めているという事実である。したがって、彼は日本の天皇に誠の義務を負っている。裁判権の問題だというだけで十分である」[4]（傍点、引用者）。

弁護人の正当な異議申し立ては、こうしてあっさりと却下された。一九四五年一二月一一日と一三日にシンガポールで行なわれたオランダ領東インド検事総長と英国当局の会談で、イギリス、オランダは「戦争犯罪に関する限り、朝鮮人は日本人として取り扱われる」とあらかじめ取り決めていたのである[5]。日本の植民地支配責任を問うことは、連合国のアメリカ、イギリス、オランダ、フランスの植民地支配責任の問題につながる。オランダはインドネシアの独立戦争を弾圧しながら、またフランスはベトナムにおける主権回復を宣言して、戦犯裁判を行なっていた。これらの国々が主導する戦犯裁判で、日本の植民地支配責任が問われる可能性はなかったのだ。趙文相ら植民地出身の軍属にふりかかった戦犯裁判の「法的暴力」には、日本と欧米を貫く植民地主義の暴力が組み込まれていたのである。

だが、それにしても、検察官はここで、李鶴来が「日本帝国陸軍に使用されていた」がゆえに「日本の天皇に誠の義務を負っている」と述べている。日本軍内では、上官の命令は絶対であり、末端の軍属に不服従の余地はなかった。「大元帥」明治天皇から「皇軍」将兵に下された「軍人勅諭」に、「下級ノモノハ上官ノ命ヲ承ルコト実ハ直ニ朕カ命ヲ承ル義ナリト心得ヨ」という一節があり、上官の命令はすべて天皇の命令として絶対服従が義務づけられていたからである。李鶴来が「日本の天皇」に負っていた「誠の義務」とは、このようなものであった。とすれば、なぜ「上官の命令すなわち天皇の命令」に従った軍属が裁かれて、命令責任者であった最高司令官・天皇は裁かれないのか。連合国の行なったBC級戦犯裁判は、被告選定の恣意性や手続きの粗略さに加えて、二つの根本的な思想的矛盾を抱えていることがここに明らかになる。すなわち、植民地支配責任を問わなかったことと、天皇の責任を問わなかったことである。この二つは、A級戦犯を裁いた東京裁判にも共通する矛盾である。このような構造をもつ巨大な「法的暴力」が、日本軍の末端にいた趙文相ら植民地出身の軍属たちに容赦なく襲いかかったのであった。

3 死んだら靖国に……

趙文相は、他の朝鮮人BC級戦犯で死刑に処せられた二二名、台湾人BC級戦犯で死刑に処せられた二一名とともに、「昭和殉難者」として靖国神社に合祀されている。靖国神社に祀られている朝鮮出身の軍人・軍属は総数二万一一八一名、台湾出身の軍人・軍属は二万八八六三名（二〇〇一年一〇月現在）。これらの合祀者の大半がアジア太平洋戦争で朝鮮・台湾から戦時動員された戦死者であるが、その中に合計四四名の処刑された「戦犯」合祀者がいることになる。先述の高野山奥の院の「昭和殉難者法務死霊票」にも、朝鮮出身者戦犯の名が刻まれており、その中に洪思翊中将の名とともに趙文相の名がある。靖国神社はBC級戦犯刑死者全員を一九六六年一〇月までに合祀しており、A級戦犯刑死者一四名を一九七七年に合祀している。これは何を意味しているのだろうか。

A級戦犯合祀者には、東条英機元首相とともに、朝鮮総督を務めた小磯国昭元首相が含まれている。先述の理由で、植民地支配の責任を問われてのものではなかったが、一九四二年五月に朝鮮総督に就任し、朝鮮人の徴兵と戦時動員を推進した当の人物である。趙文相らは、彼らを戦場に送り出した責任者と、また朝鮮植民地支配の確立と維持のために戦死した「功績」によって靖国に合祀された、彼らにとっての加害者とともに、日本の「護国の神」として祀られているわけである。靖国の論理によれば、趙文相ら植民地出身の軍人・軍属が戦犯として処刑されたのは「ぬれぎぬ」であり、「冤罪」である。だがそれは、靖国の論理が、連合国の戦犯裁判の恣意性を非難しながら、趙文相らをその場に追いやった植民地支配と戦時動員の「法的暴力」を正当化しつづけているからにすぎない。

靖国の論理によれば、日本の植民地支配の終焉にもかかわらず、趙文相らはいまでも「日本人」でありつづけている。一九七九年二月、台湾先住民（「高砂族」）の遺族七名が来日し、旧植民地の遺族として初めて靖国神社に合祀取り下げを求めたとき、当時の池田良八権宮司は、次のように述べて取り下げを拒否した。「戦死した時点では日本人だったのだから、死後日本人でなくなることはありえない。日本の兵隊として、死んだら靖国に祀ってもらうんだという気持ちで戦って死んだのだから、遺族の申し出で取り下げるわけにはいかない。内地人と同じように戦争に協力させてくれと、日本人として戦いに参加してもらった以上、靖国に祀るのは当然だ」（『朝日新聞』、一九八七年四月一六日）。同じ池田権宮司は、一九六八年、日本人遺族として初めて合祀取り下げを求めた角田三郎牧師に対して、こう回答していた。「天皇の意志により戦死者の合祀は行われたのであり、遺族の意志にかかわりなく行われたのであるから抹消をすることはできない(6)」。

ここに確認されるのは、「大日本帝国」の崩壊後、何十年が過ぎても、靖国神社の中に植民地主義と天皇制が存続しているという事実である。靖国神社とは、今日に至るも「大日本帝国」のイデオロギーがそのまま生きつづけている空間なのだ。当時の植民地出身の戦没者たちは、いまだにこの「靖国という檻」（菅原龍憲）の中に閉じ込められ、「日本人」にされつづけている。植民地支配を受け、天皇の命令の下に置かれつづけている。靖国神社が趙文相ら朝鮮人・台湾人「戦犯」の「ぬれぎぬ」を晴らそうとするのは、日本にかけられた「ぬれぎぬ」（と彼らが主張するもの）を晴らすためにすぎない。趙文相らは、日本の戦争責任を肩代わりさせられただけでなく、死してなお、「日本」のために利用されているのである。逆説的なことに、連合国の戦犯裁判と靖国神社はある前提を共有している。日本の植民地支配責任と天皇の戦争責任を問わないという前提である。したがって、趙文相らの「冤罪」を晴らし、同時に彼らを「靖国という檻」から、そして「日本人」への捕囚から解放するためには、日本の植民地支配責任と天皇の戦争責任を問いぬかなければならない。

4 全て日本の国籍を……

趙文相はBC級戦犯刑死者として、「靖国という檻」に今なお幽閉されている。ここで、ある仮定をしてみよう。趙文相が死刑にならず、釈放され、したがって靖国神社に合祀されなかったとしたら、どうだっただろうか。というのは、同じくBC級戦犯裁判で捕虜虐待のかどで死刑判決を受けた朝鮮人軍属で、減刑ののち釈放されたケースが存在するからである。ここにも「法的暴力」の極端な恣意性が、それを被る者に「不確定で曖昧な運命」のように感じられる性格が如実に現われている。趙文相と、前出の李鶴来との運命を分けたのは、まさにこの恣意性であった。

李鶴来は、一九四七年三月二〇日、告訴人が出廷しないまま、わずか二時間の審理で死刑判決を受けたが、同年一一月七日、懲役二十年に減刑になり、一九五一年八月に東京のスガモ・プリズンに移された後、一九五六年一〇月六日、仮釈放となった。李は、タイのヒントク収容所で末端の捕虜監視員を務め、病気の捕虜をも泰緬鉄道建設に送り出した等の理由で、連合軍捕虜たちの怒りを買った。他方、李は自らの手記の中で、BC級戦犯裁判がいかに杜撰であったか、連合軍の刑務所で彼らの受けた虐待がいかにひどかったかを証言している。(7)

一九五一年八月、すでに朝鮮半島には大韓民国、朝鮮民主主義人民共和国が成立し、敗戦時に日本にいた多くの朝鮮人が朝鮮半島に帰還していたにもかかわらず、李鶴来ら朝鮮人BC級戦犯たちは、かつて一度もその土を踏んだことのなかった日本に送還された。連合国は「日本人として」裁いた朝鮮人軍属を日本に送還したのである。一方では、東条英機らA級戦犯七名が処刑された翌日の一九四八年一二月二四日、第二次東京裁判のA級戦犯容疑者としてスガモ・プリズンに収監されていた岸信介（のち首相）ら一七名が、不起訴とされて釈放されていた。

李鶴来ら朝鮮人BC級戦犯らの拘留に関する矛盾は、一九五二年四月二八日、サンフランシスコ講和条約の発効とともにいっそう激化する。講和条約第一一条では、日本政府は連合国の戦犯裁判の判決（judgements）を受諾し、

「日本国民」の刑の執行を引き継ぐことが定められていた。他方、講和条約発効とともに日本政府は、朝鮮人・台湾人に国籍選択の自由を与えず、一方的に日本国籍を剝奪した（「朝鮮および台湾は、条約の発効の日から、日本国の領土から分離することになるので、これに伴い、朝鮮人及び台湾人は、内地に在住している者を含めて、全て日本の国籍を喪失する」一九五二年四月一九日、法務府民事局長通達）。これによれば、講和条約発効以降、李鶴来らはすでに「日本国民」ではない。そこで、李らは当然釈放されるものと思ったが、その後も拘留はつづく。同年六月一四日、李ら七名の朝鮮人戦犯たちは獄中から「人身保護法」に基づく釈放請求裁判を起こしたが、七月九日、最高裁はこの請求を棄却する。「刑が科せられた当時に日本国民であること」、「平和条約発効の直前までに日本において拘禁されていること」という二つの要件を満たす限り、刑の執行はつづくというのである。これに対して韓国政府外務部は、次のような談話を発表した。「いわゆる韓国人戦犯者は戦時中日本軍に編入されたとの理由で日本人と同じ裁判を受けているが、連合国の勝利と韓国の独立によって、彼らは自動的に韓国の国籍を回復しただけでなく、対日平和条約の規定にもとづいても日本人ではない。かれらを戦犯として扱うことは違法である」（『毎日新聞』一九五二年九月一一日）。

講和条約の発効の二日後に公布された「戦傷病者戦没者遺族等援護法」は、さかのぼって四月一日から適用され、日本人BC級戦犯たちはこれによって援護の対象となっていった。同じ刑務所の中にいた李鶴来らは、四月二八日までは日本国籍保持者だったので、当然援護法の対象となると期待した。ところがこの法律は、「付則二」で「戸籍法の適用を受けない者については、当分の間、この法律を適用しない」と定め、内地の「戸籍」をもたない朝鮮人・台湾人を排除していたのである。李鶴来らは、仮釈放後、何らの援助も受けられず、韓国に帰ることもできず、はじめて生活することになった日本で貧困と差別に苦しんだ。一九五六年から半世紀にわたり、彼らは内閣が変わるたびに刑死者遺族への補償を含む国家補償の要望書を提出しつづけてきたが、要望は認められなかった。一九九一年、「韓国・朝鮮人戦犯国家補償等請求訴訟」を起こすが、一審・二審とも請求棄却、一九九九年一二月、最高裁が上告を棄却して敗訴が確定した。

以上のプロセスを整理してみよう。（1）李鶴来は、「大日本帝国」の崩壊と朝鮮解放の後であるにもかかわらず、趙文相と同様、「日本人として」裁かれて死刑判決を受けた。（2）趙文相と異なり、減刑されて日本に移送されたが、講和条約締結と同時に、日本国籍を一方的に剝奪された。（3）日本国籍を剝奪されたにもかかわらず、「日本人として」刑を科せられたとして、刑を執行されつづけた。（4）「日本人として」刑を科せられたが「戸籍法」の適用を受けない朝鮮人であったとして、戦傷病死者援護や戦後補償の対象から排除された。これら（1）（2）（3）（4）のプロセスを通して、李鶴来らは、連合国および戦後日本国の「法的暴力」によって徹底的に翻弄されてきたのである。

BC級戦犯裁判で等しく死刑判決を受けた趙文相と李鶴来。趙文相は処刑され、処刑された結果として、今なお靖国神社に祀られ、「日本」の中に囚われつづけている。李鶴来は処刑を免れ、生き延びた。しかし日本国籍を一方的に剝奪され、援護と戦後補償から一貫して排除されてきた。たしかに靖国神社への合祀は免れたが、戦後の李に真の解放が訪れたとは言えないだろう。一方では徹底した「同化」。他方では徹底した「排除」。そこに不断に働いているのは国家の「法」の暴力なのである。

注

（1）W・ベンヤミン『暴力批判論』野村修訳、岩波書店、一九九四年。
（2）林博史『BC級戦犯裁判』岩波書店、二〇〇五年。
（3）巣鴨遺書編纂会編『世紀の遺書』毎日新聞社、一九五三年。
（4）桜井均『テレビは戦争をどう描いてきたか』岩波書店、二〇〇五年、三七四頁。
（5）内海愛子『朝鮮人BC級戦犯の記録』勁草書房、一九八二年、一五九頁。
（6）角田三郎『靖国と鎮魂』三一書房、一九七七年、二六六頁。
（7）李鶴来「チャンギ未決拘留の体験」、内海愛子、G・マコーマック、H・ネルソン編『泰緬鉄道と日本の戦争責任――

捕虜とロームシャと朝鮮人と』明石書店、一九九四年、三〇七頁以下。

台湾における「法の暴力」の歴史的評価

日本植民地時代を中心に

王泰升

1 はじめに――問題の所在及び分析概念の設定

近代国家における法とは、国家権威機関の強制力により、その遵守すべき規範を確保するもので、本質的には「力」を持っているものである。これは正義を実現する力の一つなのか、あるいは形式的には、立法または法の執行（司法及び行政）手続きをも含む暴力なのであろうか。国家そのものから言えば、答えはもちろん前者であり、かつそれがもつ価値観により定義された正義を含むものに基づいている。しかし、他の基準から判断するならば、ある国家の法律上の行為は、一種の暴力の現れであるとみなされるかもしれない。そしてそれが国家の法律により肯定されたものであることから、「法の暴力」と称される。

ではここで、今日世界の多くの人々がもつ道徳規範を上述した「他の基準」として、過去の国家法の批判を行っていくことにする。過去の国家法は、もともと過去の道徳規範の下に、当時、現在の道徳規範を全く知るはずもない官僚が作成したものである。したがって、ある法律規範が当時どのように採用されたかという問題点を探求するなら、そのときの時空において存在した条件と価値観に基づいて検討すべきであり、今日のものに基づいて原因結果を解釈してはならない。しかし、歴史の目的を省みるならば、「過去」を知ることで現状を理解することのほかに、異なった立場や見解を持つものに対し寛容な心を持ち、さらには「将来」同様の間違いを犯さないことが期待される。このとき「間違い」かどうかを判断するのは、もちろん「現在」の価値観によるものである。

今日の価値観では、統治行為とは統治される者の利益追求である。これによるならば、母国の利益のための植民地統治は、当然のことながら不道徳な行為となる。これと同様に、施政上、その植民地に元来住む人々の利益ではなく、外来者である統治集団の利益に帰着する統治者もまた譴責されるべきである。従って、植民地統治者あるいは外来の統治者が公布・執行した国の法は、その動機や目的が母国または外来統治集団の利益であるならば、たとえ当時は形式上合法であったとしても、今日ではやはり当時の道理は通らず「法の暴力」と批判されるものである。当時の国家立法、司法、行政等の機関が法規範を公布施行した動機、目的は何であったのかは、ただ単に表面上の立法理由や法執行時の法律論証理由だけによるのではなく、当時の政治経済状況や社会状況をもあわせて解釈する必要がある。法規範施行後、規範を適用された人々が各種の法的活動にかかわることで、当初予想しなかった結果になることもある。それがたとえ、今日「よい」結果となっていたとしても、当時は「悪い」動機や目的から出たことだということを変えることはできない。

以上の概念設定の分析は、十九世紀末より、日本による植民地統治を受けた台湾において、近代型国家権威がどのようにして法律をもって人民を圧制する道具としたか、また、主に漢民族系移民である台湾の人々が(1)、どのようにして法の暴力の下に身の安全を確保し法制に抵抗する路を探したのか、そして、このような歴史的事実に直面しながら、戦後台湾において(2)、論者の経験や立場の違いから、どのようにして異なった歴史評価がなされてきたのかを説明するためのものである。

2 政治的抵抗者に加えた軍事暴力及び法の暴力

台湾住民の政治的抵抗活動

一八九五年、日本帝国は、清朝より台湾の主権を移譲された下関条約（一八九五年五月八日発効）を国際法上の根拠としてはいたが、実際には軍事力を以って台湾の植民地統治を始めた。一八九五年六月二日、清朝は台湾基隆沖の海上で主権移譲の調印を行ったが、そのとき台湾では、清朝より派遣されていた役人たちにより「台湾民主国」が組織され、清朝軍と地方の民間武力が結集され、台湾の日本への移譲に抵抗した。このため、日本帝国政府は台湾の清朝軍を反乱軍とみなし、速やかに清国へ戻るよう促した。また、台湾の住民を「大日本帝国下の臣民」と考えていたため、日本政府に抵抗する者を「匪類」「乱民」と称するとともに、同一八九五年七月に「台湾人民軍事犯処分令」を公布し、日本軍を攻撃または邪魔する者を死刑に処した。(3) 同年八月六日以降、台湾には軍制が敷かれ、翌年三月三十一日まで続いた。(4) 一八九五年十月二十一日、日本軍は台南城に入った。これにより台湾民主国は完全に崩壊し、清朝軍は台湾から逃げ去った。しかし、台湾の地方勢力者が率いる武装住民たちにより、引き続き日本軍との間でゲリラ戦が戦われ、一九〇二年にようやく終結した。一九〇七年以降も個々に武装抗日事件が発生したが、その中で規模がもっとも大きかったのは、後述する一九一五年の西来庵事件であった。(5)

台湾の住民は、清朝統治下以来「武力で官に抵抗」してきており、民間の武力によって日本統治者の正規軍に対抗することに恐れはなかった。日本統治初期、台湾の漢民族系移民は、「華夷之辨」に基づき、種族文化上「夷」とみなす日本人に対し、もともと好感をもってはいなかった。特に地方の社会的指導者エリートは、自分の財産や生命が、外来者である日本政府により不当な扱いや脅威を受けたとき[6]、清朝統治時代の「民変」のように武力で「官に抵抗」した。これは後に抵抗相手が「日本」であったことから、「抗日」と言われるようになった。抵抗運動は、村民の郷土を守る気持ちからの群衆の動員のほか、一九〇七年から一九一六年にかけての武装抗日運動のように、清朝統治下同様、民間宗教信仰の力を凝集し、政府に抵抗する力とした[7]。

日本植民地統治当局が用いた種々の軍事暴力

日本政府は当初から、主に軍事暴力により植民地の人々の抵抗を鎮圧した。軍政時期の台湾総督府はまず、一八九五年十月に軍事法院を設立し、台湾の人々の犯罪と民事訴訟の審理を行った。同年十一月には「台湾住民刑罰令」を公布し、教唆犯、従犯そして未遂犯を、全て正犯・既遂犯の刑に科すと定め、主な犯罪類型は「台湾人民軍事犯処分令」が規定するものと同じであり、全三〇条中、八の条文では刑罰が死刑のみであった。同じころ公布された「台湾住民治罪令」では、検察官、審判官により、それぞれ取り調べ、起訴及び審理判決がおこなわれることが規定されたが、憲兵・警官または地方官が検察官を務めることがあり、なおかつ一審終結であったため、被告に対する手続き上の保障は極めて少なかった[8]。こうした規定があるにはあったが、日本統治当局は上述した法定要件や手続きにより台湾人の抵抗者を取り調べることはなく、多くの場合は、日本軍によりその場で殺された[9]。

一八九六年四月以後、台湾は「民政」時期に入った。同年五月一日に公布された「台湾総督府法院条例[10]」により台湾総督府法院は専ら国家の司法裁判権を司ることとなった。三審制（一八九八年から一九一九年の間は二審制）を採り、総督は審判に干渉することはできなくなった。また、人民が刑事責任を負うべきか否かも裁判所が法律により決定することが明示された。しかし一方で、政治犯に対し速やかに審理を行い判決を下し、犯罪を企てる者への厳しい諫めとするために、同年七月、「台湾総督府臨時法院条例[11]」を公布し、地域管轄の制限を受けず、随時、抗日事件が起こった場所で審理が行える一審終結の臨時法院を創設した。しかしながら、一八九六年の半ばから一八九八年の初頭にかけては、日本の軍隊、警察、憲兵が台湾人の抵抗運動を鎮圧したときも、従来どおり大半の抗日運動者をその場で殺害したり、あるいは逮捕後即座に死刑に処すなど、台湾総督府法院または臨時法院に送り司法手続きによる審理を踏まなかった[12]。

日本植民地統治当局——法の暴力を重用

台湾総督が本格的に「法律」によって、抗日運動を行う者を取り締まろうとした際、まず行ったのは非常に厳格な「匪徒刑罰令」の制定である。これは「法の暴力」の典型と言ってよいであろう。この刑罰令の第一条には、「何等ノ目的ヲ問ハス暴行又ハ脅迫ヲ以テ其目的ヲ達スル為多衆結合スル」ことは「匪徒罪」を構成すると規定され、当時、政治的動機ではなく、群れを成し略奪をほしいままにした正真正銘の強盗もまた「匪徒」に組み入れるというものであった[13]。日本統治当局はこうしたことを知りながら、政治的抵抗者に汚名を着せるため、人々が忌み嫌う強盗集団と同等に扱ったのである[14]。さらに、種々の匪徒行為に対し、ややもすれば死刑を科し、その効力は匪徒刑罰令公布前のものにまで及ぶとした（同じ行為を当時の日本の刑法典により処罰するなら、刑は台湾より軽い）。このように日本政府は「合法的」に台湾人の抵抗者を消し去るために、日本が西洋より継承した近代刑事法の基本原則に反することをも惜しまなかったのである。

また、「匪徒」を粛清するため、一連の法令をも公布した。例えば、中華帝国が元来実施していた犯罪者の隣人をも処罰する保甲制度もその一つであるが、これを実施したことで「巻き込まれる」ことを嫌がる一般の人々は武装抗日者を庇うことはなくなった。刑事訴訟手続上匪徒罪は、臨時法院の一審終結の手続きにより処理することと明白に定められていた。二審制を採用していた普通法院において、迅速に匪徒罪を審理するため、一八九九年、台湾人または清国人が犯した重罪案件に関しては、予審手続を経ずして公判に付すことができるとされ、続いて一九〇一年には、重罪に属する匪徒罪の案件については、職権によらずして被告の弁護人を選任することができると規定された。[15]

臨時法院が法による鎮圧の過程において果たした役割は、実はこれまでに考えられているほど重要ではない。抗日ゲリラ戦が比較的盛んだった一九〇二年以前は、多くの匪徒罪案件は普通法院で審理判決が行われた。このとき臨時法院は二度しか開廷されておらず、判決までの時間は、普通法院とそれほど変わらなかった。一九〇七年以降になると、政治的抵抗事件は個別に突発的に発生するようになり、このときになって臨時法院は匪徒罪を審理判決する主力となった。[16]

日本帝国は、他の制定「法」によることなく、植民地の政治抵抗者の制裁を全て裁判所において行った。植民地統治当局は、日本に抵抗する者を「殲滅」すべき「敵軍」であるとみなし続け、「更生」させるべき「犯罪人」とはしなかった。日本の公式統計数字によると、一八九五年から一九〇二年の間に、殺害された「匪徒」(正真正銘の強盗も含むが)の中で、わずか約四分の一の者のみが正式な手続きを経て処刑されている。[17]

ざっと計算すると、一八九五年から一九〇二年の八年間、日本帝国の軍事暴力及び法的暴力の二つの重圧の下で、台湾住民の約三万二千名、これはすなわち当時の台湾総人口の百分の一を越える人数であるが、新たにやってきた植民地統治者により殺害され、台湾人の青年男子二五名のうち一名が抗日運動で命を落としたこととなる。[18] こうしたことは一九四五年に日本統治時代が終わるまで尾を引き、日本統治当局は絶えず台湾住民に対し疑心暗鬼となり、いたるところで防備防御策をとり、一方統治された台湾人は、日本内地人及び政府に対し、嫌悪感と疎外感を抱くことになったのである。

日本統治当局が台湾で最後に匪徒刑罰令を適用したのは、一九一五年に起こった西来庵事件であった。[19] この事件では、匪徒刑罰令がむやみに国家暴力を振るうものであったという本質がよくわかる。同年、台南臨時法院に移送されてきたこの匪徒案件では、検察官により不起訴処分とされた者は三〇三人、起訴された者は一四三〇人、裁判所が死刑判決を下したものは八六六人に達した（起訴の約六〇%）。この処刑は類まれなる残酷さであったため、日本の帝国議会を震撼させ、日本政府は大正天皇の即位を理由に恩赦を行い、既に処刑されていた九五人（首謀者余清芳を含む）のほかは、減刑となった。翌年、もう一人の首謀者である江定らの合計二七二人の匪徒案件は、臨時法院がすでに廃止されていたため、台南地方法院が刑事訴訟手続きによって審理を進め、二二一人が不起訴、起訴された五一人中死刑は三七人（江定を含む。起訴の約七三%）であった。この数字から、日本統治当局は台湾への打撃を小さくしたが、抗日運動の首謀者層に対する手は緩めなかったことが見て取れる。また、江定に対しては投降時に刑を免じるという約束があったのだが、後に「国法の威信を傷つける」ことを理由にその約束は履行されなかった[20]。実のところ日本軍警は、しばしば法によらずに匪徒罪の嫌疑がある者を裁判所に送り、そのまま処決していた[21]。これもまた国法の威信を傷つけるものであったが、これについては追及されなかった。当時の法律は統治者側が一方的に操るだけの道具に過ぎなかったのである。

3 法体制内における法的暴力への抵抗

刑事上、民事上における法的生活

ある一つの社会において、政府に積極的に抵抗する者はわずかである。多くの一般民衆が「法的暴力」により抑圧を受けたか否かは探求すべき問題であるが、人々の生活は多岐にわたるため、本稿では紙幅の関係上、日本統治時代の五十年における台湾人の刑事、民事面での法律生活を検討していく。ただし、これとて当時の人々の法的生活の全てではない。

日本統治が始まり、一八九六年四月以降台湾に適用された刑罰法規は、主にヨーロッパ（仏、独）の個人主義刑法を手本に制定された一八八〇年の日本の刑法、及び一九〇七年制定の日本の刑法であった。このほかに台湾特有の「匪徒刑罰令」、また一九二五年には、日本内地と同時に施行された「治安維持法」等の特別刑法規定がある。[22] これらの立法過程を見るに、植民地政府は、「律令」（帝国議会の法律と同じ法的効力をもつ行政命令）により近代刑法典を台湾に実施した際、台湾人民の意思をまったく聞いてはおらず、[23] 日本ですでに採用されていた刑罰法令規範を台湾人にそのまま適用している。その動機または目的は、新たな国家権威が台湾にやってきたことを示し、植民地秩序を守ることにあり、[24] 近代刑法を広めるものではなかった。従って、たとえ日本統治時代の刑法に若干の近代性（modernity）があり、今日それが妥当なものであったとしても、それにより日本植民地主義者が当時、暴力で他人に強制したという事の本質を変えることはできない。やはりこれも「法の暴力」の表れということができよう。

日本統治当局が、もっとも留意したのは統治の利便性であり、「法の近代性」ではなかった。日本統治時代初期、日本の内地ですでに取り入れられていた近代的裁判所が台湾にも導入された。一八九九年になって、台湾各地の裁判所の訴訟手続きが一致していないことから生じる不便を改善するために、もともとは日本が模倣導入したヨーロッパの刑事訴訟法を台湾にも一律用いることが定められた。[25] しかし困ったことに、それ以来、植民地政府は大量の司法経費を支出しなければならなくなったため、一九〇五年に律令により「刑事訴訟特別手続」を公布し、植民地台湾における特別刑事訴訟手続きを確立した。[26] また一方、台湾人にとって近代的な行政と司法の分立はなじめず、また裁判所の数も少なく人々がそこへ赴くことが大変であることから、[27] 一九〇四年より裁判所を通さない手続き、そして警官が裁決できる犯罪の範囲を拡大した犯罪即決制、民事争訟調停制度が施行された。[28] 一九〇四年に施行、一九二一年に廃止された「罰金及笞刑処分例」では、「三個月以下の重禁錮、または百元以下の罰金に処すべき」台湾人（内地人を含まない）を笞刑に処し、また笞刑を未払いの罰金の代わりにするなどした。その結果、多くの刑事事件は警察部門での処置のみで解決した。これはすなわち司法の経費を省く一方で、警察の権威を増すこととなった。これらにより、近代的な刑事訴訟法を適用する機会が減少し、笞刑により近代法が重視する人間の尊厳が踏みにじられた。犯罪即決制に関しては、日本統治が終わる一九四五年まで続き、日本統治中期より末期のほうが多かった。[29] ではこれは人々の近代的知識の程度がどんどん下がったということなのか、近代的裁判所が少なくなったということを意味するのかというと、そうではない。この制度はやはり植民地統治の利便性に莫大な貢献をするものであったのである。

しかし台湾人は、日本の植民地統治に抵抗する力もなく、やむを得ず「法を守る」といった状況下にあって、これら刑事法が持つ、罪刑法定、デュープロセス・オブ・ロー、処罰の平等などの法理念などの近代法の原則を熟知し受け入れていった。[30] そして台湾人はこれらの知識を運用し、植民地政府が国家権力を行使する際に近代法の理念を守らないならば、それに批判を加えることで、法の暴力による危害を減少させるのに役立たせた。これが本稿でいう「法体制内における法の暴力への抵抗」である。

これら刑事面に対して、日本帝国は民事面では台湾人に粗暴な干渉はしなかった。軍政期の混乱のなか、「臨機応変」を方針とするほか方法がなかった台湾総督は、台湾人の民事訴訟について、「審判官ハ地方ノ慣例及ヒ條理ニ依リ訴訟ヲ審判ス」と規定した。[31] その後検討を重ねた結果、一八九八年七月一六日に律令に依り、日本内地人または清国人以外の外国人に関する民事事項は、日本の民法と商法により処理し、台湾人または清国人間の民事事項に関してのみ、旧慣または法理により処理すると規定した。[32] 当時日本は、一年後に台湾においても日本内地と同時に領事裁判権を廃止させる必要から、どうしても台湾に日本の民商法典を実施させなければならなかったのだが、それまで三年の体験から、日本政府は台湾人には継続して「旧慣」により民事生活をおくらせるのが、植民地の安定のために最良の選択であり、また西洋の植民地での通例であると考えた。[33] もとより「旧慣に依る」という規定は帝国の利益から出た考えではあるが、当時ほとんど近代民法に触れたことのなかった一般の台湾人も、おそらくこのような規定を望んでいたことであろう。しかしながら、一方で台湾人経営の企業は、前述した法律規定をうまく避けるため、日本内地人を会社組織の一員とすることで日本商法上の会社を設立し(34)、商法の台湾への適用を切望していることを明示したが、一九〇八年に公布された「台湾民事令(35)」では、やはり「台湾人の民事事項は旧慣に依るべきである」との規定を継続するとし、台湾人に商法を適用することを許さなかった。統治される側の利益を無視したこのことにも、法の暴力が全くなかったとは言い難い。

一九二三年一月一日より、台湾人の民事財産法事項に関わるものに限り、日本内地人と同様に日本の民法商法等を適用することとなったが、民事の身分法事項に関するものは、やはり「旧慣に依った(36)」。当時、総督府評議会において政府寄りであった台湾人委員のみならず、多くの人々が身分事項は台湾人の習慣によるべきだとし(37)、政治反対運動に従事していた台湾人エリートでさえも、台湾人の習慣によるべきだと考えていた(38)。日本政府は統治上の利益を考慮し、多くの台湾人の意見にあった法律を採用することにした。これはある意味では、「統治される者の利益を追求した」と言えるが、しかし台湾人には日本の民法あるいは台湾の習慣法以外の第三の選択肢がなく、また自ら選ぶ機会もなかったのであるから、統治される者にとっての「最良の利益」は考えられてはいなかった。従って今日、これを法的暴力と批判されることは免れないであろう。

民事紛争を解決するシステムとして、台湾総督府は刑事犯罪の認定と似たような方法を採った。すなわち一八九六年より近代的な裁判所を機能させ、一八九九年より本格的に日本の大陸法系民事訴訟法を取り入れ、一九〇五年には台湾の民事訴訟特別手続きを確立し、一九〇四年より行政機関による民事争訟調停を強化させた。その立法動機及び目的は、最も低い運用コストで、植民地社会の安定を維持しようとするもので、近代的か否かはポイントではなかった。刑事とやや異なるのは、刑事では、一九二四年より日本の刑事訴訟法典が直接台湾に施行されたとき、やはり特別法により元来の「刑事訴訟特別手続」の精神を維持したのだが、民事では一九二三年より日本の民事訴訟法典を直接台湾で施行した際には、特別法は公布しなかった点である。[39] 刑事訴訟と植民地の公安の関係は密接であるため、統治当局は、国家機関に大きな権威を与える特別規定の放棄は望まなかったのに対し、民事訴訟ではこうした考慮はなされなかった。民事と刑事の違いは、後述する民事制度改革への人々の反応にも現れている。

日本植民地統治当局の動機あるいは目的は検討の余地があるが、台湾人は新しい民事制度をかなり受け入れており、またうまく使っていた。例えば、植民地統治当局が地籍を確定するために行った「土地調査」、並びに民事法律関係を確認するための「土地登記」などは「植民地の資源を奪うため」とも解釈できるし、一方で「近代国家にとって必要な基礎建設」とも考えられる。しかしながら、やはりより注目すべきなのは当時の台湾人の反応である。土地調査により地主によっては申告をしなかったことで権益を失った人がいたのは事実であるが、[40] しかし全体的には主権の帰属を整理し明確にするという作用があったため、自ら進んで法院に赴き権利登記を行った人は少なくなかった。[41] 上述の法律的措置により、人々は土地に持つ各種の利益により「権利」を得、また法院あるいは国家的権威による保障をも得たのである。これを境に、地主階層は二度と日本統治時代初期のように武装抗日を率いることはなくなった。この結果から言えば、台湾人が積極的に関与したことで、日本統治時代の初めから、一九二三年に身分法以外は日本の民商法を適用するようになるまでの二十余年は、台湾人の民事財産法生活にとって、伝統的な中国式のものから近代的なものへの過渡期であったと言える。[42] 同様に、行政機関の調停により、近代的な法院訴訟により民事紛争を解決したかもしれない当事者が減ったとはいえ、それでも法院を利用した台湾人の数は、あっという間に伝統的な中国式のものによく似た行政機関による調停の利用者を超えたばかりか、ますます多くなり、調停を利用することが主流となっていった。[43] つまり、日本統治時代の初期から、台湾人はすでにやや法的暴力の色彩を帯びた民事法制度をうまく利用し、自己の権益を獲得していたのである。[44] このことは、後述する憲政体制を利用した植民地統治当局への対抗に、或いは一定の示唆を与えたのかもしれない。

不正義な憲政体制内で抵抗する政治エリート

植民地支配に対する血を浴びた二十年の武力抵抗でも効果がない現実に、台湾人政治エリートは、改めて抵抗の策略と目標を設定しなおした。一九二〇年代には、台湾は徐々に一つの共同体（community）を形成し始め、教育を受けた台湾人は日本から近代的な知識を得ていた。台湾人の知識界において台湾共同体意識に基づき、日本の植民地統治に対抗する二つの策略と目標が芽生えていた。その一つは、近代自由主義憲政体制の支持者で、まず日本が台湾において施行した憲政体制を承認しそれを利用することで、より多くの自由と権利を獲得し、最終的には「自決」という目標を達成しようというものであり、二つは、「圧迫された民族の解放」を基調とし、台湾民族の独立を追求し、社会主義国家を建てるというもので、これは根本的に日本の国家憲政体制を否定していた。(45)

前述した第一の主張を支持する者は、代議制度を利用することで、統治される者の利益が立法過程において充分に考慮され、国家法律の「暴力」的性格が変わることを望んだ。これら台湾人政治運動家たちは、一九二一年に帝国議会に対し「台湾議会設置請願」を提出した。いわゆる「台湾議会」とは植民地議会のことで、わずかな限られた自治立法権しかもたず、帝国議会が制定した法律の台湾における効力を否定できるものではなかった。(46)この運動を進めるために、「台湾議会期成同盟会」の結成を決意した。

しかしながら、植民地政府は既存の法的暴力によりこれに対抗した。当時日本では、政治的集会結社を取り締まるための「治安警察法」が制定され、ちょうど台湾と日本内地で同時に施行されたときだった。一九二三年、台湾総督府はこの法により、「安寧秩序ヲ保持スル為ノ必要」を理由に、「台湾議会期成同盟会」の設立を禁止した。しかし政治運動家たちは、東京で同名にて、東京警察官署に対し設立の請願を行い、許可を得たのち、台湾に戻り活動を続けた。台湾の検察官は、これをやはり治安警察法が禁止するものであることを理由に起訴した。一審では、本件の被告等は巧妙に法律の抜け道を利用しているのは確かだが、法律にはこれを禁止する明文がないとし、全ての被告を無罪とした。検察官はこれを控訴し、二審では、二名の被告を禁錮四ヵ月、五名を禁錮三ヵ月に、六名は罰金一百円、五名を無罪とした。被告側は上告し、最終審では、被告らが東京で行った結社は台湾で禁止されている結社行為の延長上にあるため、事実上は治安警察法に禁止された行為であるとされ有罪、上告は退けられた。[47]しかし、なぜ同じ行為が東京では合法で、台湾では非合法となるのか。これは植民地統治の恣意的な暴力ではないのだろうか。

とはいえ、以前の西来庵事件に対する残酷な鎮圧と比較すると、この判決結果は非常に軽く、体制内での合法的な抗争の実行可能性を示すものであった。この「法廷闘争」後、法廷での受難者は政府という権威に抵抗する英雄とされ、また台湾議会設置請願運動の「正当性」、そして「安全性」が大いに高まったため、運動に参加する者が激増し、さらにはより多くの台湾人が各種の社会あるいは政治運動へ参加する後押しともなったのである。[48]

しかし、台湾総督府の威権統治はこの運動で動揺することもなく、法的暴力もまた大きな改善は見られなかった。一九二七年、治安警察法の下、台湾人が組織した近代政党、台湾民衆党が許可されたが、一九三一年には、やはり同法により解散させられてしまった。その一年前（一九三〇年）、あまり脅威を与えない台湾人運動家たちによる「台湾地方自治聯盟」の結成が許されたが、これは一九三七年の日中戦争勃発後、自発的に解散した。[49]政治運動家に対する法律は、専ら群衆運動を制圧するだけではなく、思想的コントロールを行うために制定されており、処罰が比較的厳しい「政治刑法」であった。これには普通の人の犯罪を対象とした「一般刑法」も含まれており、事実上、一般刑法を援用したものが多くを占めた。[50]

台湾人政治運動家が法体制内で抵抗した成果の一つは、あるいは一九三五年に実施された州会、市会、街庄協議会議員の選挙かもしれない。これにより、台湾の社会は民主的選挙を実際に経験した。しかし、これとても本稿で法的暴力と称しているものを取り除く働きは大きくなかった。選出された議員は、地方レベルの法規の決定に携われるだけだったためで、台湾全体に関わる法令に影響を与えることはできなかった。しかもこの地方議会の民意反映度もまた完全なものではなく、半数が行政側に指名された者であり、また納税額が一定金額以上の男子のみに、選挙権及び被選挙権が認められていたのである。[51]

植民地政府は、日本の国家体制の承認を望まない政治運動家に対し、さらに厳しい法的暴力を加えた。例えば、一九二八年に成立した台湾共産党は、「国体を変革すること」あるいは「私有財産制度の否定」を目的として結社を組織するものを専ら取り締まる「治安維持法」(第一条)を根拠に、一九三一年、台湾で大量検挙を行った。しかし、総人口と検挙者の人数比から見ると、台湾で治安維持法により検挙された政治犯は、朝鮮より少ないどころか、日本内地よりも少ない。この原因として、一九二〇年代以後の台湾人抗日運動の主流が政府転覆を狙う武装抗日から、体制内での政治反対運動へと転換し、この最も厳しい法的暴力を適用されることが少なかったためだと考えられる。[52]日本帝国には、治安維持法に関連した思想犯保護観察法と予防拘禁の二つの思想統制制度があるが、[53]これは台湾には施行されなかった。台湾総督府は「台湾における思想犯人の現状に鑑み、当分の内予防拘禁は行はざることと為すの要あるに依る」[54]と考えたためで、これは暗に、台湾の法律は、既に植民地の人々を管理するのに十分すぎるくらいであったことを意味している。

とはいえ、なお少なからぬ台湾人政治運動家たちは、国家機関による「非合法」な暴力などの非常に厳しい法的暴力を受けた。台湾統治当局は思想犯に対し「転向」を強いたため、治安維持法違反の嫌疑を受け最終的に起訴、刑が確定したのはわずか四分の一に過ぎなかった。[55]こうしたことは日本内地の治安維持法違反事件と似ているが、起訴率は日本内地に比べて低い。[56]ただ、政治運動家の苦難は、警察の残酷な取調べに始まる。日本内地や植民地朝鮮では、政治犯は不当な拷問をしばしば受け、警察での拘留期間中に拷問で命を落とす者もいた。[57]台湾もまた同様で、警察での拷問後、審理中や刑務所に移送後、死亡する者もあった[58]。量刑については、一九三一年の台湾共産党事件では、首謀者で刑が最も重かったのは禁錮十五年、一九三五年の衆友会事件では、首謀者の一人が審理中に死亡、他の一名は禁錮十二年であったが、獄中で病死した[59]。このほか、一九四〇年代の前半、すなわち太平洋戦争勃発後にも、治安維持法を適用された案件があった。その多くは根も葉もない冤罪であったが、無期禁錮の重罰に処せられた者もあった[60]。

日本統治時代の末期になると、厳しい法的暴力は、国家が戦争体制に入ったことによるものとなった。しかし、あの戦争は台湾人の選択によるものではなく、植民地の悲哀として、植民帝国とともに進むしか方法はなかった。従って、戦争終結当時、台湾人は衷心より法的暴力が終わりを告げることを望んだ。しかし、期待が大きければ大きいほど、それが実現しなかったときの失望はまた大きく、以前の日本植民地政権への不満も消えてしまうことになったのかもしれない。

4 日本の台湾植民地統治に対する後世の評価

戦後国民党統治下の台湾の発展

一九四五年十月二十五日、当時中国を支配していた蔣介石政府は、連合国を代表し軍事的に台湾を接収し中華民国の領土とすることを宣言した。中華民国法制は、このときより台湾に施行されることとなった。台湾にとって外来政権である中国政府は、日本の植民地統治の圧迫から抜け出すことを渇望していた台湾人の期待にこたえることはなかった。「日本化を拭い去り」そして「中国化」政策を執るために、統治開始一年後には、日本語の使用を全面的に禁止した。このため、台湾社会における日本語世代は「文盲」となり、また一から子供のように中国語を学び始めることなった。[61] また皮肉なことに、もともと植民地統治の圧迫の象徴であった日本語が、戦後中国政府の圧迫を受けることとなった台湾に元来居住する人々が相互に「同じ族群」かどうかを識別する基準となったのである。中国から来た統治階層は、日本が台湾で半世紀にわたって行った統治は、台湾人の「奴隷化」にほかならないと考えたのだが、その自らが、日本の植民地主義者がいたるところで行った政治的圧迫、経済的搾取、及び種々の法的暴力と同じような圧迫や不幸をもたらすことになろうとは知る由もなかったのである。

一九四九年十二月九日、中国での内戦に敗れた蔣介石政府は、台湾で中央政府としての執務を開始した。この政府は日本統治時代を経験していない外省人の政治エリートたちにより掌握され、事実上統治権が及んだ範囲は、日本統治時代とほぼ同じ台湾及び澎湖と、蔣介石政府が中国での政権掌握時に統治していた中国の福建沿岸の小島、すなわち金門と馬祖のみであった。政治的事実からいえば「台湾政府」であるが、国家法律上では中国の全ての領土を有する「中華民国政府」と称したのである。この法律上の呼称のため、「中国」三五省の一省でしかない「台湾」は、それ相応にしか注目されず、台湾という土地の歴史もまた、「中国の地方史」にしか過ぎなかったため、中国とは無関係の日本統治時代の歴史はできるかぎり簡略化されたのである。

前述した国民党政府の姿勢の下、日本統治時代の法律はどのように「理解」されたのだろうか。まず、一九五〇年と六〇年代の国民党の威権統治下における台湾の学界の歴史論述を見てみよう。日本統治時代は弁護士をし、戦後台湾大学法律学科で教鞭を取り、後に国民党政府司法院院長を務めた戴炎輝が、一九四九年（台湾本省人エリートが虐殺された二・二八事件（詳しくは後述）の二年後であるが）、日本統治時代の法制について論じたものは、当時の法律制度の変遷のみに重点を置いており、法制の施行によりもたらされ今日社会にとってプラスの効果があったとされるものについてはほとんど触れていない。[62] 思うに、外来である国民党政府による統治の正当性は、日本人が台湾で敷いた「悪政」の上になりたっており、国民党政府が定めた歴史評価に逆らおうものなら、これはきわめて危険なことであったろう。

この論調を引用しさらに強化したのは、戦後、中国から台湾に渡ってきた、すなわち台湾における日本統治を経験していない、後に弁護士となった黄静嘉である。黄静嘉は一九六〇年、単一的な植民地主義の観点から、日本統治時代の法制は、植民地統治から生れたものだという結論を導いた[63]。しかも黄静嘉は、当時の法制がいかに練られ施行されたかが記録されている台湾総督府档案や、当時の台湾に元来住む人々の日本統治時代の法制に関する意見をも参考にしていない。例えば、日本統治時代後期にも、台湾人の慣習法を台湾人の親属相続事項の規範としたことについて、黄静嘉は、台湾総督府による「消極的放任」であると批判している[64]。しかし、これは当時多くの台湾人が望んだことでもあったのだ。もし日本統治当局に従うと「愚民」と批判されるならば、当局に従わなくてもやはり「植民」と批判されるか、あるいは「日本」が制定した法律であるからというだけで、「悪い」とされるのであろう。二〇〇二年、黄静嘉は旧版を増補改訂し再出版した際、その論じるところは中国的国族主義に基づくものだと明示している[65]。

これに対して、戦前に日本内地で裁判官を務め、戦後台湾大学法律学科の教授に任ぜられ、司法院大法官を務めた蔡章麟及び洪遜欣の両名、そして日本統治時代に日本内地で法学教育を修め、戦後台湾に戻り裁判官を、後に司法院大法官を務めた陳世栄らは、それぞれ一九五五年と一九六〇年に政府機関である台湾省文献委員会より出版した著書において、日本統治時代の法制に対して興味深い扱いをしている[66]。多くの紙幅を日本統治時代の各種法規内容に費やし、法制上台湾に対し差別があった日本の植民地統治を批判している部分はわずかしかない。自由に意見が述べられない時代背景の下では、あまり批判をしないのが身を守る道である。しかし、洪遜欣は、前述した一九〇五年の植民地政府が公布した民事訴訟特別手続は、動機は「訴訟手続きの簡易迅速化を推進するため」ではあったが、しかし「全体的に言えば、内容はやや進歩しており、その後日本の新民事訴訟法においても採用された[67]」と指摘している。

ここでは法律の制定動機と実質的な内容を区別していることがうかがえ、植民地主義以外の観点からの評論を行っている。陳世栄もまた、民事争訟調停制は「人々のために権義上の紛争を解決し非常に大きな成果を収めたもの」ではあるが、しかし実務上は官からの圧力がかかり、また行政機関及び裁判所もまた強制執行により混乱などの弊害を引き起こしたと考えており、(68) これも非常に台湾人の実際の経験にもとづいた評論であると言える。

台湾省文献委員会は一九八二年、日本が公然と軍事暴力・法の暴力により植民地の人々を鎮圧した一八九五年から一九〇五年までの十年間における司法制度に関わりのある台湾総督府档案の日本語原本を中国語訳し、華文出版より出した。(69) しかし台湾省文献委員会は、これら総督府の役人により書かれた立法理由書は日本当局が弁解をしているように感じたのだろうか、翻訳を終えた後、日本統治時代五十年における憲政機構の説明を加え、「各種法制はいずれも植民地の人々を蔑視、侮辱し、しかも横暴が特色であった」と再度日本を批判している。(70) これは、改めて国民党政府の日本統治時代の法律に対する見方を述べたものであるといえよう。

台湾の政治が徐々に自由化されていった一九八〇年代後半、日本統治時代を経験した家庭に育ち、台湾大学法律学科で教鞭を執った蔡墩銘と王澤鑑は、偶然にもそれぞれ日本の植民地統治は、台湾が近代法典を継承することに若干の貢献があったと述べた。(71) これは他のテーマでなされた講演での一節にすぎないが、通説と異なることを公に述べることは勇気が必要であっただろう。

筆者は、日本統治時代を経験した家庭に育ち、一九八〇年代に台湾で七年の法学教育を受けた。日本統治時代の法律とは一体何なのかを全く知らなかったのであるが、米国留学後、初めて台湾の法律史を専攻するようになった。そして一九九二年提出の博士論文において、日本統治時代の法律に対する従来の認識と評価とは異なる見解を表した。筆者は日本の植民地統治当局が台湾で進めた法律改革の「結果」には、確かにある面では今の台湾社会の近代化にとってプラス面があったが、これはその改革の付随効果または副産物にすぎないと考える。というのは、この改革の動機または目的は日本帝国の利益を最終的に考えているからである。(72)

それから十数年後の二〇〇五年一月、台湾で民進党が政権を得た約五年後、司法院の主催で「百年司法」という展示会が行われた。会期中、台湾総督府档案のうち、立法理由または施行後の状況がわかる原本、そして日本統治時代の判決原本、登記簿、公正証書等の司法関係文書を展示し、観客が普通の人々の視点で、わずか六十年前にしかすぎない台湾の人々の法律生活を知ることで、日本統治時代の法律をどのように評価すべきかを再考してもらうことを狙いとした。こうしたことは、もっと早くやるべきであったのだが。

台湾の人々の観点から見た「法の暴力」

日本が台湾で敷いた法制には法的暴力的な性格があったことは前述のとおりである。しかし、今なお少なからぬ台湾人が、当時日本の政府は台湾人に対し差別的に待遇したとする一方で、日本の台湾統治をかなり肯定する。なぜこのようなことが起こるのか。これは、前述した民事法律生活においては、法的暴力の色彩が比較的少なかったことに加え、台湾の統治を引き継いだ国民党が、日本と同様に法の暴力を以って人々を踏みつけたことで、再び暴力を振ることのなくなった日本帝国に対し、一種の懐かしさを覚えるようになったためであろう。こうしたことから見れば、台湾人の「親日」は国民党の暴政によるものだと言える。

自分自身や育った家庭が日本統治時代を経験した多くの台湾人は、戦後間もなくは、日本人への憤りがなかなか消えなかった[73]。それが日本に親しみを覚えるようになったのには、一九四七年に起こった二・二八事件に主な要因がある。日本統治時代の後期、日本統治者はもはや軍事暴力に訴えることなく、通常は「合法」的に暴力を振るっていた。これを経験していた者が、二・二八事件後、「祖国」と称していた政府が、なんと日本統治時代初期の軍隊と同じように虐殺で「同胞」に対処したのを目撃し、非常に失望を覚えたのである[74]。まして、日本統治時代に日本内地人が統治者として優位にたっていたその地位を、戦後は中国内地人に取って代わられたのには[75]、当時「台湾在地人」であった本省族群（ホーロー、客家、先住民族群を含む）たちは、[76]以前と変わらず「外来政権」により、暴力を含む「彼ら」に有利な法律が公布施行されるのを感じ取った。

台湾は日本帝国にとって、「軍事拠点としての植民地」という性質を有し、植民地宗主国にとって軍事戦略上重要な地位を占めていたと言われている。[77]同様に、一九四九年以降の国民党政府もまた台湾を、中国へ攻め帰り中国での政権を握るための軍事基地とし、やはり台湾に元来住む人々を道具とした。これは概念の中に存在する「母国」（台湾と中国という国）の利益のためであって、統治されている多数の台湾の人々の利益のためではなかった。台湾の本省族群は、日本統治下において台湾を一つの共同生活体とし、大陸の中国とは強い関わりはない。従って一般的に言えば、共産党中国の台湾侵略に反抗することはあっても、中国へ攻め帰るということには関心は持っていない。二・二八事件の軍事鎮圧の落とした影、そして国民党軍、警察、特務が手を携えた恐怖統治の暴力的威脅の下、黙々と「他人の道具」となることに甘んじ、「植民される」ことからは抜け出せなかった。これに対し、当時中国から台湾へ移住し、故郷へ戻ることを熱望した外省族群は、「外来の者に植民される」という感覚は持ちはしなかったが、軍、警察、特務による恐怖統治にはやはり反感を抱いた。

一九五〇年代から一九八〇年代の後期まで国民党政府は、中国から移殖してきた「動員戡乱（反乱鎮圧のための総動員）戒厳法制」に従い、情報部門と軍事審判機関により、「合法的に」いずれのエスニック・グループにもいた政治に異議をとなえる者を鎮圧した。戦後の国民党執政時期において、死刑を科されることが多かった「懲治叛乱条例」等は、日本統治時代の「匪徒刑罰令」の焼き直しであり、一九八七年の戒厳令解除後、公布された「動員戡乱時期国家安全法」は、あたかも日本統治時代の「治安維持法」のようであった。[78]

日本統治時代と似たような法的暴力に、孤立無援であった本省族群政治エリートたちは、日本統治時代の先輩諸氏の「不正義の法律体制内において不正義に対抗する」という策略を援用し、そしてまた台湾の総人口で多数を占めるという優位性を発揮するために、議会民主制度への参与及び強化を求めようとした。しかし国民党内の外省族群の統治エリートたちは、それへの対応策をもっていた。一九五〇年代から六〇年代にかけて、民主的選挙は、地方の県市・郷鎮レベルに限られており、さらに国家支配者及び省レベルの政府はしっかりと地方政府を掌握しており、また本省族群の中にも国民党と「侍従関係」を持つ地方閥が存在した。これは、日本植民地統治当局が一九三五年より、台湾人に対して一部開放した地方政府レベルでの政治参与と、結局は同じである。しかし、国民党政府も、概念の中にある「母国」（中国）をいつまでも統治者階層に注ぎ込むことはできなくなっていったため、蔣家の二代目である蔣経国は、できるだけ本省族群の中から、国民党と同じイデオロギーと統治利益を有する政治エリートを育てた。[79]そして一九七二年、国民党政府はようやく限定的ではあったが、中央レベルの議員の定期改選を行うようになった。しかし政府に異議をもつ者がさらに日本統治時代の「台湾議会設置」と同一趣旨の「国会全面改選」を要求した際、執政者は直ちに法的暴力に訴え、一九七九年の美麗島事件では軍事審判を行った。[80]これも前述した台湾議会事件の審判と同様、公開審判を行うことで多くの民衆の理解を得、さらには政治異議者の訴えを支持しようとしたが、しかし美麗島事件の被告等は、十年余りの懲役刑に処された。台湾議会事件と比較するとこの法的暴力の性格はさらに強烈なものと言える。[81]

日本統治時代と大きく異なるのは、このときの抵抗により不正義に勝ち、日本統治以来続いた法的暴力を作り出す憲政の構造を、ようやく改革することができた点である。一九九二年、国会は全て国民により定期的に選出された議員により構成され、台湾人に適用する法律を決定できるようになった。行政部門のトップである総統もまた国民による直接選挙で選出され、国民党は二〇〇〇年に総統選に敗れ政権を失うこととなった。司法権は、台湾で育ち台湾社会での経験を享有する法律専門家が単独で行使するものとなった。一九九二年五月十六日に刑法第一〇条は修正され、もはや政治的に異議を唱える者も、言論上の主張だけでは刑法的に制裁をうけることはなくなった。[82]

今日、多元的なものが共存する台湾社会では、上述した日本及び国民党の法的暴力に関する解釈は、多数の見方のうちの一つである。この歴史解釈を出発点とする台湾主体観は、台湾共同体を歴史観察上の主軸とするものでもあり[83]、国民党政府が台湾で六十年も喧伝してきた中国の角度からみた歴史とは、根本的な違いがある。国民党が依拠してきた法的暴力はもはや存在しないが、しかしこの六十年の間に多くの本省族群者たちは、自分でも気付かないうちに国民党政府の観点を受け入れてしまっている。これに対して、生活を共にしてきた経験の積み重ねから、少なからぬ個人主義、自由民主理念を尊ぶ外省族群が、台湾を主体とした包括的な歴史認識を持つようになっている。こうしてみると、法的暴力が存在したか否かという解釈自身も、それを主張する者がどのくらい法的暴力の支配を受けたかに関係してくると言える。徹底した暴力に支配されると、その暴力の存在は感じなくなるのである。

日本植民地統治及び国民党の外来統治を認識する上で、台湾の人々に与えた法的暴力のほかにも、さらに踏み込んだ指摘をしなければならない。それは人の利己心から出たもので、他人や他のグループを尊重することなく、むやみに暴力的な行為を行うため、道徳的に激しく非難されるべきものである。例を挙げると、大多数の台湾人は、過去に日本と国民党政府の統治をうけ、中国の政権とは政治的に一世紀以上離れてしまっている。今日、すでに手に入れた自由で民主的な生活を維持するために、台湾は一つの国でありたいと願っている。これに対し中華人民共和国は、同国の国内法により、もし台湾が統一をしないならば「平和的な方法及びその他の措置を採る」と言う[84]。これは国境線を越えた武力を用いた脅威による法的暴力である。また、国際社会においては、たとえそれが善意より出たものだとしても、自らが非常に妥当だとする法制度（正義）を他の国に導入する際には、その国の国民が自ら選ぶ権利を完全に尊重しなければならない[85]。要するに、国家の法の権威は、外から来たものの強権的な圧迫や暴力によるものではなく、法により規範される人々が、共に審議し採択した独自の、あるいは外来の正義や生活方法であるべきなのである[86]。

5　終わりに

日本統治時代初期、植民地統治当局はさまざまな軍事暴力に訴え、法的暴力を使い続け、西来庵事件において数百名もの被告を死刑に処するという法的暴力に帰結した。しかし日本統治下で台湾の人々は、法律の体制内で黙々と法的暴力に抵抗した。日本は植民地統治の必要性から、近代性を帯びた刑事法を公布したが、これにより台湾人エリートたちも、日本政府がむやみに行う国家暴力を近代的に批判できることとなった。一方、植民地の民事法は、部分的に法的暴力の性格を帯びてはいるが、台湾の人々は自分たちに有利なものを上手に使った。日本統治時代の中期、政治に異議をもつ台湾の人々は、明治憲政体制を運用し、植民地の法的暴力を根本的に改善する道を探った。しかし、統治当局は、当時の国家法に基づきこれを抑圧したため、法的暴力の存在を結局は揺るがすことはできなかった。台湾共産党のような憲政体制を否定する者に対して植民地統治当局は、極度に強い法的暴力を用いた。日本統治時代末期においては、すでに数十年もの間、法的暴力で鎮圧され続けてきた台湾社会は、国家権威に抵抗することが難しくなっていた。

第二次世界大戦後、中国から台湾を接収に来た国民党政府は、日本への恨みと中国的国族主義に基づき、日本統治時代の法制全てを貶めて圧制の手段とし、少しも残すことはしなかった。しかし、国民党政府も「復興の基地」という名の下に、日本と同様に台湾の人々を道具とし、法的暴力を以って人々を踏みにじり、さらに二・二八事件では、日本統治時代には初期にしか使われなかった軍事暴力をむやみに使った。このことが、多くの日本統治時代を経験した本省族群である台湾人に、昔の日本統治者のほうがまだましだったと思わせることとなったのである。そして、本省族群政治エリートたちは、日本統治時代の先輩たち同様、不正義な国家法律体制のなかで、不正義な法的暴力に対抗することで、最後には、日本統治時代以来一世紀にわたって台湾の人々の声を無視した法的暴力を生み出す体制を終わらせることができたのである。

今日の多元的で自由な台湾社会においては、過去、国民党政府によって長い間法的暴力であったと伝えられてきた歴史の評価は、今でも台湾人の観点から出発した他の歴史の評価と並存している。「過去」に起因する暴力的統括支配が形成した現状を認めるとしても、「今後」はいかなる形であっても、法的暴力の復活は厳しく諌めなければならない。

［翻訳：阿部由理香］

注

（1）日本が台湾（含澎湖）統治を開始した当時、台湾島に住む大多数の人々は、中国の東南沿海地域から移住してきた漢民族系の人々、そしてその子孫たちであった。いわゆるホーロー人、客家人、そして先住民ですでに漢民族化が進んでいた平埔族の人々で、彼らを法律上は「本島人」、俗に「台湾人」と称する。このほか日本統治下の台湾には、固有の文化を保ち続けていた先住民族と、統治開始後に日本内地から移ってきた、法律的に「内地人」と称される人々が住んでいた。本稿では、先住民族と日本内地人の歴史経験は検討対象としない。

（2）戦後の台湾には、中国から移住してきた「外省」族群（エスニック・グループ）があり、彼らは台湾における日本統治時代を経験していないため、戦前から台湾に住む台湾人とは異なった経験と記憶を有する。本稿では日本統治時代の歴史を論じるため、必要な場合についてのみ外省族群について略述する。

（3）伊藤博文編『台湾資料』（一九三六年）四六三―四六六頁参照。台湾の人々の軍事犯処分令の内容については、戴炎輝、蔡章麟『台湾省通志稿政事志司法篇』第一冊（東京：秘書類纂刊行、一九五五年）一五六頁参照。

（4）外務省条約局『日本統治下五十年の台湾（「外地法制誌」第三部の三）』（東京：条約局、一九六四年／復刻版、東京：文生書院、一九九〇年）一四三―一四七頁参照。

（5）王泰升『台湾日治時期法律改革』（台北：聯経、一九九九年）二二八―二三二、二四二―二四三頁参照。同書には英語版、Tay-sheng Wang, *Legal Reform in Taiwan under Japanese Colonial Rule (1895-1945)* (Seattle: University of Washington Press, 2000) がある。また、翁佳音『台湾漢人武装抗日史研究（一八九五―一九〇二）』（台北：国立台湾大学、一九八六年）九一頁参照。
（6）前掲書『台湾漢人武装抗日史研究（一八九五―一九〇二）』九四―九五、九八―一一〇、一五二、一五六―一五八、一六一―一六二頁参照。また、向山寛夫『日本統治下における台湾民族運動史』（東京：中央経済研究所、一九八七年）一六四、一六八頁参照。
（7）前掲書『台湾漢人武装抗日史研究（一八九五―一九〇二）』一六三―一六七頁参照。
（8）関連条文は、前掲書『台湾省通志稿政事志司法篇』第一冊、一五五―一六〇頁を、立法理由については、劉寧顔等訳『日拠初期司法制度档案』（台中：台湾省文献委員会、一九八二年）五〇―五一頁参照。
（9）前掲書『台湾日治時期法律改革』二二九―二三〇頁参照。
（10）条文とその後の修正については、外務省条約局『律令総覧（「外地法制誌」第三部の二）』（東京：条約局、一九六〇年／復刻版、東京：文生書院、一九九〇年）一三〇―一三七頁参照。
（11）条文とその後の修正については、前掲書、『律令総覧（「外地法制誌」第三部の二）』一三七―一三九頁参照。
（12）前掲書『日本統治下における台湾民族運動史』一六九―一七一、一七九―一八二、一九〇―一九三、二〇七頁参照。
（13）上内恒三郎『台湾刑事司法政策論』（一九一六年）一七六頁参照。実例については、台湾総督府覆審法院編『覆審法院判例全集』（台北：伊藤正介、一九二〇年）三七四頁収録の明治三四年控刑字第二九、三〇号判決参照。
（14）前掲書『台湾漢人武装抗日史研究（一八九五―一九〇二）』一四三、一五〇―一五一頁参照。
（15）前掲書『台湾日治時期法律改革』一〇二―一〇三頁参照。
（16）前掲書『台湾日治時期法律改革』二三二―二三六、二四三―二四四頁参照。
（17）前掲書『台湾日治時期法律改革』二三六―二三七、二三九―二四〇頁に詳述。
（18）黄昭堂著、黄英哲訳『台湾総督府』（台北：自由時代、一九八九年）九三頁、及び前掲書『日本統治下における台湾民族運動史』二八八頁参照。
（19）山辺健太郎『現代史資料：台湾（一）』（東京：みすず書房、一九七一年）五二―六七、七九―八一頁、王詩琅「日拠時期之台湾」林衡道主編『台湾史』所収（台中：台湾省文献委員会、一九七七年）六七六頁参照、また、遠流台湾館編『台湾史小事典』（台北：遠流、二〇〇〇年）一二一―一二四頁参照。
（20）前掲書『現代史資料　台湾（一）』七三―八五頁参照。
（21）一説によると、日本の軍事警察は余清芳等を匿った噍吧哖近くの村人たちに報復するため、「噍吧哖大虐殺」と呼ばれる虐殺を行い、殉難者は数千人にも上ったという。前掲書「日拠時期之台湾」六七六頁、史明『台湾四百年史』（San Jose,

Ca.: Paradice Culture Associations, 1980) 四四七―四四八頁参照。
(22) 刑罰法規の公布施行過程及びその内容は、前掲書『台湾日治時期法律改革』八七―八八頁参照。なかでも重要なのは明治二九年律令第四号、明治三一年律令第八号であり、明治四一年にも同様に律令で「台湾刑事令」が制定された。前掲書『律令総覧（「外地法制誌」第三部の二）』一四六、一六六、一六八頁参照。
(23) 日本は台湾に、植民地選出の議員により構成される植民地議会を設置しなかった。
(24) 事件は植民地の秩序維持に関わるもので、西洋の植民地主義国家の多くは、植民地の人々の刑事事項に非常に干渉を行った。Arthur Girault 著、若林栄次郎訳『殖民及殖民法制原論』（台北：臨時台湾旧慣調査会、一九一八年）五二一頁参照。
(25) 明治三二年律令第八号、台湾総督府法務部編『台湾司法制度沿革誌』（台北：台湾総督府法務部、一九一七年）二〇頁参照。
(26) 明治三八年律令第一〇号、前掲書『律令総覧（「外地法制誌」第三部の二）』一七〇―一七一頁参照。立法理由については、劉寧顔等訳『日拠初期司法制度档案』一〇一九―一〇七四頁参照。この前に、既に刑事訴訟手続きに関する特別規定があった。前掲書『台湾日治時期法律改革』九七―九八頁参照。
(27) 明治三七年律令第四号の「理由書」は、「台湾総督府公文類纂」明治三七年「犯罪即決ニ関スル律令発布ノ件」民総三三〇九号参照。
(28) 明治三七年律令第一号、前掲書『律令総覧（「外地法制誌」第三部の二）』一七九―一八〇頁参照。
(29) 前掲書『台湾日治時期法律改革』二一七―二二〇頁参照。
(30) 前掲書『台湾日治時期法律改革』二七九―二八八頁に詳述。
(31) 前掲書『台湾資料』四三四―四三九頁参照、明治二八年一一月一七日日令第二一之三号「台湾住民民事訴訟令」、前掲書『台湾省通志稿政事志司法篇』第一冊、一五五頁参照。
(32) 明治三一年律令第八号、前掲書『律令総覧（「外地法制誌」第三部の二）』一四六頁参照。
(33) 前掲書『台湾資料』一四七、四〇七頁、Arthur Girault 著、若林栄次郎訳『殖民及殖民法制原論』五二四頁参照。旧慣を維持するか廃止するか、どちらが日本統治者にとって有利なのかについては、前掲書『台湾日治時期法律改革』一〇五頁参照。
(34) 王泰升「台湾企業組織法之初探与省思」『台湾法律史的建立』所収（台北：自刊、一九九七年）三一四―三一五頁参照。
(35) 明治四一年律令第一一号、前掲書『律令総覧（「外地法制誌」第三部の二）』一四九―一五〇頁参照。
(36) 詳しい規定は、前掲書『台湾日治時期法律改革』三一七―三一八頁参照。

(37) 陳昭如「離婚的権利史——台湾女性離婚権的建立及其意義」台湾大学法研所修士論文、一三六—一三七、一四二—一四四頁参照。

(38) 鄭松筠(雪嶺)「就民商法施行而言」『台湾青年』第三巻第四号(一九二一、一〇)漢文部一七—二一頁、記者(即林呈祿)「施行民法商法宜置例外例」『台湾青年』第三巻第四号(一九二一、一〇)漢文部二一—二六頁、林呈祿「民法の親族規定を台湾人に適用する法案の疑義」『台湾青年』第三巻第六号(一九二一、九)日文部二一—三五頁をそれぞれ参照。

(39) 関連法令及びその内容は、前掲書『台湾日治時期法律改革』一〇一—一〇二、一〇九—一一〇頁、前掲書『台湾法律史概論』二六六、三二四頁参照。

(40) 前掲書『台湾日治時期法律改革』三二六—三二七頁参照。

(41) 魏家弘「台湾土地所有権概念的形成経過——従業到所有権」台湾大学法研所修士論文、一九九六年、二〇一—二〇二頁参照。

(42) 前掲書『台湾日治時期法律改革』三〇六—三四九頁参照。

(43) 前掲書『台湾日治時期法律改革』一九三—二一三頁に詳述。

(44) しかし、日本統治当局が積極的に指導しなかったことから、台湾人が近代的裁判所の利用を学ぶには限界があった。王泰升「台湾法律文化中的日本因素」台湾大学日文系主催「当前日本文化与台湾創新研討会」国際シンポジウム発表原稿を参照(二〇〇五年一〇月二九日)。

(45) 詳しくは前掲書『台湾日治時期法律改革』一二三—一二四、二四六—二四八頁参照。

(46) 周婉窈『日拠時代的台湾議会設置請願運動』台北:自立報系、一九八九年/五〇—五六頁、及び王泰升「日治時期台湾特別法域之形成与内涵——台、日的「一国両制」」前掲書『台湾法律史的建立』所収、一一四頁参照。

(47) 呉三連、蔡培火等『台湾民族運動史』(台北:自立晩報、一九八七年)二一二—二七六頁、高等法院上告部大正十四年上字第五八至六九号判決、判例研究会編『高等法院判例集:大正十四年至昭和二年』所収(一九二八年)一〇九—一一五頁参照。

(48) 前掲書『日拠時代的台湾議会設置請願運動』八八—九二頁、並びに許世楷『日本統治下の台湾——抵抗と弾圧』(東京:東京大学出版会、一九七二年)二二八—二二九頁参照。

(49) 前掲書『台湾日治時期法律改革』二四七—二四九頁。

(50) 前掲書『台湾日治時期法律改革』二五〇—二五二頁参照。

(51) 前掲書『台湾法律史概論』一六九—一七〇頁参照。

(52) 前掲書『台湾日治時期法律改革』二五三―二五四頁、注七五―七六参照。
(53) この二つの制度についての詳細は、前掲書『台湾日治時期法律改革』二五七頁参照。
(54) この文言は、台湾総督府が内閣に送った「理由書」に見られる。国立公文書館所蔵「公文類聚」第六五編、昭和十六年、巻一、皇室門政綱門「大正十一年勅令第四百七号改正ノ件」。
(55) 台湾総督府警務局『台湾総督府警察沿革誌第二編：領台以後の治安状況(下巻)』(一九四二年)二八七頁。
(56) Richard H. Mitchell, *Thought Control in Prewar Japan* Ithaca : Cornell University Press, 1976, pp. 140-141 参照。
(57) Elise K. Tipton, *The Japanese Police State : The Tokko in Interwar Japan* (Honolulu・University of Hawaii Press, 1990, pp. 26, 31, 56. 及び金圭昇『日本の植民地法制の研究』(一九八七年)七九頁参照。
(58) 台湾省文献委員会『台湾省通志巻九　革命志抗日篇』(台中：台湾文献委員会、一九七一年)五三、五七頁、及び前掲書『日本統治下における台湾民族運動史』一一三七、一一九一頁参照。
(59) 前掲書『日本統治下における台湾民族運動史』九一八、一一三七頁参照。
(60) 前掲書『日本統治下における台湾民族運動史』一二三三―一二三四、一二六九―一二七二頁、前掲書『台湾日治時期法律改革』二五九頁参照。
(61) 王泰升「台湾戦後初期的政権転替与法律体系的承接」『台湾法的断裂与連続』(台北：元照、二〇〇二年)二〇―二一、三九―四〇頁参照。
(62) 戴炎輝「五十年来的台湾法制」『台湾文化』第五巻第一期(一九四九年)、『近代中国』第一九期(一九八〇年)七九―八六頁に再掲載を参照。
(63) 黄静嘉『日拠時期之台湾植民地法制与植民統治』(台北：自刊、一九六〇年)参照。
(64) 前掲書『日拠時期之台湾植民地法制与植民統治』一一二頁参照。
(65) 黄静嘉『春帆樓下晩濤急：日本対台湾植民統治及其影響』(台北：台湾商務印書館、二〇〇二年)四六一頁参照。
(66) 前掲書『台湾省通志稿政事志司法篇』第一冊、洪遜欣、陳世栄『台湾省通志稿政事志司法篇』第二冊(台北：台湾省文献委員会、一九六〇年)。
(67) 前掲書『台湾省通志稿政事志司法篇』第二冊、一〇頁。
(68) 前掲書『台湾省通志稿政事志司法篇』第二冊、二〇五、二一一―二一二頁参照。
(69) すなわち、前に引用した劉寧顔等訳『日拠初期司法制度档案』のことである。
(70) 郭嘉雄「日拠時期台湾法制之演変歴程及其性質」前掲書『日拠初期司法制度档案』に所収。一一六二頁参照。

(71) 蔡墩銘「貴賓致詞」中国比較法学会（現「台湾法学会」）編『戦後中日法学之変遷与展望』（台北：自刊、一九八七年）に収録。三―五頁参照。王澤鑑「民法五十年」『民法学説与判例研究』第五冊（台北：自刊、一九九〇年）八頁。
(72) 前掲書『台湾日治時期法律改革』四〇四頁参照。
(73) 寺奥徳三郎著、日本文教基金会編訳『台湾特高警察物語』（二〇〇〇年）二一―二三、三九、四五頁参照。
(74) 二・二八事件後の中国の軍隊による鎮圧で、議員を務めていた無数の台湾本省人エリート層が、処刑、逮捕、失踪、逃亡したため、一般の人々は政治を恐れるようになり、普段は意見を述べなくなった。前掲書「台湾戦後初期的政権転替与法律体系的承接」七八頁参照。
(75) 前掲書「台湾戦後初期的政権転替与法律体系的承接」五五―五九、九一頁参照。
(76) ここで述べたことは五、六十年前の事である。今は外省人も「台湾をルーツとする台湾人」である。
(77) 前掲書『日拠時期之台湾植民地法制与植民統治』三六―三七頁参照。もちろん、台湾は植民地宗主国にとっては、まだかなり大きな経済的利益がある。
(78) 前掲書『台湾法律史概論』一八二―一八三、二七五―二七七頁参照。
(79) 王泰升「台湾憲法的故事：従「旧日本」与「旧中国」蛻変而成「新台湾」」『台湾法的世紀変革』（台北：元照、二〇〇五年）三〇一、三〇五―三〇六頁に詳述。
(80) 前掲書『台湾史小事典』一九〇頁参照。
(81) 前掲書『台湾法律史概論』三〇四―三〇五頁参照。
(82) 前掲書『台湾法律史概論』一五九―一六〇、二三九、二七五頁参照。
(83) 前掲書『台湾法律史概論』四―一二頁参照。
(84) これは中華人民共和国の反分裂国家法第八条のもので、実質的に武力使用を意味する。
(85) この論点に関しては、王泰升が名古屋大学法政国際教育協力研究センター主催「台湾における法の継受と日本法の影響」国際シンポジウム（二〇〇四年六月二六日）において発表した「台湾における法の継受の経験及び法整備支援への示唆」を参照。またイラクを例にとると、アメリカが武力でイラクに「民主」をもたらしたとしても、この「選択肢」を採用するかどうかは、イラクの人々が自ら決めることである。
(86) 両者が共同して外来の法制度と理念（価値観）を検討選択し、これによりその土地の新たな法文化を促すことはある。この論点については、王泰升「多源而多元的台湾法：外来法的在地化」『当代』第二二〇期（二〇〇五年）所収、一〇―二七頁参照。

中国の「四十年戦争史」と中国人の暴力認識

徐勇

二十世紀前半の中国では全国的な規模で四十年余りにわたり、さまざまな形の戦争が行われ、終息してからすでに半世紀以上の歳月が経った。その間、いくつかの重大な戦争は十分に研究されてきたが、まだ一部の課題は受けるべき注目を受けていない。特に掘り下げていくべきなのは、この間の歴史の総括的で総合的な研究である。以上のような考えに基づき、本論では史実を基に「四十年戦争」という時間的な集合概念を用いて、この期間の中国人の暴力認識、節度を持った武力行使及び二十世紀中国の社会変化の改革態勢等の課題をめぐって、新しい角度からの考察をしていきたい。

1 史実としての「四十年戦争史」の存在

「四十年戦争史」の存在の実態に関しては、近代中国が経験した内外の戦争との比較を通して認識することができる。それまで中国で起こった数省にまたがる内戦は、主に伝統的な農民戦争として認められている太平天国戦争（一八五一年―一八六四年）と捻軍戦争（一八五五―一八六八年）がある。回数がより多かったのは侵略に反抗する次のような戦争である。一八四〇―一八四二年の間の第一次阿片戦争、一八五六―一八六〇年の第二次阿片戦争、一八八四―一八八五年の中仏戦争、一八九四―一八九五年の日清戦争、一九〇〇年の八ヵ国連合軍による侵略戦争〔訳注：北清事変〕である。概していえば、十九世紀の中国で起こった戦争は主に伝統的な農民戦争と侵略に反抗する戦争の二種類であった。これに対して、二十世紀に入ってからは、一九一一年の辛亥革命から五〇年代の初めまで、中国大陸では一、二年おきに一回あるいは数回、非地域的で全体に係わる内戦あるいは対外戦争が発生していた。延々と続いた戦争が持つ独特の時間的な特徴に基づき、本論では「四十年戦争史」と呼ぶ。この四十年戦争の原因及び戦争の性格、特徴諸要素の総合的な考察を通して分かるように、戦争の形態が複雑で種類が多種多様、インパクトを与えた範囲も広い。その中には数千年の歴史上未曾有のタイプの戦争も多かったのに対して、それまでよく見られた伝統的な戦争はほとんど姿を潜めている。

歴史上の戦争とこの時期の新しい戦争形態を総合的に考察すると、次の五つの種類にまとめられる。（A）国家体制変革のための革命戦争、（B）軍の実力派同士（即ち軍閥）による内戦、（C）政党革命戦争、（D）外国との戦争あるいは侵略に反抗する戦争、（E）伝統的な農民戦争。この五種類の戦争の四十年戦争期における存在とその変化の過程は表1によって示される[1]（内戦の場合は数省にまたがるものあるいは全体に影響を与えるものを挙げる）。

表1の簡略な統計表から分かるように、一部の戦争は時間的に重なったり、あるいは原因、性格と特徴の面でいくつかの性格を持っている。ゆえに二次革命や北伐戦争は表面上二つの性格を持っている。これらの戦争はケーススタディとしては注目度が違い、規模の小さい一部の戦争は研究成果があまりなく、日中戦争や朝鮮戦争等は沢山の成果が挙げられている。

上述の戦争が一九一一年から一九五三年までの間に集中していることは「四十年戦争史」という概念を打ち出した

歴史的根拠である。ちょうど西洋の歴史研究では、「三十年戦争」や「百年戦争」のような概念や研究発想がある。「四十年戦争史」現象は単なる時間の連続だけでなく、それ自身の内在的な因果関係や特定の内容に及ぶプロセスを持っている。これらがその全体の態勢、変化のルール及びそれぞれの戦争の相互関係などをマクロ的に研究する学術的な価値を決めるものである。

2■戦争の性格、特徴及び類型分析

時間の流れという角度から「四十年戦争史」を考察すると、この戦史における特徴的な現象が一つ明らかになる。すなわち（A）国体変更のための革命戦争、（B）軍閥間の内戦、及び（C）政党政治の革命戦争の三大種類の戦争があり、これらは相互に関連し、また順番に発展していく三段階の序列関係にあるということである。

第一段階は（A）類の戦争、すなわち帝国から中華民国へ体制を変革することによって起こった戦争の出現である。例えば一九一一年の辛亥革命、一九一五年の護国戦争、一九一七年の張勲討伐戦争等。この種の戦争は主に辛亥革命前後、民国初期に起こったもので、戦争の目的は王朝を倒して、共和制の樹立と擁護をすることにある。これらの戦争は歴史上の王朝戦争と比べると、政権奪取という重要な特徴はあるが、二千年以上にわたる王権専制政治にピリオドを打ち、新しい民権政治を樹立し、最も顕著な政治的な特徴を持っている。一九一七年の張勲による帝政復活のキャンペーンが失敗に終わり、帝政復活の脅威が消えた後、この種の戦争は二度と起こらなかった。

第二段階は（B）類の戦争が現れた時期である。この種の戦争は主に袁世凱の死後に台頭した皖系［安徽省出身の段祺瑞らが率いる軍閥］、直系［直隷すなわち今日の河北省出身の軍人が率いる軍閥］及び奉系［東北出身の軍人張作霖が率いる軍閥］等の軍閥によって発動された戦争で、一九一〇年代と一九二〇年代に集中する。軍事実力派の戦争、つま

表1　四十年戦争史における比較

区分		戦争の名前	戦争の原因・性格及び特徴の区分 (A) 国家体制変革のための革命	(B) 軍事実力派による内戦	(C) 政党政治革命	(D) 外国との戦争あるいは反侵略戦争	(E) 伝統的な農民戦争	交戦者	作戦範囲と兵力	備注
1	1911	辛亥革命	○						華北，華中，華東地域	
2	1909-1913	英国のチベット侵攻に対する反抗				○		中，英	チベット	1914. 7. 3 シムラ会議
3	1913	二次革命	○		○				華中，華東	
4	1915-1916	護国戦争	○						西南，華南，華中	
5	1917	張勲討伐戦争	○						華北，華東	
6	1917	第一次世界大戦に参戦				○		対ドイツ宣戦		労働者と物資だけを欧州に送る
7	1918-1919	南北戦争	○		○			北洋政府と護法政府	西南部，華南，華中	
8	1920	直皖戦争		○					華北地域	
9	1922	第一次直奉戦争		○					華北地域	
10	1924	第二次直奉戦争		○					華北，東北地域	

11	1925	国奉戦争等		○				複数の軍閥による混戦	華北，東北地域	
12	1915-1938	西南内戦		○				複数の軍閥による混戦	西南地区	
13	1926-1928	北伐戦争			○				華南，華中，華東，華北	
14	1929	中東路戦争				○		中国とソ連	東北国境線	
15	1928-1930	国民党派閥間戦争			○				華南，華中，華東	
16	1930	中原大戦			○			蔣介石，馮玉祥，閻錫山，桂系大戦	華南，華中，華東，華北	
17	1927-1936	第一次国共内戦			○				華南，華中，華東	
18	1931-1945	日中戦争				○		中国，日本及び他の参戦国	中国，日本及びアジア太平洋地域	
19	1945-1949	第二次国共内戦			○				全国範囲	
20	1950-1953	朝鮮戦争				○		中国，アメリカ及び南北朝鮮		
戦争類型合計			5	5	7	5	0			

り軍閥戦争と呼べる。例えば直皖戦争、第一次直奉戦争、第二次直奉戦争、国奉戦争［国民軍と奉系軍閥との間の戦争］、西南内戦等がそうであり、これらは「四十年戦争史」の中間段階を成していて、前後の二段階をつなぐ過度期の性格を持っている。この種の戦争を発動した軍事実力派（軍閥）の性格が複雑であり、その主たる派閥の上層部のほとんどが民国を創立する前後の主要人物で、内戦中に軍事力をバックに台頭した軍閥もある。彼らは間もなく南方の政党勢力によって打倒の対象に指定され、南方の勝利によって歴史の舞台から消えた。

第三段階は（C）類の戦争、すなわち政党革命が引き起こした戦争の段階である。この種の戦争は大体二〇年代の中期、後期及び三、四〇年代に起こったもので、政党勢力の発展を伴って起こった戦争である。中には、前期の革命党が北方の軍閥を征伐する北伐戦争もあれば、国民党の派閥間の戦争（新軍閥戦争とも呼ばれる）もある。例えば、中原大戦等。その後にはまた全国を震撼させた国民党と共産党との間の内戦があった。

近現代の中国内戦史を見ると、政党政治に起因する戦争が一番多く、規模も一番大きかった。その結果として、二〇年代に北方の軍閥間の内戦を収束させただけでなく、中国共産党が勝利するという形で政党間の内戦に終止符を打ち、これによって国家（大陸地域）の政治的統一を実現させた。これは近現代中国史上の画期的な出来事である。

上述の三種類の戦争のプロセスを振り返ってみれば分かるように、「四十年戦争史」は国家体制の変革の必要に端を発し、中国史上未曾有の政党政治の確立によって収束したのである。この三段階に分かれ、発展したプロセスが「四十年戦争史」の主軸となっている。

中国の長い戦争の歴史から見れば、この三種類の戦争の中で一番最初に起こった辛亥革命などの革命戦争は、歴史上の王朝交代のための戦争とは明らかに違う性格を持っている。その次に現れた軍閥間の戦争は、歴史上の軍事実力派の間の混戦と似ているところが多いが、同時に国家統一及び軍事近代化への転換などの進歩的な要素も含まれている。最後に現れた政党政治による革命戦争は、国共両党を代表とする現代政治勢力の相次ぐ登場に起因する。政党組織が社会政治の支配的な力に発展したことは、数千年の中国史上かつてなかった政治現象である。いくつかの地域にまたがり、近代的政党によって発動されて、その政党に所属する武装勢力が行った全面戦争は当然まったく新しいタイプの戦争である。

上述の三種類の戦争を除いて、他に十九世紀にすでに存在し、二十世紀に入ってからもなお起こったのが（D）類の戦争、つまり、日中戦争のような外国の侵略に反抗する戦争である。この種の戦争が引き続き起こったことは、外国の侵略に反抗し、民族と国家の独立を守る歴史的な任務は、国体の変化と政党の出現によって簡単に終了したわけではないことを意味している。外国の侵略に反抗し、民族国家の独立を勝ち取りかつ守ることは依然として時代の最も重要な任務であり、そのために起こった戦争は相変わらずこの時期の主要な戦争類型である。

もう一つ注目すべき重要な現象は、中国史上最もよく見られる（E）類の戦争、つまり伝統的な農民戦争がこの四十年の間に基本的に単独の形で現れなくなったことである。言うまでもなく、中国は昔から自然経済を主とする農業国であって、農民が上に述べたあらゆる戦争の中国兵士の主な参加者である。多くの戦争もまた農業問題と密接な関係にある。中国共産党が指導した土地革命戦争等は往々にして農民戦争とみなされるが、十九世紀の「不公正を消滅してはじめて太平になる」をスローガンとして掲げた太平天国やそれまでに起こった「貧富の差を解消し、貴賤の別をなくす」ことを旨とした伝統的な農民戦争と比べると、戦争の原因、性格、指導層及び理論武装（綱領）、戦争の目標、軍隊の組織構成、戦術戦略及び技術装備等の面においては根本的に違い、伝統的な農民戦争と同じように見なすことができない。

特に注目すべきなのは、この時期の多種類の生産方式と社会構成は既に完全に前近代の農民と地主、郷紳を主たる構成者とする王権政治のモデルを変えたことである。農民の政治と経済権益は既に各新興階層の全体的な変化と一体化された。というわけで、この時期に農民が必要とした戦争行為も時代の変化に従って変わらざるをえなかった。言い換えれば、この時期の「農民戦争」は、個別の地域で起こった小規模な農民の暴動などもあったが、全国の政局を左右するような戦争行動としては、他のタイプ、特に国共両党の政党政治に起因する戦争に組み込まれざるをえなくなった。伝統的な農民戦争の形は二度と単独で現れなくなった。この変化は「四十年戦争史」の分類統計の中を見ればに明らかである。

3 時代の性格と暴力認識の基本課題

梁啓超は十九世紀末、二十世紀初めの中国を「過渡期の中国」[2]であると分析している。この過渡期は新しいものと古いもの、中国と西洋との対話の時期であり、漸進的な改良による社会変革もあれば、「四十年戦争」のような暴力による激変のプロセスもある。その暴力が影響を及ぼすところは、社会の各階層が例外なく強い衝撃を受けている。ゆえに歴史上稀に見るこの戦争現象に対して、その根本的な原因を究明し、戦争の全体的な雰囲気を考察して、人々の暴力に対する情緒的な反応と理性的な認識等を知ることを通して戦争史の基本的な趨勢を総括することができる。

このマクロ的な研究分野では、既にある一部の研究成果は違う見解を示している。例えば、米国人研究者のLucian W. Pyeは軍閥時代は一種の「オープンで競争的」な政治形態を持っていると指摘し、当時の軍事勢力の役割に対して楽観的で肯定的な評価をしている。同時にPyeは「中国のように軍隊が政治を広範囲かつ長期的に支配する国は世界では見られない」[3]と強調している。当時ないし近現代中国の軍政関係及び政治文化の基本的な特徴を考えると、その結論は明らかに検討すべきである。

一九九〇年代に入ってからは、米国人学者のArthur Woldronは、中国人の「関心は先ず道徳を探す方法にあって、これを通して、エネルギーの消耗を最大限に抑えて、衝突の緩和を図る」と説明している。これは中国人の「文」を尊ぶ性格を肯定する指摘である。同時に彼はまた「彼らがどんなに慎重にマルクス主義の術語を使って自分たちの考えを表現するにしても、中国人は依然として権力は銃口から生まれると信じかつこれに基づいて行動する。マルクス主義の経済決定論者になろうといくら頑張っても、左派の中国人は本質的には暴力を信じる唯心論者である」とも指摘している。彼は当時の中国社会で使われていた軍閥という概念を次のように分析している。「中国語にこの概念が取り入れられたことは、中国人の暴力に関する理解が根本的に変わったことを物語っている(4)」。このような解釈に基づけば、四十年戦争では主体的な暴力の運用方式が使われ、その主体的な方式はその後の戦争に認識上のサポートを提供することを意味する。この解釈はPyeの研究に通じるものがある。

PyeとWoldronの中国戦争史に関する研究は、歴史哲学と政治文化を重視している。明らかにこのような研究方向は肯定すべきである。当時「四十年戦争」に巻き込まれた中国人は伝統文化の直接あるいは間接的な影響の下で、当時外国から入った思潮や戦争実践のインパクトを受け、あらためて暴力の性格、役割に対して理論と実践の区分けをせざるをえなかった。それゆえ多くの暴力及び関連問題に関する論述が現れ、現在の総合的考察のために豊富な素材を提供している。

「暴力」を『二十五史』〔『史記』『漢書』など中国の代表的な二十五部の歴史書〕で電子検索した結果、現時点ではまだ使用例が見つかっていないが、実は古代ではつとに使われていた。例えば、宋代の葉適の『水心集・忠翊郎致仕蔡君墓誌銘』には、「白山のまわり数里にわたって、暴力が段々消えていった〔…〕」とあり、明代柯潜の『竹岩集・寿光知県楊君墓誌銘』には、「何と太学生を以って松江上海知事に抜擢された。〔…〕私的な訪問を退け、行政は寛容ではあるが甘やかしはしない。数ヵ月も経たないうちに、暴力沙汰が減り、管轄地域は大変落ち着いてきた」と書かれている。これらの言葉の意味を考えると、当時の「暴力」に関する理解は今日の暴力、すなわち強制的な力という中性的な理解に基本的に一致していることがわかる。

古代中国人の戦争性格に関する区別は長い歴史を持っている。例えば、約二千年ぐらい前の『呉子・図国』には「兵を起こすものは五種類ある。[…] その名はまた五種類ある。すなわち一義兵、二強兵、三剛兵、四暴兵、五逆兵である」。ここには道義的な次元での「義兵」と「暴兵」の二元的な区分けがあるだけでなく、軍事勢力の強弱、政治情勢の順逆などの多次元にわたる価値判断もあって、明らかに著者の暴力乱用に対する批判的な立場が見える。これは中国の伝統的文化が文を尊ぶ性格を持っていると断定する時の根拠としてよく使われる。

二十世紀に入ってから、「暴力」という言葉の使用頻度が徐々に多くなってきた。例えば、『漢語大詞典』に次のような用例がある。「彼らが暴力を使う。だから我々も暴力を使う」(「四十年戦争」中に生まれた文学作品の一つで、欧陽山の『柳暗花明』にある会話)、「彼らが私に対して暴力をふるうことを恐れていないの?」(洪深『青龍潭』第四幕)、「そこで、見えた、私は本当の大西洋を見た——野性的な波濤が逆巻いている、暴力を広げている大西洋」(詩人艾青の「大西洋」という詩)。その他に、邢墨卿編集の『新名詞辞典』(上海新生命書局、一九三四年)には、「暴動」「暴力主義」の項目があり、「暴力主義」を「テロリズム」と解釈している。

二十世紀の後半、中国大陸で発行された『マルクス・エンゲルス選集』では、マルクスとエンゲルスが使ったforceを「暴力」と訳し、言い換えれば、政党政治の行われている現在の中国では「暴力」を中性的な言葉として使うことも少なくない。

現在流通中の上海版『辞海』などの辞書の解釈も基本的に同じで、ほとんど「強制的な力」と説明し、特にマイナスな意味はなく、各種の中英辞典では、forceとviolenceに対応している。例えば、北京外国語大学英語学部編集の『中英辞典』(商務印書館、一九七八年)では、forceを「暴力」と解し、マルクスの名言“Force is the midwife of every old society pregnant with a new one”を引用している。

しかし、「四十年戦争」中、代表的な使い方の場合、「暴力」で「不義」を表し、「武力」などの概念で中性的な軍事力及びその行使を表現している。例えば、中国共産党創始者の一人である李大釗の書いた「暴力と政治」は当時の関連文献の中で重要なものである。この論文は八〇〇〇字弱ではあるが、「暴力」を三三回も使っている。彼はこの中で当時の軍事実力派に矛先を向けて「今日我国では暴力が氾濫している」と批判し、「暴力を以って革命の鎮圧をするものは、沸騰を嫌うために薪を増やすのと同じである。革命に反対して却って革命の果実を実らせ、暴力を頼りにしたために、逆に暴力の災いを蒙る。すなわち、暴力そのものはまた暴力によって破壊され、輪廻のなかで引き裂かれてしまう。自ら保存することすらできなくなる」と強調している。(5)

孫文はかつて次のように指摘している。「国の情勢はいまだに安定していないので、我々は侮られない実力を持つべきである。言い換えれば、武力を持つべきである」。(6)ここの武力は明らかに中性的な使い方である。孫文は同時にはっきりと「暴力」をネガティブな言葉として使っている。「徐世昌は誤りを反省もせず、武装警察に暴力を振るわせて、人民を抑圧する」。(7)中国国民党第一次大会の宣言でも軍閥が「暴力を以って中央政府をジャックしている」と批判している。

国民党上級将軍の何応欽は「国民党軍隊の成立及びその発展」の中で、「我が民族の運動の中で、組織されただけでなく、優れた訓練も積んで、主義もある武力を持つべきだ。これが非常に緊迫な課題である」(8)と強調している。またベテランの国民革命軍上級将軍の李済深は一九四一年に軍の政治工作史草稿のために序言を寄せ、その中で「総理［孫文］は先見の明があり、革命を成功させ、主義を実現させるために、党の革命的な武力を作らなければならないことを深く認識していた」(9)と書いている。二人とも「武力」で所属政党の革命的軍事勢力を表わし、暴力の不義的な性格との間で線を引いている。

上述の議論から明らかなように、戦争が最も頻発し最も激しかった四十年戦争中、中国の軍政各界は戦争性格の区別に注目し、おしなべて「暴力」を不義の戦争行為と同一視している。四十年戦争が終息した後、「暴力」という言葉の中性的な意味が再び回復され、広く使われるようになった。ここから分かるように、「暴力」という言葉の使い方と文脈の変化は確かに当時の中国人の暴力に対する基本認識及び戦争に対する基本立場を表している。ゆえに、Woldron等の学者が唱えた暴力に関する理解から着手することは、四十年戦争の原因の探求にとっても、また中国の政治文化の研究にとっても、非常に有効な角度である。

4■「四十年戦争」中の中国人の暴力認識に関する分析

四十年余りに及んだ戦争の間、暴力問題に関するさまざまな説があった。全体から見れば、論者は戦争を発動あるいは干渉できる軍人、政治（あるいは政党）集団及びリベラルな知識階層等各界に集中し、その関連の見解や思想は戦争の各段階の推移によってそれ相応の変化を見せている。

最初に先ず注目すべきなのは、清朝末期の新軍の登場に端を発した近代的軍人の社会地位及びその暴力認識である。中国の近代的な軍事力は民国が創立された後、さらなる発展を見せた。軍人は四十年戦争の前の二段階では国家権力を掌握する実際の地位にあった。二〇年代の末に至り、国共両党が政権を掌握して始めて全体における軍人の政治的な地位が下がり、「党軍」体制の下で服従の地位に置かれた。

四十年余りの間に起こったすべての戦争が軍人によって直接発動されたとはいえないが、軍人はいつも戦争の担当者で実行者であることは間違いない。注目すべきなのは、銃を持たない知識人階層の複雑多岐な見解と違って、軍人の暴力と戦争に対する態度は、比較的に「武力制限論」の点で一致し、言論界で相当高く評価されていた。

例えば、元々は尚武の精神を唱えたことがある蔡鍔は、辛亥革命後雲南都督を務めた頃、袁世凱と孫文への電報を起草し、軍人の権力を制限すべきだと指摘している。「集会結社の自由は文明国に共通のルールであるが、軍人が入会することに対して各国は多くの制限を課している［…］[10]。彼は率先垂範しようと考えていた。「余は軍人で、誤って政事に携わっている。いまさらに同志に勧められ党務にも加わっている。才能が少ない上、徳性も薄く、務まるはずがない。軍人が政党に参加すると、弊害も多い［…］[11]」。その後彼は雲南都督を辞任し、北京に戻った。梁啓超の分析によれば、「蔡氏は軍人が政権を独占して、軍閥割拠の局面が現れるのを恐れていた。そのため彼は自らお手本を示し、その趨勢を矯正しようと考えていた。二番目の目的は、新人の士官たちを育てて、国づくりに貢献したかった[12]」のである。

当時積極的に辛亥革命に参加し、後に民国政府の中で要職に付いた北洋「三傑」を含む上級将軍たちも慎重な立場に立っていた。民国初期、段祺瑞は兵力削減と軍民分治政策を支持した。参議院で軍事改革計画を紹介した時、彼は次のように語った。「武昌蜂起の頃、軍と国民の区別がなかったが、目下の政府は統一したので、当然軍民分治の計画をすべきである。［…］その一はすなわち軍隊を削減し、地方の秩序を回復すること[13]」。一九一七年政府がドイツに宣戦した時や督軍団が政治に干渉し政局が混乱した時でも、『申報』などの比較的中立的な新聞に評価されている。「段氏は軍人で、軍界の同志がいる。軍人が若し兵士を大切にし、兵士の給与を減らさないで兵士の心を掌握できれば、たとえその人が時局にかかわっていても、無視できない。ロシア革命を成し遂げた人は、維新派でもなく、社会党、農民連合会でもない。銃を持つ武人である。ロシアは然り、中国も又然り。［…］記者から見れば各督軍は国会に服従するような人物ではない。国会も督軍たちが服従できるような機関になっていない。試しに聞いてみよう。現下の中国に感心すべき国会があるのか?[14]」。軍人の地位、役割も評価されている。「幸いなことに、軍人の中に進歩主義を信仰する人が多く、中国が清朝に逆戻りするのを誰も望んでいない[15]」。

同じ時期に新文化運動の旗手である陳独秀は「武人政治」に反対するが、「武人」の歴史的な貢献に対しては客観的に評価している。「袁世凱が自ら皇帝と称した時、馮（馮国璋）段（段祺瑞）諸氏は袁氏と仲がよいからといって公を裏切ることはなかった。唐蔡岑陸諸氏も成功した後自ら功績を誇ることもなかった。このようなことは欧米・日本では普通であるが、中国古代の軍人には見られなかった行動である」[16]。しばらく経ってから陳独秀はまた次のように指摘している。「社会と国家が進歩する道は沢山ある。その中で終始必要とするのは大衆が信頼する人物の存在である。そういう人たちが中枢となって垂範する。[…]今政府にいる黎元洪、段祺瑞、在野の孫文、岑春煊、梁啓超、唐紹儀、章炳麟諸氏は皆著名な人物であり、その評価は未だに定まっていない。余は彼らが社会の中枢と自任し国民のお手本として行動して欲しい。自殺することもなく、また社会の救済のために些細なことで殺されることもないように。さもなければ国は完全に人材を失ってしまう」[17]。

段祺瑞の外に、同じく「北洋三傑」の一人に数えられる王士珍は一九一七年五月に「督軍団」が政治に干渉した際、参謀部総長を務めていた。内外の軍人や警察のトップたちを集めて国務院の執務室で「われわれ軍人は徒党を組むべきではない。今日北洋系の三文字は社会では定着しているが、これはわれわれ軍人にとっては決して福音ではなく、むしろ弊害である」と講演した[18]。

北洋三傑のもう一人、直系軍閥リーダーの馮国璋も同じ時期に次のように指示している。「軍人は命令に服従することを天職とするもので、余は民国の副大統領として大統領のすべての措置と行動を補佐すべきである。大統領の全ての命令だけに従うことは大統領の地位が要求するものである。今各省の中央に反対するものに対して余は既に打電して説得している。もし説得が失敗した場合、余は中央の命令に従って解決する。諸君は軍人の天職を銘じるべきで、無責任な議論をし、誤るべきではない。これは余が諸君に切望するところである」[19]。

北洋系上級将軍で、辛亥革命蜂起の最中に「灤州通電」を発表し、軍人に参政権を要求した張紹曾は「軍人は政治に干渉すべきではない」をスローガンに、「軍人は政治に干渉すべきではないことは、今までの大統領が再三に亘って訓戒したことであり、その弊害は明らかである。昨今の内外の情勢は緊迫しており、危機も多発し、軍人がやるべき仕事が多すぎるぐらいある」と声明を発表している。[20]

二〇年代の軍閥混戦の時、新しく台頭してきた呉佩孚も「文治」の旗を掲げ、直皖戦争中ある声明の中で次のようなことを言っている。「穏やかに内閣を作って、文治の精神を以って国政の基礎をしっかりと築くことを希望している」[21]。同時に「軍人が政治に干渉すべきではない」原則を守る決意を表明し、「中国の時事問題の中で、地方の独立を廃止し、兵力を削減することが一番重要である。これは吾人年来の主張である。兵力を削減することは統一が本当に実現されない限り完全に実行するのが難しい。[…]ゆえに山海関方面の戦争が終わったら、即座に洛陽に戻り、軍人が政治に加わるべきではない信念に徹したい」[22]と強調している。

一九二二年、呉佩孚は奉系軍閥との戦いに勝った後、革新方針九ヵ条を発表した。すなわち「一、巡閲使と各省の督軍を廃止する。二、兵員を削減する。[…]五、国会を召集し、憲法を制定する。[…]八、軍隊の国家化、軍人の給与は全部中央政府が支払う。九、各地の治安は国軍と各省の警察がそれぞれその任務に当たる」[23]。その主旨は軍人の問題を解決することにあり、軍隊の国軍化と中央化を図るものである。

上述の史料は彼ら軍人は当時の戦争責任を負わなくていいことを意味するのではないが、その史料を通して軍人の戦争と暴力使用への基本的な態度が分かる。特に彼らの宣伝や公にした主張の中に、非常に明確な暴力の乱用に反対する理念が見られる。台湾の学者洪陸訓が明確に次のように指摘している。「軍人は通常冒険的、侵略的、好戦的な行動に反対する。[…]職業軍人は武力行使に慎重かつ保守的で、彼らの節度のある意見は国家政策の形成に役立ち、これはほとんどの近代国家の軍人の典型的な役割である」[24]。

米国人学者Pyeも民国軍人がほぼ一致して軍人が政治に干渉することに反対したことに注目する。彼の結論では、「ほぼすべての督軍が彼らの権力地位がどうであれ、督軍制と軍人執政の危険を批判している。社会の変化が根本的に軍人の中国社会における地位を変えたとはいえ、一般的には督軍たちは軍人の地位を高く評価しない伝統的な文化観念を受け入れたし、またそれを喜んで利用もしていた」[25]。

Pyeがまとめた南北双方の宣伝の主題についての統計データも大いに参照する価値がある。彼の統計によると、国民党陣営の宣伝文書の中に、「帝国主義に反対する」(Anti-imperialism)ものが非常に多く、四十点に上る。反ミリタリズム(Anti-militarism)のものは十九点ある。北方の督軍(軍閥)の宣伝主題を見ると、最も多いのは「人格攻撃」関係のもので、五十二点もある。反ミリタリズムのは三十二点、反ボルシェビキなどのものもある。即ち北方軍閥の反軍国主義、反ミリタリズムの宣伝物の量は南方党人より倍くらい多い[26]。

もう一人の米国人学者McCordは「革命の軍事政治化及び政治目的のために武力を使うことの合法化(revolution's legitimation)に伴って、軍人が民国初期更に政治に干渉する傾向を増す。[…]軍事の必要性は軍隊の革命における政治的役割を強めたかもしれないが、軍人による統治が唯一可能な結果とは必ずしも意味しない。両湖[湖南省、湖北省]の革命後に出来た地方政権への慎重な観察からも分かるように、軍閥政治に陥ったのではなく、軍人の統治を抑える方向にあった」[27]。民国初期軍人の暴力に対する認識と態度は確かに具体的に分析すべきである。

軍人階層によく見られる武力制限論あるいは慎重論と比べると、銃を持たない知識階級の中には、暴力に反対する傾向と賛成する傾向のギャップが甚だ大きく、状況も複雑である。ミリタリズムに反対し、文治を尊ぶのは当然伝統文化と密接な関係にあるが、当時の武力を尊ぶ傾向は一体どの程度のものか、さらに真剣に研究すべきである。

日清戦争に負け、八ヵ国連合軍が中国を侵略し、清末の国家軍事力が崩壊する際、中国の思想界では国家武装を再建し、尚武精神を育てるべきだと強く主張する声があがった。民国初期教育省は蔡元培の指導の下で、「軍国民主義」という概念を使い、国家の軍事と体育教育の発展を企画して、一九一三年九月に公布された「教育宗旨」にその内容を盛り込んだ。蔡元培の話では軍国民教育と実利教育はすなわち「強兵富国の主義」である[28]。これは清末と民国初期に現れた梁啓超の中国の武士道を発展させる言説や蔡鍔の『軍国民篇』などの論述と相通じるところがある。

似たような観点は新文化運動の時の劉叔雅の指摘に見られる。彼は「中華民国は世界各国の中でもっとも軍国主義に与しない国である」と指摘した上で、ドイツや日本などの迅速に台頭した国々の例を挙げて、国民に尚武精神を持つべきだと呼びかけた。「好戦は人間性であり、進取は立国の原則である。われら中華民族は人類の一員であり、国土を数千年以上保有してきた。その間異民族の侵攻に反抗しあるいは敵国を滅ぼすことは各王朝に珍しくなかった。本能は一時的に麻痺するかもしれないが、永遠にそうであることは決してない」。彼はまた中国の伝統の中に尚武精神が欠けていたことがもたらした深刻な結果を批判し、「世の中には戦えない民族などありえない。要は高所に立ち深い見識を持つ人がそれを唱えて民衆を励ますことである[29]」と主張している。

第一次世界大戦後、平和主義が高まる中、かなり影響力を持っていた『東方雑誌』は論説を発表し、引き続き戦争に備えるべきだと主張した。「今欧州の情勢が変わったとはいえ、ドイツは復讐の意思が強く、陸軍をまだ多数保有している。その他の国々は時々紛争を起こしている。中国は世界の流れに従って、世界平和と人類の福祉をはかり、個人の自由と人類の人格を求めようとするならば、兵制を改革し、兵力を拡充しなければならない。兵力を削減することはあと数百年俟たねばならないだろう[30]」。

一九二〇年代に入ってからは社会の暴力がますますひどくなり、悪循環に陥っていた。世論では軍備削減と戦争消滅を唱える声もあったが、大規模な革命と武力の積極的な一面を評価する人もいた。著名な学者の楊端六は激しい口調で中華民族の弱い性格を批判し、武力の役割を高く評価している。「さらにストレートに言おう。平和は代価なしではえられない。平和の代価は真っ赤な血なのだ」。彼はまた非常に率直に次のように語っている。「今は平和を愛すべき時ではない。政局はもう袋小路に入っている。忍耐したくてもできない。暴力は暴力を駆除できないが、正義の力は暴力をやめさせられる。われわれに必要なのは、国民の正義の力である。わが国民が平和を愛するというスローガンをやめて、忍んで生きているこの屈辱を雪いでほしい[31]」。

楊端六は暴力革命を非常に高く持ち上げる。「今の中国の政局はすでにどうしようもない状況になっているのに、各方面のリーダーの仲介をし、妥協を手段とする議会政治を打ち立て政局を軌道に載せたい人がまだいる。これはまるで夢である！　現在の中国は武力革命なしでは、収拾できない」[32]。

理念だけでなく、武力を以って政治問題を解決する行動も当時の人々に有効な方法と認められていた。呉佩孚の皖系軍閥に対する戦争は、比較的に高く評価されている。「武力による解決は場合によっては非常に有効かつ迅速である。［…］もし呉佩孚が戦争をやらなかったら、安福党［当時の有力軍閥の一つ］はどんなに跋扈しているだろう。しかし、この武力による解決の背後には民意があった。武力は民意を代表する一つの手段でしかない」[33]。

注目すべきなのは、これらの言説が認めているのは「武力」であって、「暴力」ではない。つまり当時の人々は戦争の正義と非正義の性格に対して厳密な区別をしている。民国初期教育部を司り軍国民主義を唱えた蔡元培は、第一次世界大戦後、軍国民主義は戦後の流れに合わないことを認識し、最終的には民国初期の教育主旨にある軍国民主義教育の部分を削除した。

「武力」と「暴力」の区別はまた李大釗によっても強調されている。「余は暴力が横行する日、社会の無形の権威がその背後に潜むことを恐れている。民意が圧迫されたら必ず出口を求める。直接的にできない場合、曲りなりにも出そうとする。普通の方法でできなかったら非常な手段に訴える。緩やかにできなかったら激しい手段を選ぶ。筋を通すことが無理なら力を以って主張する。当然である。これらの理由によって暗殺から革命にまで発展し、人心が憤慨し社会が恐怖に覆われ、極端な状態になる。これで政治云々できなくなる！」[34]。

一九三〇年代に入った後は、リベラルな知識階層の武力の合理的な行使に関する言論がさらに続く。その代表で最も影響力があったのは雷海宗の論文「無兵的文化」及び戦国策派らの多くの論述である。同時に武力制限論、特に国民党の北伐史観は政権を取得したことによって支配的な地位を占めている。国を挙げての全面的な抗日戦争体制の確立はさらに国共両党の「党が軍を指揮する」体制と理論的な論述を強化することになる。

四十年戦争中、もう一つ直接武力を行使した社会集団は政党である。中国の有史以来はじめての近代的政党同盟会は一九〇五年に正式に創立され、封建王朝政治を打倒する歴史的な使命を果たした。政党要員の理論的作業の面では、孫文ら革命党の領袖は軍人を革命に参加させるために、新しい理論を打ち出し、清末民国初期の軍人参政への法規制を打破しようと考えていた。「大体文明国では対内的には武力を行使しない。但し中国はいまだに文明国になっていないから武力の行使は避けられない」[35]。

孫中山と革命政党が考えた革命軍人の地位と役割は、主に革命達成のための道具という位置づけに限定するものだった。南方の革命政党は広東省黄埔で国民党の軍隊を作り、政党が軍を指揮する方法で政党人が率いる各地の軍隊を改造し、成功裏にいくつかの地域にまたがる政党の軍隊——国民革命軍を改組した。そして北伐を通して割拠を一掃し、国家の行政的な統一を達成させた。このようなプロセスによって、黄埔での軍隊創設から西洋の文民統制とは多少違うが、本質的に通じる政党が軍隊を統率するモデルを樹立し、近現代中国の軍政関係が新しい歴史段階でのバランスの回復を保障した。これに対し、中国共産党は武装闘争を展開する過程で着実に党が銃（軍）を指揮する原則を確立させ、国民党よりももっと健全な「党が軍を統率する」モデルを作り上げることに成功した。ゆえに二十世紀国共両党の「政党が軍を統率する」モデルが確立するプロセスは、軍人階層が自主的に革命に介入するすなわち「無制限に参与する」形から政党の指導を受け入れ、その政党に与えられた任務を完成する、言い換えれば「有限参与」の形で政治に参加する過程である。この点に関しては筆者は既に他のところで論及しているのでここでは省く[36]。

国民党の戦争観については、意見が分かれるのは戦争時の蔣介石の認識に関する分析である。胡漢民は蔣介石を「軍権派」と呼び、蔣介石の地位の上昇は国民党内部の「軍権派」が「党権派」を圧倒したことに原因があると批判している[37]。蔣介石には戦争の精神を唱える多くの論述があって、例えば日中戦争中「建国は軍を中心としなければならない[38]」と強調している。盧山訓練団で彼はまた「古より人類社会の進歩は全部戦争の産物といえる。戦争を経験するたびに文明が進歩するものであり」、「戦争は人類の文明を促進させるものである」とも言っている。これに対して、台湾の学者は蔣介石が「清朝以来、中国が文を重視し、武を軽視した風習を正すために」言ったのであり、「彼が強調した戦争は三民主義の革命戦争であり、野蛮な侵略戦争ではない[39]」と指摘している。即ち、蔣介石は主義のための戦争を唱えたのである。

蔣介石は国民党が広東省の黄埔で軍隊を作った当初から、党グループを含む党の軍隊への絶対的な掌握の必要性を強調している。台湾に退いた後、蔣介石はこの面での自分の挫折と教訓をはっきりと認識し、次のように語った。「匪賊［中国共産党のこと］の情報についていえば、君たちは共産党の政治指導員たちの技は何なのか知っているか？私から見れば、大陸での征伐戦争の失敗は軍事作戦の失敗というよりも軍隊における政治指導の失敗である。逆にいえば、共産党の軍隊における政治指導はその邪悪な役割を果たしたということだ[40]」。この発言は中国共産党の軍隊における政治指導を間接的に評価しただけでなく、蔣介石の政治が軍事を統率しなければならないという認識を表している。

蔣介石のこのような思想は、四十年戦争中直接実践されていた。一九三五年一一月一二日から二三日までの国民党五全大会の時、蔣介石は対日政策を次のように説明している。「平和がまだ絶望する時にいたらなければ、決して平和をあきらめない。最後にいたらなければ、安易に犠牲を呼びかけない」。彼が強調した格言は「平和が処世の根本である[41]」。

中国共産党の政治家の中では、毛沢東の党が銃を指揮する理論が間違いなく最も代表的である。一九二七年四月と七月、蔣介石と汪兆銘が相次いで共産党粛清キャンペーンを展開し、中国共産党の存在そのものが直に脅かされていた。八月七日に漢口で開かれた「中国共産党中央緊急会議」で毛沢東は次のような発言をしている。「軍事に関してわれわれは昔孫文が軍事力の育成ばかりしていると批判しましたが、われわれは正反対で、民衆運動ばかりしました。蔣介石も唐生智も軍事力で台頭した人です。しかし、われわれだけはそれを無視しています。〔…〕湖南での今回の失敗は書生の主観的な判断による誤りだと断言できます。今後は軍事に力を入れるべきです。政権は銃口から生まれることを肝に銘じるべきです[42]」。

毛沢東のこの広く知られている「政権は銃口から生まれる」という言葉を根拠に、海外の多くの論者は彼が武力を重視し、好戦的であると分析しているが、往々にしてこの名言が生まれた背景を忘れてしまう。すなわち彼らは当時の国民党と共産党が分裂した情勢や特に中国共産党が長期にわたって「軍事をやらないで民衆運動ばかりやっている」という思想の前提を忘れている。

日本の学者川島弘三氏の考えでは、毛沢東は党が銃を指揮すべきだと主張すると同時に、「政権は銃口から生まれる」とも強調するので、「内在的に矛盾している」。川島氏の結論では、「党権の優勢的な地位の原則を確立したが、矛盾した理念を内包しているので、実際常に軍権が突出する現象の基礎ともなっている[43]」。

川島氏の観点に反して、McCord は国共両党の政党政治、特に中国共産党の理論は根本から軍政関係の実質の問題を解決したと主張している。彼の説では、「軍人を掌握する問題の解決は、国民党と共産党が最終的に実現したように、政治と組織の二つの方面を含むものである。当然、基本的な政治解決の道は政党自身にある」。彼は特に毛沢東の「党が銃を指揮する」原則を評価する。「毛沢東は全ての党員に政権が銃口から生まれることの真意を理解するようにと求めたし、同時にもう一つの同じように重要な原則をも強調している。即ち、党が銃を掌握し、銃は永遠に党を指揮することを許されない。政治権力を取るコツは武力自身ではなく、武力を掌握することである[44]」。

歴史的な考察からわかるように、McCord はかなり正確に問題の本質をつかんでいる。毛沢東と中国共産党は武装闘争を展開する最初の頃から既に「革命は暴動であり、一つの階級がもう一つの階級を転覆させる激しい行動である」[45]と強調すると同時に、軍事力の建設及びその使用の基本原則を次のように規定している。「赤軍は単に戦争をするためのものではない。戦をし、敵の軍事力を消滅させるほか、群衆への宣伝、群衆を組織すること、群衆を武装すること、群衆が革命的政権を樹立すること及び共産党の組織を設立することなどを手助けする重要な任務がある」[46]。言い換えれば、毛沢東が考える武力は絶対的なものではない。一時的な「激しい行動」であろうと長期的な大規模な戦争であろうと、武力の使用は政治革命という目的に従う軍事手段であるに過ぎない。

5 結論

「四十年戦争」は客観的な史実であり、その歴史的存在を根拠にキーワードを割り出し、多角度から分析や解剖をすると、二十世紀中国の歴史的変遷に新しい解釈や認識を加えることができる可能性がある。世界史にある欧州の「百年戦争」「三十年戦争」などの課題及び研究発想と比較すると、「四十年戦争史」という概念の学問的意義は明らかである。

世界史を見るとほとんど全ての近代社会政治の変革は武力を伴うもので、これによって最終的に革命の目標を達成したのである。フランス革命が最も典型的である。革命者たちはジャコバンクラブで「十世紀にわた亘って奴隷状態に置かれた後、ようやく自由を手に入れた民衆は戦争を欲している。戦争を通して自由を強固なものにするのだ」と宣言している。そして議会で「現在戦争は国民への一種の善意のある行動である。唯一恐れるべき災難は戦争がないことである。[…]国民の利益だけが戦争を促進する力である」と講演している[47]。

清末民国初期の中国は有史以来最も深刻でかつ激しい過渡期にあった。国体を変えるための革命運動が発生しただけでなく、同時に清末の内外で起こった戦争で完全に崩壊した軍隊を再建し国防と民族独立などの任務にあたらせる必要もあったので、思想文化の分野では一時期「平和主義的」な「尚文」の伝統を反省し、「尚武」精神を唱えるあるいは暴力を肯定する傾向が現れた。これはフランス革命の時と非常に似ていて、民国初期の軍人の政治化、すなわち軍隊が参政する必然性の所以でもある。

しかし、中国では二千年の文官政治の伝統もあるし、軍人の政治権利を制限する法規制もあるので、軍人政治の出番は非常に限られていた。その後南方革命党の力が迅速に発展し、国民革命北伐戦争などを通して、軍人政治は国民党と共産党が主導する「政党政治」に取って代わられたのである。軍権は最終的に欧米の「文民統制」(civilian control) に相通じる「党が軍を統率する」原則に基づき党が握ることになる。

中国の政党政治の確立は動乱の「四十年戦争」を終息させる政治的基礎を築いた。「四十年戦争」の最大の役割は戦争を以って戦争を終息させたことにある。五〇年代の朝鮮戦争を以って、「四十年戦争史」は漸く終止符を打たれた。二十世紀中国はとうとう内部の紛争と混乱の時代に別れを告げ、外部の侵略に対抗できる力を回復することもできた。

「四十年戦争」に関しては、次のような総合的な認識を強調すべきである。

一点目、「四十年戦争」は独特で完全な歴史の一時期である。戦争が発生した原因、場所、指揮集団、作戦指導及び装備技術の相違が非常に大きいが、実際互いにつながっていて、前の戦争の結果が次の戦争の原因となったり、あるいは総合的かつ深い歴史的な影響を与えたりした。今までの個別な戦争研究の成果をベースに全方位な考察を展開すべきである。

二点目、過去数千年中国では多くの戦争が発生し、特に王朝が代わる度に突発的なあるいは集中的な戦争が沢山あった。しかし、「四十年戦争史」が含む戦争の主題あるいは戦争の類型などは王朝交替の戦争史と完全に違い、伝統的な農民戦争は二次的な地位しか占められなくなった。「四十年戦争史」は中国の近現代史上だけでなく、中国史全体においても最も重要な一章である。

三点目、四十年戦争の影響あるいは役割は戦争問題にとどまるものではなく、一回か二回の戦争で決められたわけでもない。四十年戦争は近現代中国が全面的に変革するための陣痛的な表現とも言える。これは多方面にわたるさまざまな力がお互いにぶつかった結果であるが、最も重要なことは、それによって国家の軍政関係の調整を完成させ、二十世紀中国の方向転換と復興の条件をもたらしたことである。

四点目、清末民国初期の社会の変革では軍事力が重要な役割を果たした。「四十年戦争」は各界に一層武力を重視させることになった。四十年戦争の認識の蓄積のために、各界の戦争に対する道義的性格の区別は更に明らかになって、直接に「武力」と「暴力」の二つの概念を用いて、性格の違う戦争行為を表すことになった。中国人の暴力にブレーキをかけるべきという観念は本格的に強化されることになった。

英国人学者Samuel E. Finerの一九七〇年代の研究によると、軍人が政治に干渉する程度に基づき政治文化を四種類の発展レベルに分けられる。この分類によれば西側先進国が最も成熟する方で、ラテン・アメリカの国々を政治文化の未熟な国であるとする。このような分類の限界は明らかである。(48) なぜならば中国の工業化レベルは後進国に属するが、中国の文治主義は戦国時代の文武の区分によって、文官が武官の上位に立つ政治序列を確立し、既に二千年以上もの歴史を持っているからである。

二十世紀に入ってからは、中国の軍政関係は現代戦争の整合と実践を通して、伝統的な政治文化の中身を取り入れた上で、さらに西欧の文民統制(civilian control)を導入し、最終的に物質、制度及び文明建設の方向転換を全面的に達成させたのである。「四十年戦争」を通して中国人の暴力認識を考察すれば、中国の政治文化の成熟性とその新しい世紀における変革的な態勢を認識することができる。

[翻訳:王前]

注

(1) 本表は著者が軍事史の資料に基づいてまとめたもので、戦争の名称などは簡略化してある。あくまでも読者の参考と比較のために供するものである。
(2) 梁啓超「過渡時代論」(一九〇一年六月二十六日)、『梁啓超文集』北京：北京燕山出版社、一九九七年、一一九頁。
(3) Lucian W. Pye, *Warlord Politics : Conflict and Coalition in the Modernization of Republican China*, New York : Praeger Publishers, 1971, p. 3.
(4) Arthur Woldron, "The Warlord : Twentieth-Century Chinese Understandings of Violence, Militarism, and Imperialism", *The American History Review*, Vol. 96, No. 4 (Oct. 1991).
(5) 李大釗「暴力与政治」『太平洋』第一巻第七号、一九一七年一〇月一五日。
(6)「致鄧澤如等函」(一九一六年四月一〇日)、『孫中山全集』第三巻、北京：中華書局、一九八一年、二六七—二六八頁。
(7) 孫中山「復全国国民外交大会電」(一九二二年二月七日)、『孫中山全集』第六巻、北京：中華書局、一九八一年、八四頁。
(8) 何応欽「党軍之成立及其発展」(一九二七年七月三〇日、南京にて)、上海婦人前線兵士慰労会記念特集『党軍』一九二八年。
(9) 張明『国軍政治工作史稿案』(黄傑題名、李済深序文、一九四二年一二月)、軍事科学院蔵本、一頁。
(10) 蔡鍔「致袁世凱孫中山等電」(未打電)(一九一二年三月一二日)、『蔡松坡集』上海：上海人民出版社、一九八四年、三三八頁。
(11) 蔡鍔「在統一共和党雲南支部成立会上的演説詞」(一九一二年五月六日)、『蔡松坡集』四五六—四五八頁。
(12) 梁啓超「護国之役回顧談」『飲氷室合集・文集』三九、北京：中華書局、三九、八八頁。
(13)『東方雑誌』(内外時報)第九巻第一号(一九一二年七月一日)四〇頁。
(14)『申報』一九一七年五月二七日(三)。
(15)『申報』一九一七年六月一日(三)。
(16) 陳独秀「孔子之道与現代生活」(一九一六年一二月一日)、『陳独秀著作選』第一巻、上海：上海人民出版社、一九八四年、二三六頁。
(17) 陳独秀「時局雑感」(一九一七年六月一日)、前掲『陳独秀著作選』第一巻、三一八頁。

(18)『中華新報』一九一七年五月一八日第二面。
(19)『申報』一九一七年六月二日。呂偉俊・王徳剛著『馮国璋和直系軍閥』鄭州：河南人民出版社、一九九三年、七六頁。
(20)『中華新報』一九一七年五月二二日。又は『申報』一九一七年五月二三日（三）。
(21)頼群力編「直皖戦争文牘」、中国社会科学院近代史研究所近代史資料編集グループ編『近代史資料』総二七号、北京：中国社会科学出版社、一九六二年二月、一二六頁。
(22)一九二二年五月二二日、米国人記者ジョン・ホールとの談話。章君谷『呉佩孚伝』下巻、北京：新華出版社、一九八七年、四八三—四八四頁。
(23)章君谷『呉佩孚伝』下巻、北京：新華出版社、一九八七年、四八三頁。
(24)洪陸訓『武装力量与社会』台北：麦田出版、一九九九年、二三五頁。
(25)Lucian W. Pye, op. cit., p. 125.
(26)以上のデータは、次による。Lucian W. Pye, op. cit., pp. 116-117.
(27)Edward A. McCord, *The power of the Gun : The Emergence of Modern Chinese Warlordism*, Berkeley : University of California Press, 1993, p. 79.
(28)蔡元培「対于新教育之意見」『蔡元培全集』第二巻、北京：中華書局、一九八四年、一三一頁。
(29)劉叔雅「軍国主義」『新青年』第二巻第三号。
(30)L. A.「今日中国可以去兵否」『東方雑誌』第一七巻第一六号（一九二〇年五月一〇日）、九〇—九一頁。
(31)化魯「〝愛　平和的〟中国人」『東方雑誌』第二〇巻第一二号（一九二三年六月二五日）。
(32)化魯「棒喝主義与中国」『東方雑誌』第二〇巻第一九号（一九二三年一〇月一〇日）。
(33)楊端六「中国改造的方法」『東方雑誌』第一八巻第一四号（一九二一年七月二五日）、一一頁。
(34)守常「暴力与政治」『太平洋』第一巻第七号、一九一七年一〇月一五日。
(35)孫中山「在宴請滇軍第四師官佐会上的講話」（一九一八年一月一八日）、『孫中山全集』第四巻、三〇〇頁。
(36)徐勇「孫中山的軍事理論与中国的軍事現代化」、編集代表：徐万民『孫中山研究論集』北京：北京図書館出版社、二〇〇一年八月。徐勇「南方党人的〝武力〟認識及其建軍模式類型研究」『近代中国』一六二号（台北）、二〇〇五年九月。
(37)胡漢民「党権与軍権之消長及今後之補救」『胡漢民自伝続篇』付録、中国社会科学院近代史研究所近代史資料編集グループ編『近代史資料』総五二号、北京：中国社会科学出版社、一九八三年一一月。
(38)呉曼君『蔣総裁思想研究』台北：パミール書店、一九七八年、四二五頁。

(39) 全て前出の呉曼君『蔣総裁思想研究』三九二―三九三頁。
(40) 蔣介石「対敵闘争的認識和指示」(一九六一年八月一〇日国軍政治工作会議での発言)。李雲漢編集代表『蔣中正先生在台軍事言論集』第二冊、台北：近代中国出版社、一九九四年、七七二頁。
(41) 呉曼君『蔣総裁思想研究』四〇一頁。
(42) 毛沢東「在中央緊急会議上的発言」(一九二七年八月七日)、『毛沢東軍事文集』第一巻、北京：軍事科学・中央文献出版社、一九九三年、一―二頁。
(43) 川島弘三『中国党軍関係の研究』上、東京：慶応通信、一九八八年、一七五―一七九頁。
(44) Edward A. McCord, op. cit., p. 313.
(45) 毛沢東「湖南農民運動考察報告」(一九二七年三月)、『毛沢東著作選読』上巻、北京：人民出版社、一九八六年、一六―一七頁。
(46) 毛沢東「関於糾正党内的錯誤思想」(一九二九年十二月)、前掲『毛沢東著作選読』上巻、二六頁。
(47) 阿尔贝・索布尔(アルベール・ソブール)『法国大革命史』北京：中国社会科学出版社、一九八九年、一七七―一七八頁。
(48) Samuel E. Finer, *The Man on Horseback : The Role of the Military in Politics*, Boulder, Colorado, U. S. A : Westview Press, 1988. 日本の学者三宅正樹氏も Finer の説の限界に触れている。

近代政治システムと暴力

萱野稔人

1 政治的な領域を存立させるもの

この論考がめざすのは、近代における政治システムとはなにかという問題に一定の理論的な見通しをあたえることである。

考察は二つの段階を経ることになるだろう。

まず、そもそも政治的な領域はなにによって特徴づけられるのかを明確にしなくてはならない。というのも、それが明確になっていなくては、近代の政治システムを問うといっても、なにを考察の対象にすべきなのかわからなくなるからだ。

次に第二段階として、その政治的な領域を特徴づけるものが、近代においてどのような変化をこうむったのか、どのような原理のもとで再編成されたのかを確定しなくてはならない。

こうした二つの段階を経ることによってはじめて、近代政治システムとはなにかを把握することができるだろう。

最初の問いにとりかかろう。政治的な領域はなにによって特徴づけられるのか。これを明確にするために、カール・シュミットの議論を出発点にしよう。

シュミットは『政治的なものの概念』のなかで、政治的なものを特徴づける固有の標識とは、敵／友の区別であると述べている。つまり、政治的な領域が経済や芸術、道徳といった領域とは異なるものとして成立するのは、敵／友という区別をつうじてであり、また、敵と友の区別のあるところにはかならず政治的なものが出現する。シュミットによれば、敵／友の区別とは「政治的な行動がすべてそこに帰着しうるような、それに固有の究極的な区別(1)」にほかならない。

ここで重要なのは、敵／友の区別はつねに、暴力をつうじた敵との闘争の可能性を含んでいるということである。「敵という概念には、闘争が現実に偶発する可能性が含まれている(2)」とシュミットは指摘している。ここで言われている闘争とは、けっして精神的なものでもなければ抽象的なものでもない。そうではなく物理的なものだ。シュミットはこう述べている。

> 敵・友・闘争という諸概念が現実的な意味をもつのは、それらがとくに、物理的殺りくの現実的可能性とかかわり、そのかかわりをもち続けることによってである(3)。

敵と友が区別されるということは、したがって、物理的暴力をもちいた闘争の可能性が複数の集団のあいだで生まれるということである。いいかえるなら、そこで言われている友とは、敵と闘うために協同して暴力を組織し、必要に応じてその暴力を行使する集団のことにほかならない。

これを政治的なものに当てはめるなら、次のことが帰結されるだろう。つまり、物理的な暴力を集団的に組織し、行使するということが、政治的なものの存立にとって本質的なファクターとなっている、ということである。暴力を組織的に運用していくという運動こそが政治的な領域を固有な仕方で特徴づける。これが政治的なものをめぐるシュミットの概念的考察から導きだされることだ。政治的な領域が他の領域から区別されるのは、それが暴力の集団的な運用にかかわっているからである。

こうした観点はマックス・ウェーバーにも見いだされる。ウェーバーによれば、ある集団が政治的なものかどうかは、その集団が追求している目的によって決まるのではなく、それが暴力行使という手段をもちいるかどうかによって決まる。引用しよう。

> 国家も含めて、政治団体というものは、その団体的行為の「目的」を挙げて定義することは出来ない。なぜなら、食料の供給から芸術の保護に至るまで、政治団体が追求しなかった目的はないし、また、人身保護から判決にいたるまで、すべての政治団体が追求した目的というものもないからである。それゆえ、或る団体の政治的性格は、暴力行為という「手段」――時に、それが自己目的に祭り上げられるが――によって定義するほかはない。この手段は、政治団体だけに固有のものではないにしても、やはり、その特徴であり、その本質に欠くべからざるものである。[4]

なんらかの目的によって政治団体を定義することはできない。なぜなら、政治団体だけに、そして政治団体であればどのような団体にも見いだされるような固有の目的といったものはないからだ。だから政治団体を定義するためには、目的ではなく、その目的を追求するための手段に着目しなくてはならない。その手段が暴力である。

こうしたウェーバーの立論は妥当なものだ。実際、政治団体の代表的なものである国家は、まさに暴力を目的達成の手段としてもちいるという点で、他のさまざまな組織から区別される。これは逆にいうなら、ある団体（組織）が暴力を手段としてもちいるのなら、それが一見政治的な団体に見えなくても、やはりそれを政治団体と考えなくてはならないということである。

実際、ウェーバーはこう言っている。つまり、ある団体に、秩序や支配の保証のために暴力をもちいるという特徴が見いだされれば、それが「村落共同体であろうと、個々の家共同体であろうと、ギルドや労働者団体（ソヴィエト）であろうと、すべて政治団体と呼ぶべきである」(5)、と。

ある団体が暴力行為を手段としてもちいるということは、暴力が集団のもとで組織化され、行使されるということにほかならない。暴力が集団的に運用されるという運動があれば、そこで形成される集団がどのような形態をとっていようと、つまり村落共同体であろうと家共同体であろうと、政治的なものが不可避的に出現してくるのだ。

ウェーバーにおいて政治団体といわれているものは、この意味で、シュミットのいう友に対応している。どちらも暴力を集団的にもちいるところに成立するからだ。そして、シュミットのいう敵とは、ウェーバーの言い方を援用するなら、その集団が課そうとする秩序や支配に対抗するもの、ということになるだろう。内部に存在するものであれ、外部に位置するものであれ、そうした敵を倒したり、取り締まったりするために暴力をもちいるという運動、これが、政治的な地平を存立させるのである。

2 暴力への権利の一元化

ここまでの考察から次のことが理解されるだろう。すなわち、政治的な領域を特徴づけるのは暴力をめぐる運動であり、近代政治システムとはなにかを問うためには、暴力が集団的に組織され、行使されるあり方が近代においてどのように変容したのかを考えなくてはならない。

第二段階の考察に移ろう。いま述べた問題を考えるうえでまず参考になるのは、ウェーバーによる次の指摘である。

> 過去においては、氏族を始めとする多種多様な団体が、物理的暴力をまったくノーマルな手段として認めていた。ところが今日では、次のように言わねばなるまい。国家とは、ある一定の領域の内部で――この「領域」という点が特徴なのだが――合法的な物理的暴力行使の独占を（実効的に）要求する人間共同体である、と。国家以外のすべての団体や個人に対しては、国家の側で許容した範囲内でしか、物理的暴力行使の権利が認められないということ、つまり国家が暴力行使への「権利」の唯一の源泉とみなされているということ、これは確かに現代に特有な現象である。[6]

このウェーバーの指摘において重要なのは、国家ができる以前と以後で、暴力の体制がまったく異なるということである。

国家ができる以前では、氏族や村落共同体、ギルド、宗教組織といった、いまでは中間団体とよばれるようなさまざまな集団が暴力をノーマルな手段としてもちいていた。しかし国家ができると、それらの集団は暴力をもちいる権利を失ってしまう。つまりそこでは国家だけが合法的に暴力をもちいることができるようになるのだ。国家以外の集団や個人は、たとえば正当防衛の場合におけるように、国家によって認められた範囲内でしか暴力を合法的にもちいることができなくなる。民間の警察や軍事企業が暴力を行使するような場合でも、それは変わらない。それらの組織は、国家によって認可された限りでのみ暴力を合法的にもちいることができるからである。

さまざまな集団が暴力をノーマルにもちいることができる状態から、国家だけが暴力への権利をもつ状態へ。国家の成立を境にして暴力の体制がおおきく変容するのである。

留意したいのは、国家の概念をウェーバーは近代国家という意味においてもちいているということだ。「「国家」の概念が完全な発達を遂げたのは全く近代のことである」(7)とウェーバーは述べている。つまり、いま見たような暴力の体制の変容は、まさに近代において起こった事態にほかならない。

近代政治システムとはなにかを考える手がかりがここにある。

近代的な政治システムの特徴は、なによりもまず、暴力への権利が社会のなかで一元化されているという点にある。そこでは、国家という組織だけが暴力を合法的にもちいることができるのだ。

ただしそれだけではない。暴力への権利が国家へと一元化されているということは、他の集団や個人は国家が認めた範囲内でのみ暴力をもちいることができるということであり、要するにそれは、どのような暴力が合法であり、どこからが非合法な暴力なのかということを定義する権利をも国家はもっているということである。国家は合法的な暴力行使を独占しているだけではない。さらに暴力を合法なものと非合法なものに分割する権利をも独占しているのだ。

国家はなぜ、暴力をめぐるこうした二重の権利を独占することができるのだろうか。その秘密は、いま引用したウェーバーの言葉のなかにある。ウェーバーはそこでこう述べていた。「国家とは合法的な暴力行使の独占を実効的に要求する人間共同体である」、と。

ポイントは「実効的に要求する」というところだ。「実効的に要求する」とは、もし国家以外の集団や個人が暴力を勝手にもちいた場合、国家はそれを非合法なものとして絶えず実力によって取り締まる、ということである。つまり国家は、他の暴力を実際に取り締まるだけの実力をもっているからこそ、みずからの暴力だけが合法的であると主張することができるのである。

もし、ある集団なり個人なりがもちいた暴力がいかなる取締りにもあわないのなら、その暴力は事実上合法的なもの、あるいは許されるものということになり、国家だけが合法的に暴力をもちいることができるという状態は崩れてしまうだろう。ある暴力が非合法であるということは、それが実際に取締りの対象とされるということと切りはなせない。暴力によって他の暴力を押さえこみ、取り締まるという運動が、合法的な暴力の独占を可能にしているのだ。

このことは歴史的にも確かめられる。

ドイツの社会学者ノルベルト・エリアスが述べているように、歴史的には、銃器の発明による軍事テクノロジーの発達や貨幣経済の進展などによって、物理的暴力そのものが一極に集中するという事態がまずは起こった。そして、その一極化によって生じた暴力の格差にもとづいて、その暴力のエージェント（行為主体）は、それまで多元的に存在していた政治団体を武装解除させながら他の暴力を取り締まり、それによってみずからだけが暴力への権利をもつことを「実効的に要求」していったのである。

3 国境による国家の領土化

ところで、こうした合法的な暴力の独占は、統一された領土の出現を必然的にともなうだろう。論理的にいって、合法的な暴力の独占は、ある限定された空間における独占としてしかありえない。その独占がなされる範囲として、統一的な領土がたちあらわれてくるのである。

いま見たように、合法的な暴力が独占されるためには、まず物理的暴力そのものが社会のなかである程度一極化されなくてはならない。つまり、合法的な暴力の独占は、一元化された権力関係の成立と切りはなせないのだ。そこでは、さまざまな身分や中間団体が――完全になくなるわけではないにせよ――解体され、一元的な権力関係のなかに組みこまれる。とともに、それまで多元的な権力関係によってモザイク状に割拠されていた封建領地や属州が一つの領土へと統合されていく。

領土とは、一元的な権力関係の形成をつうじて生まれたあたらしい制度的空間にほかならない。それは合法的な暴力の独占にとって本質的な相関項となるだろう。ウェーバーが国家による合法的暴力の独占にかんして「ある一定の領域の内部で」という点を強調するのもそのためだ。

主権とよばれる政治的枠組みがこうして成立する。

主権の概念があらわしているのは、統一された領土の内部で、合法的に暴力をもちいることができるエージェントが一つだけ存在するということだ。主権は分割されえないなどといわれるときの不可分性は、まさにこのことを指している。主権の不可分性は、一元化された暴力への権利と統合された領土との相互帰属によってなりたっているのである。

ところで、統一された領土は国境線によって外部から区切られることになるが、その国境線を画定する作業は、国家同士の相互承認を必然的にもたらすだろう。というのも、主権の領土はその国家が実効的に他の暴力を押さえこめるところまで広がっていく以上、国境線が引かれるのはつねに、暴力を組織化した別の権力機構が支配する空間にその国家がぶつかるところであるからだ。

つまり国境線を引くということは、他の国家がその先に存在することを認めるということにほかならない。他の国家の存在を承認することなしに国境線を引くことはできない。もちろんこれは、国境線をつうじて向き合うことになる双方の国家にあてはまる。

こうした相互承認をつうじて近代的な国際関係が形成されていく。

近代的な国際関係とは、国境によって区画された領土空間のなかで唯一合法的に暴力をもちいることができる権力機構が、たがいの法的な正当性を承認しあいながら国境をこえて関わりあうというシステムのことである。そこでは、一つの主権国家は他の主権国家からの承認がなければ存在しえない。たとえ、ある地域で暴力を組織化したエージェントがどれほどそこの住民から合法的な統治機構として承認されていても、他の主権によって承認されなければ、それは主権国家にはなれないのである。

ある地域の主権が承認されない、とはどういうことだろうか。それは、その土地がいかなる主権にも属さないものとして、別の主権によって取得されたり分割されたりする可能性にさらされるということだ。

いま述べたように、国境はつねに主権国家同士の相互承認によって画定される。したがって、国境の向こう側がいかなる主権にも帰属しない土地であるならば、その国境はさらに拡張されることになるだろう。国境の概念は、どの主権にも属さない土地というものを認めない。それは、世界中のあらゆる土地を特定の主権に割りふる運動を必然的にともなうのである。

ヨーロッパ列強による植民地獲得は、このようなロジックのもとで進められた。事実、主権国家のあいだの相互承認は、当初、ヨーロッパの諸国家だけに限定されていたのであり（つまりヨーロッパの外の土地には主権が認められていなかったのであり）、また、それらヨーロッパの主権国家群は、ヨーロッパの外に広がる非主権的な土地を力ずくで取得しうるだけの暴力を蓄積していた。

この取得によって、国境による土地の区画化は世界全体へと広がっていき、領土化された主権国家の形態は世界標準となっていく。そしてその過程で、日本などいくつかの非ヨーロッパの国家が、植民地獲得競争に参入していくのである。

こうした一連の事態について、エチエンヌ・バリバールはカール・シュミットの『大地のノモス』を論じながら、次のように述べている。

しかし、主権国家の領土化は、全地球的秩序という枠組みの中でしか可能でない。内容において流動的、形式において恒常的な「均衡」として、陸地全体に課される秩序である。歴史的には（アメリカ大陸征服後から、一八八五年のベルリンにおけるコンゴ会議までのあいだ）、この均衡は二重分割のかたちをとる。個々の列強国の占有が及ぶ大陸と、通行、交易（さらに私掠行為、戦利品獲得）が自由になされる大洋との分割が一つ、もう一つは、条約の〈公法〉が支配するヨーロッパという「中心」地域（やがてここに、他の帝国主義列強が参入してくる）と、多かれ少なかれ乱暴に進んでいく植民化競争にさらされる「周辺」地域との分割。(8)

この引用文でいわれているように、なぜ「主権国家の領土化は、全地球的秩序という枠組みの中でしか可能でない」のかといえば、それは主権を画定する国境の概念じたいが、いかなる主権にも属さない土地というものを認めないからである。それは世界中のあらゆる土地を特定の主権に帰属させようとする運動をもたらすだろう。帝国主義列強による植民地獲得競争がその運動を体現した。そして、その結果として世界中に引かれた国境線は、帝国主義列強のあいだの勢力「均衡」をあらわすものとなるのである。

4 領土化をつうじた暴力の実践の変容

では、こうした主権国家体制の確立は、暴力の実践にどのような効果をもたらしただろうか。戦争を遂行しうるエージェントが限定されるという効果である。

つまりそこでは、主権をもつものとして承認された組織しか戦争遂行のアクターにはなれない。主権をもつということは、その領土のなかで唯一、合法的に暴力をもちいる権利をもつということである。近代的な政治システムにおいては、戦争は、そうした暴力への権利をもった組織同士が国境をこえておこなう武力紛争としてのみ定義されるのだ。ウォーラーステインは次のように述べている。

今日われわれが戦争と呼んでいるものは、主権という概念——それは十六世紀になって初めて用いられるようになった近代的概念である——の関数である。主権とは、ひとつひとつの国家が、国家間システムのなかで、自ら主張し、かつ他国から承認された明確な境界を持ち、その境界の内部においては、当該国の政府が、合法的な実力の行使権を独占しているという主張のことである。したがって戦争とは、二つの主権国家間の軍事的な戦闘として定義される(9)。

近代の政治システムにおいては、主権国家より下位のレベルで生じる武力紛争は、戦争の範疇から除外される。「主権国家より下位のレベル」とは、領土の内側という意味だ。なぜなら主権の単一性は領土の単一性によってあらわされるからである。その内側では、どれほどの暴力が生じようとも戦争とはみなされない。そうした暴力は、犯罪やテロとしてカテゴライズされるだけである。

もちろん、時として領土内の武力紛争が内戦として、つまり戦争の一形態として位置づけられることはある。しかしその場合、国境の内部に戦争を遂行しうる主体が複数存在してしまうことになるため、当該国家の政府はそうした位置づけをなかなか認めたがらない。

ウォーラーステインは先の引用につづけてこう述べている。「近代世界システムの歴史は、対内的戦争の非合法化を目指す長い道のりであった。それが主権の意味である(10)」、と。

ここには、暴力の集団的な実践をめぐるレジームのおおきな変化がある。

主権国家体制が確立するまえは、さまざまな集団が戦争の主体になりえた。たとえばヨーロッパ中世では戦争は公戦と私戦に区別されていたが、その区別は基本的には規模の違いにもとづいていたのであり、けっして合法と非合法の区別に重なっていたわけではない。主権国家体制への過渡期に書かれたグロティウスの『戦争と平和の法』（一六二五年）が、戦争の範疇から私戦を除外していないのはこのためである。

これに対し、近代的な政治システムにおいては、戦争は、主権国家同士がおこなう武力衝突へと限定されていく。その限定は、国家へと生成した政治組織が国境画定をつうじてたがいの暴力への権利を承認しあうことによって可能となった。

このような暴力のレジームの変化において、国境が果たした役割はおおきい。というのも、国境は、暴力への権利の一元性を領土の単一性によってあらわすことで、内部と外部の区別を暴力の法的な区別に結びつけるからである。と同時に、国境は、暴力への権利を領土化することで、国家そのもののあり方にも変化をもたらした。つまりそれをつうじて、国家の存在はなんらかの政治団体が体現するものではなくなり、領土によって体現されるものとなったのである。

いわば、国家の存在は具体的な政治団体の存在をはなれて抽象化されるのだ。これ以降、どのような政治団体が統治機構を掌握することになろうとも、そしていかなる政治体制の変革があろうとも、国家の存在は領土が分割されないかぎり同一のままにとどまるようになる。

国民国家が成立するのも、こうした国家の同一性を前提としてだ。実際、国家の存在が国境で囲まれた領土的な同一性によって体現されるということがなければ、歴史をこえて存続してきた国家、というナショナルな歴史観はなりたちようがない。

5 現代における政治システムの変容

さいごに、これまで考察してきた近代政治システムが現在どのような変容の過程にあるのかを見ておこう。

近代政治システムが成立したのは、暴力の集団的な実践が、国境による領土の区画化と結びつくことによってであった。そこでは、土地が国境によって区画されることで、暴力への権利がそこに一つ割りふられる。ある集団が合法的に暴力を行使し、戦争することができるためには、土地を取得し、占有し、国境線によってそこを囲むという作業が不可欠だ。

帝国主義による植民地支配はこうしたロジックの延長線上でなされた。そこでは土地を取得することが、その地域で支配権を獲得することの基盤をなしていたのである。

これに対して、現代の覇権国家は、ある地域の支配権を獲得するためにその土地を取得するといった戦略をとらない。多くの植民地は独立を果たし、植民地支配という覇権のあり方はもはやメジャーなものではなくなっている。では、どのような戦略が現代の覇権の主要なあり方となっているのだろうか。

二〇〇三年に起こったイラク戦争を例にしよう。アメリカはなぜイラクに戦争をしかけたのだろうか。「大量破壊兵器の保持」というのがまったくの口実でしかなかったこと、これはいまでは明らかとなっている。イラクの石油利権を手に入れるため、というのが一般的に理解されている戦争の理由だろう。しかしその理解は完全には的を射ていない。

実際、石油利権ということでいえば、アメリカはイラク戦争以前からイラクの石油利権にかんして有利な立場にあった。一九九一年の湾岸戦争以降、イラクは経済制裁をうけており、国民の医療品や食料などの購入に石油の販売代金を当てるという条件のもとでのみ石油の輸出が認められていた。イラクはこのため、国際市場の相場よりもかなり安い値段でしか石油を販売することができず、またその販売代金も国連の管理下におかれていた。その廉価な石油の八割近くを買占めていたのがアメリカの石油会社である。

アメリカがどうしてもフセイン政権を倒さなければならないと結論したのは、フセインが石油代金の決済にユーロをもちいようとしたからである。このフセインの決定は、世界の石油取引に甚大な影響をあたえずにはおかないものだった。じじつ、当時すでにイラクの原油は世界の石油需要の五％ほどを占めていた。

アメリカが莫大な赤字をかかえながらもドルの価値を維持することができ、また国家破綻からも免れているのは、ドルが国際的な石油取引を決済できる唯一の通貨であるからだ。ドルが排他的に石油と結びついているという国際経済体制を護持するために、アメリカはイラクを攻撃した。

したがってイラク戦争の背後に、資源や市場を獲得するためにその土地に侵略するという植民地主義的な原理をみることはできない。むしろそこにあるのは、みずからの覇権をささえるグローバルな経済システムの維持のために暴力を発動するというロジックだ。具体的な富や領土ではなく、利益を確保するための制度やルールが、暴力の実践の賭金となっているのである。

強調すべきは、そこで賭金となっている経済システムは特定の土地に根ざすものではないということである。それは全地球的なものであり、土地を取得しなくてもみずからの支配権をさまざまな地域におよぼすことができるような可能性をひらく。いわばそれは土地の取得と支配権の獲得とを分離させるのだ。

シュミットはこうしたアメリカの覇権のあり方について、すでに次のように述べていた。

この新しい手続の意味は、国家領域のこれまでの形態の中に含まれていた・秩序と場所画定とを止揚することなのである。……すなわち、領土主権は、経済的＝社会的な諸経過のための空虚なラウム［＝場所：引用者］へと変ずるのである。境界線を伴った外面的な領土的な領域の存続は保証されるが、しかしながら、領土的な本来の状態の社会的、経済的な内容、すなわちその実体は、保証されない。経済的な権力のラウムが、国際法的な領域を規定するのである。[11]

領土主権の外面的で空洞化されたラウムは不可侵のままであるが、この主権の実質的な内容は、コントロールを行なう強国が経済的な広域を確保することによって変えられる。かくして、国際法的干渉条約の現代的タイプが成立するのである。[12]

ここで述べられている覇権のあり方は、かつての帝国主義による植民地支配とは異なるものだ。それは、ある地域への支配力を得るために、その土地をみずからの主権のもとに併合するようなことはしない。そうではなく、その地域の独立、つまり領土主権をいったんみとめたうえで、その領土主権を空洞化することによって当該地域への支配権を確立するのだ。

では、どのようにその覇権は領土主権を空洞化するのだろうか。それは、みずからがコントロールしうる「経済的な権力のラウム」をその領土主権のうえに設定することによって、である。

したがってシュミットがいうように、そこでは「境界線を伴った外面的な領土的な領域の存続は保証される」。が、その保証はあくまでも形式的なものでしかない。あたらしい覇権のあり方においては、土地の取得は支配権の確立にとってもはや不可欠なことではなくなるからだ。まさにそこでは「秩序と場所画定」の結びつきが「止揚される」のである。

こうした覇権のあり方を、帝国主義的な植民地支配に対比させて、「帝国的」と形容することができるかもしれない。

注意しなくてはならないのは、この「帝国的」な覇権原理は、他国の領土主権をみとめてその土地を植民地にしないからといって、かならずしも主権国家体制を体現しているわけではない、ということだ。というのも、主権国家体制は領土と統治権が一体化しなくてはならないという原理のうえになりたっているが、「帝国的」な覇権はその一体化そのものを無効化していくからである。

この意味で、帝国主義的な植民地支配のほうがむしろ主権国家の原理には忠実であるといえるだろう。ある土地の支配権を得るためにはその土地を領土として併合しなくてはならないというロジックにたつからこそ、植民地支配は生じてくる。

これに対し「帝国的」な覇権原理は「脱領土的」でありネットワーク的だ。領土主権を空洞化していくようなグローバルな経済システムの構築や維持に、その支配は存しているからである。

6 政治システムの変容のただなかで

グローバリゼーションといわれる地殻変動のなかで、近代政治システムもまた変容していかざるをえない。冷戦が終わり、「帝国的」な覇権原理がますます前面にでてきたことは、その変容の主要なあらわれだろう。

とはいえ、それによって主権国家体制がただちになくなると考えることはできない。「帝国的」な覇権はあくまでも、国境によって囲まれた領土の枠組みじたいは保証するからだ。

「帝国的」覇権は、主権国家体制を前提にしながら、そこに別の支配のロジックをはたらかせる。したがって、国境によって囲まれた領土に暴力への権利が一つ割りふられるという原理そのものは、これからも機能しつづけるのである。

主権国家体制をささえるその原理は、暴力をどのように社会的に管理するのかという問題に対する一つの歴史的な答えである。ウォーラーステインが述べていたように、それは「対内的戦争の非合法化」をめざす流れの結果として、歴史的に形成されてきた。

この流れは不可逆的なものである。政治システムが「システム」として存続するかぎり（つまりとんでもない戦争や大災害などによって統治機構が全面的に崩壊してしまうということがないかぎり）、一度非合法化した対内的戦争をそれが合法化することはありえない。だからこそ「帝国的」覇権といえども領土的枠組みそのものは保証するのだ。

政治システムは、暴力を手段とするエージェントがいかに他のエージェントの暴力を押さえこみ制御するかという実践的関心をモーターとして「進化」してきた。このことじたいはこれからも変わらない。合法的な暴力を独占する組織として近代的な国家が成立したのも、そうしたモーターにのっとってだ。

この「進化」は、暴力への権利を社会のなかで一元化することで、たしかに対内的戦争の非合法化をすすめた。そしてそれによって、国境でかこまれた領土内ではたしかに非暴力的な空間が広がっていった。

しかしこの「進化」は、同時に、集団的に行使される暴力が肥大化していくプロセスでもあった。人びとは国家のもとでの安全を手にするとともに、その国家による大規模な破壊や抑圧の危険にさらされるようにもなったのである。実際、国家といえども、それは社会におけるさまざまな暴力エージェントの一つにすぎない。たとえそれは法にもとづいて暴力を行使するという点で他のエージェントからは区別されるとしても、その暴力が法を無視・歪曲して行使されたり、恣意的な法を制定したり、盲目的に暴走したりすることはつねに起こりうる。ファシズムとはそのもっとも極端かつ典型的な事例にほかならない。

現代の「帝国的」覇権もこうした「進化」のかたちを引き継いでいる。それは、他の暴力を抑制し、管理しようとするとともに、それじたいが身勝手に行動したり、暴走したりするという両義性をつねに内包しているのだ。

集団的な暴力が暴走する危険、ということでいえば、この「帝国的」覇権はさらに、あらたな国家主義を世界のさまざまな場所でひき起こさずにはおかない。二つのレベルでそれは観察される。

まず、「帝国的」覇権は、主権国家体制にもとづきながら、そのうえで、みずからのヘゲモニーのもとに他国の暴力を統合しようとする。アメリカが中心となって主要国が連合し、「世界の警察」としてさまざまな地域に介入していくのはその具体的な姿である。こうした展開は、国際社会における各国家の役割や利益を再定義するため、あらたな国家主義をそれらの国家にひき起こす。

また、「帝国的」覇権は、「下から」の国家主義をさまざまな地域で激化させずにはおかない。すでに見たように、「帝国的」覇権は、みずからがコントロールしうる「経済的な権力のラウム」を各主権国家のうえにかぶせることで、主権がこれまでもっていた社会的・経済的な内実を空洞化していく。その反動として、それら主権国家の内部では、生活の基盤や既得権を失うことをおそれた国民によって、ナショナリズムの要求が激化されるのである。

政治システムは集団的な暴力の実践のうえになりたっている。それは暴力を管理し、秩序づけると同時に、暴力が組織的に暴走する危険をそのつど増幅させる。政治システムを思考するとは、暴力のロジックやその歴史的展開をとらえることであるとともに、それがもたらす危険をいかに縮減し回避するかという実践的な問いに挑むことでもあるのだ。

注

（1）C・シュミット『政治的なものの概念』田中浩・原田武雄訳、未来社、一九七〇年、一四頁。

（2）同右、二五頁。

（3） 同右、二六頁。
（4） M・ウェーバー『社会学の根本概念』清水幾太郎訳、岩波文庫、一九七二年、八九頁。
（5） 同右、八九頁。
（6） M・ウェーバー『職業としての政治』脇圭平訳、岩波文庫、一九八〇年、九―一〇頁（訳を少し変更）。
（7） 『社会学の根本概念』九〇頁。
（8） E・バリバール「主権論序説――国境、国家、人民」（上）福井和美訳、『環』（Vol. 5）、藤原書店、二〇〇一年、一七七頁。
（9） I・ウォーラーステイン「ヘゲモニーの不可能性をめぐって」山下範久訳、『環』（Vol. 5）、藤原書店、二〇〇一年、九〇頁。
（10） 同右、九一頁。
（11） C・シュミット『大地のノモス（下）』新田邦夫訳、福村出版、一九七六年、三五五頁（強調引用者）。
（12） 同右、三五四頁。

歴史認識論争
相対主義とミメティズムを超えて

アラン・ブロッサ

1 対話の前提条件

歴史の出来事に関しては、さまざまな視点があり、そのどれもが相対的であることを認めるところから出発せざるをえません。たとえば、フランス市民で大学教員のわたしが、ここで次のような痛烈な批判を始めたとしましょう。日本の首相は、靖国神社公式参拝などを通じて第二次世界大戦の記憶を歪め、これを政治的に利用しているのではないか。あるいは、現在日本で跋扈している歴史修正主義の言説は、かつて日本軍が（中国をはじめ、アジア各地で）繰り広げた国家犯罪を隠蔽しているのではないか。すると、必ず次のような反論を招くことになるでしょう。「そういうあなた方フランス人はどうなのですか」と。「フランス人のあなたが、他国の歴史認識を断罪する、その確固たる自信はどこからくるのですか。あなた方はヴィシー政権時代やアルジェリア独立戦争時に、フランスの名において犯された犯罪行為を十分に精算しましたか。独立を求めるアルジェリア人に対してフランス軍が組織的に行使した拷問はどうでしょう。フランスの政治家たちは公式に謝罪したのでしょうか」。

このような反論が一定の妥当性をもつことをわたしも認めます。ただし、「一定の」という留保を付けたいと思います。この反論は、歴史的犯罪、特に国家暴力にまつわる歴史認識論争においては、「他人を非難する前に、まず自分の非を改めよ」という格率に従っています。わたし自身も、ときおり英語圏の雑誌をめくりながら、そう呟きたくなることがあります。たとえば、イラク人の抵抗組織の残虐行為を糾弾する記事を読んだり、タリバン政権時代の暴力的な政策を指摘する論説を目にする度に、わたしは書き手の倫理的・政治的な誠実さを試すため、こう問い返したくなります。「ではアメリカ軍がベトナムで大量に散布した《枯葉剤》のことは覚えていますか。このことは今どう考えていますか。それから〈お宅の〉キッシンジャー氏が仕組んだチリのクーデターについてはどうですか。何千人もの人々が虐殺されたあのとき、いまと同じ義憤を感じましたか」と。

このような反論には、たしかに一定の現実的な根拠があります。なぜなら、歴史上の出来事に関して、異論の余地のない、普遍的に妥当な真理判断を表明できる場所や審級は存在しないからです。この地上においては、判断の客観性を保証する「絶対的に中立な場所」など存在しません。そうである以上、他人（民族、国民、エスニック集団）の名においてなされた歴史的行為を分析したり、裁いたり、意見しようとする者には、いつでも誰でも、つぎの嫌疑がかけられるでしょう。他人の行為を厳しく非難することで、自分自身の利益を追求しているのではないか、と。他人を攻撃することで自分自身の歴史的責任を棚上げにするのは、人類に広く共有されている態度だからです。ほとんど条件反射的とも言える、このような態度のことを、フランス語では《faire son autocritique sur le dos des autres》［他人の背中に隠れて自己批判をする］と言います。現在日本では「南京大虐殺」や「従軍〈慰安婦〉制度」、「戦争捕虜の虐待」などの、第二次世界大戦中の日本軍の残虐行為を隠蔽しようとする言説が蔓延っています。しかし、愛国主義を装うこのような物語の最もシニカルな支持者は、つぎのような反論もするでしょう。「中国共産党の指導者たちが過去の日本の犯罪を言い立てるのは、じつは彼ら自身の利害関心のためなのだ。たとえば、文化大革命の時代に前の世代が犯した罪から、国内外の世論を逸らそうとしているのだ」と。厄介なのは、このような主張も完全に間違っている（あるいは「純然たる嘘」だ）とは言えないことです。

現在世界中で、さまざまな国民的・国家的記憶が群雄割拠しています。そして、かつて「民族」の名の下において犯された国家犯罪、とりわけ（人道に対する罪、ジェノサイド、ジェノサイド的行為などの）極限的暴力をめぐる論争は、ますます過熱していくように見えます。そうしたなか、わたしたちは研究者または大学教員として、つぎの根本的な問いを迫られていると言えましょう。論争を招いている歴史的出来事に関して（少なくとも部分的にでも）完全なる相対主義を乗り越える言説を構築するには、どうすればいいか。また、客観性や中立性を目指すどのような言説の背後にも政治的打算やイデオロギーを見いだし、これを暴きたてようとする風潮がありますが、その結果生じる「疑いと非難の応酬」から自由な言説を構築するには、どうすればいいか、と。

そこでまず、次のシンプルな事実の確認からはじめてみましょう。マックス・ヴェーバーに倣って「学者」の役割と「政治家」の役割を、いったん明確に区別するのです。たとえば、フランスが一九世紀末にアフリカ大陸やインドシナの植民地で繰り広げた虐殺について、あるドイツ人研究者か、日本人研究者が学会で報告をするとしましょう。これが参加者に受け入れられるためには、報告者の動機が（特定の国家や政治集団の目的と癒着した）戦略的な利害関心ではなく、学問的認識にあることが十分に伝わらなければなりません。つまり、報告者の言説において「学問的理性」と「国家理性（レゾン・デタ）」とが明確に隔てられている必要があるのです。本来学問とは、外交以外の手段を用いた国家権力の行使であってはならないものです。たとえば子どもたちに、テレビやさまざまな教育媒体を通じて、国家の正史をすり込むことがあってはならないように。したがって、議論のための鍵となるのは、研究者間の信頼関係の構築です。わたしと意見を交換し、研究成果を交わす同僚たちが、「国家理性」から自由な人々だという「暗黙の了解」が成立する必要があるのです。とりわけ過去の直視しがたい出来事を問題にする場合には、それは重て真実を選ぶはずだ、と相互に信頼し合えることが不可欠なのです。

この「暗黙の了解」が成立しないと仮定してみましょう。もし目の前の「専門家」が、ただ現在の政治指導者の見解を学術用語でなぞっているにすぎず、かつて自国の為政者たちが自民族の名で犯した国家犯罪に関して、まるで批判的な見解を持ち合わせていないとしたら、どうでしょうか。いま述べた歴史的対象に関して、学者または専門家の間のコミュニケーション空間は、その道徳的な拠り所を喪失するでしょう。この点からも「道徳」の次元は、じつは「認識」の次元と密接に関連していることが窺えます。一例をあげましょう。アルジェリア戦争終結直前の一九六一年一〇月一七日、何百人ものアルジェリア人がフランスの警察によって虐殺され、セーヌ川に投げ込まれました。パリの中心部で堂々と「人道に対する罪」が犯されたのです。しかし、フランス政府は、この事実をいまだに承認していません。ところで、もしフランス政府のこの公式見解をわたし自身も支持しているとすれば、日本の歴史修正主義者についてわたしが述べることの一切は、皆さんにとって信憑性を失うでしょう。ここにおいて、さきほど「学問」の領域から追放された「政治」の次元が、もう一度回帰してきます。なぜなら、この国家犯罪をめぐる政府の公式見解から批判的な距離をとることをわたしに命じている「道徳的」な気遣いは、同時に「政治的」な気遣いでもあるからです。

2 概念の適切な使用

さて、これまでの議論から導き出されたのは、歴史認識をめぐる真摯なコミュニケーション空間が成立するための「必要条件」にすぎず、いまだ「十分条件」ではありません。「他人を非難する前に、まず自分の非を改めよ」という格率が受け入れられたからと言って、直ちに正しい歴史記述や適切な真理判断の実現が保証されるわけではないからです。この格率の尊重は、議論が成立するための「道徳的な前提条件」でしかありません。これが、単に道徳的な「誠実さ」の充足にとどまるのではなく、学問としての歴史研究が要請する一連の特殊技能——とくに記述の力のみならず、「分析的」な力——に連動していく必要があります。この点は極めて重要です。歴史的犯罪に関する限り、記述の正確さや緻密さ、専門的知識の蓄積だけでは不十分で、哲学、法学、社会学などの分野で生み出された、さまざまな「概念」を大胆に用いることで、問題の出来事を「規定」しなければなりません。つまり、過去の犯罪を学問的に対象化するためには、さまざまな概念装置に関する合意が、研究者や専門家の間で形成される必要があるのです。

たとえば、中国と日本の間では、「南京」という出来事をめぐる用語上の論争があります。すなわち、「南京大虐殺」という中国側の「愛国的」表現を支持する人々と、「南京事変」という表現を用いる日本の歴史修正主義者や否定論者の間の論争です。しかし、西洋政治哲学の伝統の中で物を考え、日頃からアレントやプリーモ・レーヴィ、アガンベンらの著作に親しんでいるわたしには、この論争は出口のない対立に見えます。というのも、「悲惨さの度合い」が論争の焦点となってしまい、「出来事の本質」をめぐる議論が、疎かにされているからです。しかし、わたしにとって重要なのは、「南京一九三七」という出来事またはシークエンスを、二〇世紀の重大な国家犯罪の「系譜」上に位置づけ、しかるべき語彙によって「規定」し、「命名」することにほかなりません。そのためには臆することなく出来事や犯罪を「命名」し、概念的に把握する「潔さ」が求められます。カミュによれば、「物事の命名を誤ると、世界の不幸を招く」と言いますが、わたしたちが直面しているのも、まさにそのような事態なのです。ここでは「出来事」の二つの可能な解釈の間で選択を迫られています。第一の解釈によれば、この出来事は通常の戦時暴力の延長に位置することになります。つまり、南京で繰り広げられた暴行、略奪、虐殺、放火などの行為は、猛り狂った兵士たちの「暴走」の産物だという解釈です。これに対して、もう一つの解釈は、南京で行なわれたのは「人種主義的なイデオロギーに基づいて周到に計画され、組織された犯罪」だという解釈です。これに従えば、南京大虐殺はすぐれて「近代的な犯罪」だということになります。それは（ティムールやチンギス・ハン、ナポレオンらの英雄が繰り広げてきた）有史以来の戦争や侵略の延長線上に位置する出来事ではなく、むしろ、現代国家や全体主義のもとで遂行された数々の国家犯罪の系譜に属する事件だということになるでしょう。つまり、「ナンキン」は「アウシュヴィッツ」や「ヒロシマ・ナガサキ」に連なるような事件だということです。

この第二の解釈を支持するならば、南京大虐殺を「人道に対する罪」と規定し、この犯罪の「特異性（singularité）」を唱える必要があります。そして、この犯罪を「ジェノサイド」とまで言わなくても、「ジェノサイド的行為」として語る必要があります。しかし、そのためには研究者の間で、これらの概念体系をめぐる最小限の「合意」がなければなりません。第二次世界大戦後、（通常の戦争犯罪や政治的犯罪を超えていると判断された一連の犯罪行為を裁くために）新しい法概念が導入されましたが、南京大虐殺の「特異性」を正しく規定するためには、これらの法学生まれの概念が、哲学や社会科学などの隣接分野でも、広く共有されることが不可欠です。さらに、これらの概念を単にレトリカルに使用したり、政治的効果を狙って乱用することを慎まなければなりません。たとえば、自分たちの都合のいいように「ジェノサイド」という言葉を使用したり、「ジェノサイド」と「人道に対する罪」を故意に混同させてはならないのです。

こうして、現代の極限的暴力、とりわけ国家犯罪を論じる上で、わたしは「犯罪を正確に分類し、概念的に規定する作業」をとくに重視しています。なぜなら、犯罪の概念規定が曖昧になれば、それだけ歴史修正主義者や否定論者につけ入る隙を与えることになるからです。周知のように、歴史修正主義者の常套手段は、「出来事の名前」を操作することです。彼らは論争中の出来事を「共同体間の暴力」、「戦争の惨禍」、「非人間的な出来事」などの曖昧な表現で言い表すことで、いつしか犯罪的と思われる事件から、その「犯罪性」を消去してしまうのです。このような否定論者の策略は、フランス、トルコ、日本をはじめ、いたるところでも同じです。過去の出来事の実在性を訴える生き残りの証言や歴史家の仕事を、否定論者は必ずしも否定しません。ただ彼らは、国家の正史から「出来事の名前」を抹消しようと巧妙に仕掛けてくるのです。たとえば、歴史修正主義が広範に支持されているトルコの場合を考えてみましょう。トルコの歴史修正主義者は、一九一五年にアルメニア人が大勢殺害されたことを否定しません。ただ、アルメニア人の虐殺は、人類史上の「他の虐殺の一つ」にすぎず、トルコ人自身もまたしばしば迫害の対象となってきたことを強調します。こうして「他の多くの事件の一つ」に還元してしまうことで、「アルメニア人大虐殺」という事件の特異性を消そうとするのです。つぎに一九九四年のルワンダ大虐殺に関するフランス政府の立場についてふれてみましょう。虐殺の共犯者であるフランス政府は、この「悲劇的な事件」のさなかで膨大な数のツチ族が犠牲になったことを否定しません。ただ、これらの死傷者の原因を（ツチ族とフツ族の間の）いわゆる「共同体間の暴力」に帰着させることで、虐殺に関与したフランス政府の責任をごまかしているのです。では日本の場合はどうでしょうか。日本の否定論者も、一九三七年一二月に南京で何も起こらなかったとは、さすがに言いません。ただ、日本軍だけが悪かったかのように言うのは反日勢力の悪意に満ちた偽りであり、この複雑な事件の責任は中国側と日本側の双方にある、と主張しているのです。これらの例からもわかるように、世界の歴史修正主義者や否定論者に対抗するためには、単に「事実を再構成」するだけでは不十分です。さらに犯された犯罪を「概念的に規定」し、正しく「命名する」ことが重要です。このためには「概念の学」としての哲学と正義の尺度や刑罰の尺度を定める学としての法学の知識を動員することが不可欠なのです。

3 相対主義の克服

さて、以上の議論を踏まえた上で、どのようにすれば「絶対的相対主義とミメティズム」を乗り越えることができるでしょうか。以下では、その筋道を示したいと思います。すでに述べた通り、全体主義的な犯罪や国家による不法で極限的な暴力に関する言説は、つねに一定の相対性を帯びざるをえません。しかし「すべての認識は相対的にすぎない」とは言えなくなる場面があります。それは自分の帰属する共同体の名において、しかもその正当な権力によって（比較的最近に）犯された過去の犯罪に対する責任を、わたし自身が問われる場面です。「近代の歴史性の体制」(régime moderne d'historicité) に従えば、仮にわたしが直接に関与しなかった犯罪に対しても、わたしは責任を逃れることはできません。これらの出来事に対して、わたしは「個人的罪」はないかもしれません（いわゆる「集団的罪」の概念は、ナンセンスとして退けられるべきでしょう）。しかし、同じ共同体に属する他のすべての人々とともに、わたしもまた「過去の犯罪、世界、そして被害者とその子孫に対する応答責任 (responsabilité)」を負わなければなりません。その「重荷」を引き受けることは、近代の価値原理、すなわち、わたしたちの歴史性の要請なのです。価値原理である以上、それに逆らうことはできません。さもなければ、わたしたちの「時代条件」から転落することになるでしょう。

したがって、わたしの帰属する共同体の名において犯された犯罪、しかもこの共同体を代表すると自称する国家権力によって犯された犯罪は、わたし自身、ならびに、この集団に属する他のすべての人々によって主体的に引き受けられなければなりません。ここで問われる応答責任は、他国の犯罪と秤にかけ、相殺できるような「相対的」なものではなく、わたし自身の応答が求められる「絶対的」なものなのです。たとえば、靖国神社に隣接する「遊就館」の展示に即して考えてみましょう。この記念館では、東京裁判で絞首刑になった戦犯たちは「勝者の法廷」の犠牲者として描かれています。しかし、それは彼らが「人道に対する罪」や「ジェノサイド的行為」の首謀者であり、本来ならば絞首刑どころか、その数千倍もの報いを受けるべき重罪人だったという事実を少しも変えるものではありません。良識的に考えても、犯罪は犯罪であり、他国の犯罪との取引や比較、相殺の対象にはできないことは明らかでしょう。したがって、東京裁判の正当性に異論を唱える人々に対しては、つぎのように反論することができます。仮に東京裁判やニュールンベルク裁判の被告たちが「勝者の法廷」ではなく、たとえ火星人の法廷で裁かれたとしても、有罪判決を免れなかったであろう、と。インドのパール判事の「絶対的相対主義」(relativisme absolu)の欠陥も、ここにあるでしょう。トルーマンがヒロシマ・ナガサキへの原爆投下の責任を問われなかったこと(またはチャーチルがドレスデンの絨毯爆撃の責任を問われなかったこと)をもって、ニュールンベルク裁判や東京裁判の被告たちは不当に裁かれたという理屈が通るならば、もはや「何でも許される」のであって、国家犯罪を裁く普遍的管轄権をもつどんな国際刑事法廷も、永遠に設立できないでしょう。そんな理屈に屈してしまえば、民族警察を組織してバルカン半島で民族浄化を繰り広げたミロセビッチも無罪であり、ハーグの旧ユーゴ国際刑事法廷における彼の裁判［二〇〇六年三月一一日に本人死亡のため、審理は中断された］も茶番にすぎないことになります。

さらに、これに勝るとも劣らない別の論理的破綻が、東京裁判を「勝者の法廷」だと唱える人々の議論に内在しています。彼らは日韓併合、中国侵略、そして真珠湾の奇襲攻撃が、卑劣な不法行為ではなく、大日本帝国とその臣民の歴史的「権利」だったと主張します。大日本帝国の過去と膨張主義の歴史をこのように「読解」している人々は、いまの日本には彼らのほかにも大勢いるでしょう。しかし、この「読解」はある固有の歴史哲学に立脚しています。すなわち、この世は「勝てば官軍」であり、法や権利は勝者のものだ、というものです。ならば、このような歴史哲学を一方で支持しながら、負けた途端に「勝者の法廷」だと嘆くのは、矛盾しているのではないでしょうか。もし自分たちが勝っていれば、当然のように自分たちの利害に即して敗者を裁いたのでしょうから。東条英機とその追随者たちは、いわば自分自身の支持する歴史哲学に従って絞首刑を宣告されたのですから、これに対して「勝者の裁き」だなどと不平を言える筋合いではありません。「征服したもの勝ち」という歴史哲学の信奉者が望みうる最善の策は、決して負ける側にならないように最後までうまく立ち回ることです。パール・ハーバーと東京裁判の間で、コロリと歴史哲学を挿げ替えるのは、あまりにも節操がないと言わざるをえません。愛国心に燃えるのも結構ですが、みずからの行動が拠って立つ論理的基盤に対しても、もう少し忠実であって欲しいものです。

4 ミメティズム――集合的記憶の小児病

この点についてもう一言。国家犯罪や近代社会における極限的暴力が問題となる場面では、「わが国だけが悪者なのではない、他国だってやっている」という弁明が必ずでてきます。しかし、ここに見られる「ミメティズム」(mimétisme)は、集合的記憶の「小児病」にほかなりません。わたしたちは自分の行為の責任を問われるとき、しばしば自分自身が受けた別の侮辱や犯罪や危害を引き合いに出して自己弁明をはかるものです。「ミメティズム」［以下「オアイコの論理」と訳す］という表現でわたしが言い表したいのは、このような条件反射的とも言える防衛反応にほかなりません。これは小学生の間でよく見られる光景です。二人の子どもが喧嘩し、教師が割って入る。「先に手をだしたのはどっちだ」と教師が尋ねると、「あっちです、先生!」という返事が双方から返ってくる。日本研究者ではない、したがって単なる西洋の一傍観者にすぎないわたしの眼には、いまの日本の政治指導者の発言や、うんざりするほど「遊就館」で見せられる歴史修正主義の言説、さらに大きな波紋を呼び起こしている歴史教科書の記述は、どこか小学生の喧嘩のように見えます。「アジアの植民地支配を《はじめた》のは、日本人じゃないのに、なぜいつもぼくらだけ悪者なんだ! ぼくらだって殴ったかもしれないが、それ以上に、ぼくらだって殴り返されたじゃないか！」と。過去の記憶をめぐる（西）ドイツと日本の落差が最も顕著に現れるのも、ここかもしれません。ドイツでは、一九六〇年代から七〇年代にかけて大きな意識転換が起こりました。「なんでわれわれだけ悪者扱いなのか！」とオアイコの論理に走るのは、七〇年代以降、極右ナショナリストなど、一部のマージナルな人々だけになりました。これに対して、ドイツの政治指導者と国民の圧倒的大多数は、オアイコの論理を卒業し、ドイツ人の名において第三帝国の下でなされた犯罪と向き合うようになったのです。このような意識転換は、政府レベルだけではなく、文化レベルでも起こり、「後から生まれてきた幸運」（H・コール首相）に恵まれた戦後生まれの若い世代にも受け継がれ、広範な運動として発展しました。ドイツ人もまた、第二次世界大戦の二大敗戦国の片割れである日本と同様に、（連合軍の爆撃によるドイツの都市の破壊などのような）他国の戦争犯罪を言い立てたり、（東部地域の喪失などのような）戦争被害を訴えることにより、自国の戦争犯罪を相対化しようと思えばできるのですが、そうはしていません。なぜなら、過去の犯罪にいつまでも思い悩まされず、加害と被害をめぐる集団ノイローゼから解放されるためには、過去の責任を主体的に引き受けるしかないと自覚したからです。こうしてはじめて、自分たちの共同体の名において犯された過去の犯罪と手を切ることができました。このような意識転換を経てはじめて、たとえば『没落（Der Untergang）』［邦題：『ヒトラー最期の一二日間』］のような作品が制作されうるのです。人気俳優のブルーノ・ガンツが主演するこの映画は、一九四五年四月、ベルリンのトーチカにおけるヒトラーの最期の日々を描いた作品です。これは幅広い大衆に向けられた映画であり、映画史上に残る傑作とは言いがたい。しかし、ナチスの時代や登場人物に対するノスタルジーを少しも伴わない点は、やはり注目に値します。この娯楽映画は、その凡庸さなりにも、今日のドイツ人があの暗い時代と決別したことを明かしているのです。

これに対して、天皇ヒロヒトの「神聖なる」統治の最後の日々を描いた驚くべき映画を同時期に撮影したのは、日本人ではなく、ロシア人監督でした。アレクサンドル・ソクーロフの『太陽』は、敗戦を目前に控え、地下壕で避難生活を送る天皇ヒロヒトに焦点を当てていますが、こちらはなかなか優れた作品です。ここではどのようにマッカーサー元帥の下で、日本の天皇が一人の生身の人間に変身したかが描かれています。

5 ■ グローバル化と国民的記憶の脱構築

「靖国論争」は歴史認識論争として極めて判例性が高い事例だと私は思います。ただし、二つのレベルを丁寧に選り分ける必要があるでしょう。一つは、政治学的レベルで、これは国際関係――特に中国や韓国をはじめとする近隣諸国と日本との間の政治的緊張に関係します。もう一つは、哲学的レベルです。こちらは（戦争犯罪、人道に対する罪、ジェノサイド、そしてジェノサイド的行為などの）国家犯罪に関わる論争的過去と向き合うにあたって、万人（まず国家や国民国家、民族などの集合的な主体ですが）に妥当する共通のルールは果たして創出可能かという問いに関わります。普遍的な法ではないにしても、ある種の一般的ルール、万人に妥当する規範の樹立を試みることが、その課題です。しかし、国民国家や国民の歴史、特定の集団の来歴と癒着した集合的記憶など、「単独性の体制」(régime de singularité) の強い磁場の中で探求されなければならないだけに、この課題の達成は至難の業であり、その哲学的賭金も重い。近代社会において「ナショナルなもの」は民族的な含意を帯びている場合もあれば、（国民と共和国がほぼ同義語として流通しているフランスのように）政治的・市民的な含意が強い場合もあります。しかし、「ナショナルなもの」こそ、概念および道徳的規範として「単独者 (le singulier)」が立ち上がる場所にほかなりません。ここに近代の学校教育や市民教育に携わる、すべての人間が直面してきたアポリアがあります。すなわち、一方では、不偏不党や利他主義、「他者」への配慮などの普遍主義的な価値を唱えながら、他方では「たとえ間違っていても、わが祖国を！ (right or wrong, my country)」として、愛国心という神聖なエゴイズムを称揚し、国益（単独者としての国益、したがって競合する他のライバル国家の利益に対する自国の利益）への無条件的な服従を国民に説くというアポリアです。

ですから（第二次世界大戦後の世界のように）愛国的絆がひび割れ、（現在の西ヨーロッパにおいて顕著に現れているように）ナショナル・ヒストリーの推進力が著しく減退している時代でも、「集合的記憶」があらゆる特殊主義の温床になり続けるでしょう。時代の変化にさらされず、いつまでも昔どおりに反復され続けることは、儀礼や記念式典を通じて保存される「集合的記憶」の特徴なのです。たとえば今日ドイツ人たちは、民族・国民・国家として、EUにおけるわたしたちフランス人の最も近い同盟者ですが、フランス国内では相も変わらず、一一月一一日［第一次世界大戦、休戦記念日］や五月八日［第二次世界大戦、ドイツ降伏記念日］という、二〇世紀における独仏間の虐殺の記憶を愛国主義的に想起させる日付が、惰性的に記念され続けています。わたしたちの国のどんな村にも、普仏戦争、第一次世界大戦、そして第二次世界大戦という独仏間の三つの戦争で死んだ同胞の記憶を顕彰するための、死者の記念碑が丁重に保存されています。しかし同時に（本当に「同時」と言えるかどうかは疑問ですが）近年、独仏の歴史家や教員の間で、高校生向けの共通の現代史教科書をつくる試みも現れています。この企画の参加者の証言によれば、両者の認識のすり合わせが最も難航した部分は、意外にも（ナチズムや第二次世界大戦、ユダヤ人の虐殺など）これまで最も難しいと思われてきた時代ではなく、これに続く「冷戦期」の記述だったと言います。

これは一見奇妙に見えるかもしれません。しかし、このエピソードは、いまわたしたちが一つの過渡期、または時代の転換点にさしかかっていることを示唆しているのではないでしょうか。現在、西ヨーロッパのわたしたちは、ますます目に見える形で、ハーバーマスの言う「ポスト・ナショナル」な時代の到来を迎えようとしています。この流れを促進しているのは、近代の国民神話が立脚してきた経験や感覚の全般的な解体と（政治的実体としてのヨーロッパの発展、経済や文化の領域におけるグローバル化の展開など）わたしたちの政治的・経済的・文化的統合の基盤の拡張という二重のプロセスにほかなりません。しかし、こうした変化の一方で、過去の記憶のあり方をめぐる保守主義的な抵抗が根強くあるのも事実です。「集合的記憶」というものが、わたしたちの実存の構成契機である以上、これは一朝一夕ではなくなりません。たとえば、今日のフランス人にとって、アウステルリッツの戦いが「大勝利」であったことやワーテルローの戦いが「手痛い敗戦」であったことを「忘れる」ことはなかなか難しい。またナポレオン戦争を中立的に単なる「革命後の遠征」として記述したり、「侵略戦争」あるいは、今日の一部の人々が言うように、その後のジェノサイドを先取りする「大虐殺」として記述できるほど、自分たちの歴史認識を「中和化」あるいは「ヨーロッパ化」できるようになるには、まだ大きな困難が伴います。

しかしこれらの問題にもかかわらず、フランス人とドイツ人が互いに「和解」することに成功し、ヴァレリー・ジスカール・デスタンとヘルムート・シュミット、フランソワ・ミッテランとヘルムート・コール、ジャック・シラクとゲルハルト・シュレーダーなど、独仏両国の歴代政治指導者たちが、帰属する党派の違いを超えて、有名な政治的パートナー・シップを築けたのは、両国間における集合的記憶の抗争の「包括的な解決」がなされたからです。この記憶の抗争の解決は、一九四五年以降、一歩一歩達成されてきました。それはまず、第二次世界大戦の記憶の解釈から始まり、さらにヨーロッパの近・現代史の認識一般にまで及びました。ナショナル・ヒストリーとは、ある意味で「虐殺の歴史」（ミシェル・フーコー）にほかなりません。したがって諸国間の政治的緊張の沈静化は、ナショナル・ヒストリーに根ざす集合的記憶の抗争を和解するプロセスと密接に結びついているのです。「集合的記憶」というものは、恐ろしく独善的になりがちで、人々はしばしば「記憶の奴隷」になる傾向があります。そのため、このような奴隷制を撤廃するための一般的な「立法」が必要となるのです。では、その大前提となる記憶の抗争の解決のためには、いったい何が求められるのでしょうか。まず、当該諸国の正当な権力機関と社会が、その国民や国家の名で過去になされた行為の犯罪的性格を認めること、そして（戦争犯罪、人道に対する罪、ジェノサイドなどの）犯罪の法学的な規定を認め、これらの犯罪に対して下された判決を受け入れることです。ドイツの場合、第二次大戦後の政治指導者たちは、ナチス体制とラディカルに決別しました。というよりも、ナチス体制を明確に「犯罪国家」と形容するようになりました。このことが「わが国民固有の歴史」というフェティシズム、そして国民主義的ナルシズムの万力を緩める上で、決定的な一歩となったのです。そして、この前提条件が満たされることによって、記憶の紛争解決のために要請されるもう一つの条件が充足されることになりました。すなわち、相手国であるフランス政府の側も、第一次世界大戦後のときとは異なり、ドイツに対する告発的で、恨み深く、復讐心に燃えた態度を捨てることができたのです。その結果、たとえナチスと同罪ではないにしても、第二次世界大戦の災厄における「フランス政府自身の責任」（ヴィシー政権と占領下における対独協力、とくに人種主義的迫害やレジスタンスの弾圧に加担したことに対する責任など）を認めることができるようになったのです。こうして、一九世紀以来、独仏両国の間で繰り返されてきた災厄や犯罪について議論し、対話しようとする空気が生まれました。これは、「敵」の形象が「因縁のライバル」として絶対化されていた時代が終焉し、国土が神聖不可侵なものとされていた時代の表象や言説が過去のものとなったことを意味しています。

もちろん、独仏の「和解」の前提条件となる歴史や記憶に関する言明は、歴史学的、政治学的、哲学的な観点から見て、まだまだ十分なものだとは言えません。それらの語りは、しばしば曖昧で、日和見主義スレスレ、さらに空虚な大言壮語に満ちています。（たとえば、一九八〇年代末に第一次世界大戦の激戦地だったベルダンで、独仏和解の一大セレモニーが挙行されましたが、檀上のミッテラン大統領とコール首相の間で交わされた平和主義的なエールの送り合いは、その格好の例でしょう）。にもかかわらず、ここで本質的な一歩が達成されたことは間違いありません。二つの国家、二つの民族の間の和解と関係の正常化のための筋道が示されたのです。このためには、まず先祖伝来の敵対感情が克服される必要がありました。また自分に最も近い隣人を「最良の敵」とみなし、いわば「神話化」してきた昨日までのライバリティーに終止符が打たれ、独仏両国民の関係性が「世俗化」される必要があったのです。

6 自閉する日本

第二次世界大戦後における独仏関係の再構築は、哲学的には、「単独性の圧政」(la tyrannie de la singularité)の克服の上に成り立っています。この「圧政」は、集合的記憶に備わる「鉄の戒律」によって支えられてきました。すなわち、かつて民族・国民・国家の名においてなされた行為については、いま生きているその子孫たちが、まるで「忠誠」を尽くすように擁護し、推奨しなければならないという戒律です。しかし、西ヨーロッパでは、まずドイツ人が、これを打ち破りました。そして、この前例以来、国民的・国家的記憶(および、その上に築かれる関係性)の領域においても、諸個人の間におけるのと同じ論理が貫徹されていることが自覚されはじめたのです。すなわち、国家と国家の間の「共存」、さらには「共生」のためには、同じ出来事をめぐる視点の違いの承認や、他国のまなざしに対する気遣いが不可欠ということです。こうしてようやく、過去の出来事、とりわけ現代史をめぐる独善的な国民的・国家的物語の(不十分とはいえ、着実な)脱構築が本格的に開始されました。第二次世界大戦後、フランス人は、国民または集団としてのドイツ人を、もはやナチズムとその陰惨な虐殺の数々と同一視しなくなりましたが、このような混同がなくなったのは、以上のような脱構築のプロセスがあったからだと言えましょう。

ポスト・ナショナルな時代は過渡性や流動性の局面が集合的記憶の領域でも現れてくる時代です。それは、歴史家が連綿たる国家の正史から離脱し、諸個人が自分の属するナショナルな空間の中で培われてきた通俗的な物語から距離をとり、そして、諸国民が従来の愛国神話を脱却するチャンスにほかなりません。従来、国民的記憶とは、さまざまな集団が自分たちの来歴の物語を勝手気ままに叙述することが許される領域でした。いわば他者の視点(他の民族や国民、国家の視点）を一切考慮することなく、係争中の過去の出来事や行為について叙述することが許される「例外領域」だったのです。しかし、ポスト・ナショナルな時代は、このような「例外領域」が終焉する時代です。今日のグローバル化の中では、あらゆるタイプの交換の濃密化と流動化が進んでいます。その結果、これまでの通商のルールや通貨交換のシステム、文化財の流通規則や人的移動に関する諸原則などを強化する必要が、早急な課題として唱えられています。そして、これと同じダイナミズムに基づいて、歴史認識の領域でも、ある種の規範作りが必要であるとの認識が生まれつつあるのです。すなわち、歴史認識というものが、国家または多様な集団間で繰り広げられる、困難で絶え間ない折衝の対象である以上、他の問題と同様に、正常化やルール化の対象になりうるし、ならなければならない、という認識です。これに基づいて、すでに新しい格率も生まれはじめています。すなわち、かつて他の民族や国家、または集団と武力衝突した出来事を直視できず、ただ自己弁明に明け暮れ、自閉的・自己充足的な物語に居直り続けるものは「時代の要請」に応えられない民族または国家である、と。この点では、トルコの事例が注目に値します。トルコ政府は今もアルメニア大虐殺の責任を否認し続けており、国内世論においても「国家理性」の名において事件を正当化する風潮が強い。しかし、このような歴史認識のあり方がトルコのEU加盟の躓きの石となっているのです。

これからの時代は、歴史認識の場面で求められる規範性を満たすことが、従来の国家の枠組みを超えるポスト・ナショナルな政治単位を構築する上での、重要な前提条件になるでしょう。しかし、ここで求められている規範性と（靖国神社の公式参拝に固執し、これを政治的に利用しようとしている）日本の政治指導者の姿勢との間には、巨大な落差があると言わざるをえません。これらの人々は「われわれが自国の死者をどのように顕彰するかは、われわれの勝手だ」とする姿勢を崩そうとしません。歴史叙述の問題、とりわけ他の民族や国家との間で論争されている過去のシークエンスをどのように叙述するかは、それぞれの国民の運命を担う国家の「主権」に属する事柄だとする考え方が、たしかに昔からあります。しかし（政治神学的な伝統や、国家宗教としての歴史を持つ神道の固有性などを持ち出す）文化主義的な論拠は、このような時代錯誤な考え方に囚われ、これを頑固に擁護し続ける人々のアリバイにすぎません。現在の日本の政治指導者の主張をわたしなりに要約すると、概ねつぎのようになるでしょう。「われわれが（自分たち自身に対して）自分たちの過去をどのように物語り、どのように記念するかは、自分たちの勝手である。なぜなら、われわれの集合的記憶、そして、そこに付随する物語は、われわれの主権に属する事柄であるから。したがって、隣国との論争を引き起こしている過去の記述も、自分たち自身に向けられたものにすぎない以上、われわれの所有物であり、外国人に干渉される筋合いはない」と。この点に関して言うと、日本の隣国との間で最も頻繁に衝突の対象となってきたのが、歴史教科書という典型的な国内向けの消費物であることは、もちろん偶然ではありません。

第二次世界大戦中の皇軍の犯罪に関する歴史学的な偽りや歴史修正主義的な言説をめぐる対立もさることながら、実はそれ以上に（異なる歴史哲学と政治哲学に拠って立つ）根底的なポジションの違いこそ、いわば開明的な意見をもつ日本人または外国人と、自己充足的な立場に固執する人々との間の本質的な相違点ではないでしょうか。というのも、これらの人々は、かつての「鎖国」の道をひどく時代錯誤な仕方で、まるで悪い冗談であるかのように、もう一度反復しようとしているように思えるからです。一六世紀の日本は、ある日突然鎖国を決定し、西洋人の到来に対して門戸を閉ざしました。そして、ポール・ヴェーヌが指摘したように、いわば「別な惑星として、世界秩序からみずからを切り離し、固有の制度のなかで存続する」道を選んだのです。将軍たちが下した「鎖国」という選択は、つまるところ主権国家としての決断であり、哲学や道徳形而上学の立場から特に非難したり、批判するべきことではありません。周知のように、ヨーロッパ人はアメリカ大陸を征服し、残虐非道の限りを尽くしましたが、これと比較するとき、日本の鎖国政策は、とりたてて道徳的に非難されるべき政策ではありません。一方は世界征服に乗り出したのに対し、他方は内に閉じこもり、長崎の出島におけるオランダ商船との年二、三回の取引に、西洋との接触を制限したままのことです。このような選択がなされてはならない理由はありません。ただ、いまは時代が変わりました。このような決断が前提していた「主権性の体制」(régime de souveraineté) が通用する時代ではなくなったのです。一八九五年以降、日本は政治的にも列強諸国の一角を占めるようになり、今日では「世界」第二位の経済大国になりました。このように日本はすでに交易文明の仲間入りをするという不可逆的な選択をしており、その中心的な位置を占めるに至っています。つまり、日本は(国家、民族、国民、列強、さらに文明として) みずからの運命を引き受けることを選択したのです。ヴェーヌの言う「別の惑星」として存続する道ではなく、他の国家、民族、国民と共有された「世界」において堂々と渡り合う選択を。このことは、さまざまな商取引システムへの加盟や、数多くの共通規範の導入、複数の国際組織への加盟、数多くの協定の署名など、人間生活のあらゆる領域に関わる「交換と相互性のゲーム」に、十全かつ完全に参与することを意味します。第二次世界大戦後の日本は、経済およびテクノロジーの領域において、言うまでもなく技術革新のチャンピオンとなり、さまざまな諸関係の流動化やグローバル化をうながす先駆的な力となりました。また文化産業の領域でも、その巨大な経済力を背景に、文化財を流通させる強力な推進者となっています。それだけではありません。たとえばフランスの大学に比べると、日本の大学は外国の思想や研究、作品や理論に対してはるかに開かれています。今日、「グローバル化」または「世界化」と呼ばれている現象は、地球規模で進展している交換の全般化のプロセスにほかなりません。これは歴史上、画期的な事件です。そして、この交換のプロセスは、文化財であれ、過去の記憶の遺産であれ、いかなる種類の「財」も巻き込んでいこうとしているのです。

7 結びに代えて

いわゆる「過ぎ去ろうとしない過去」の認識や叙述に関して、いま日本の政治指導者たちは狂信的な孤立主義の道を歩もうとしています。しかし「グローバル化」という現代の状況を踏まえると、このような選択は、わたしのように（極東地域外の）出身者で、この論争の部外者である人間には、啞然とする奇行に見えます。もちろん最悪のシナリオを想像するなら別です。アジアには、A級戦犯が国家のために犠牲となった「英霊」として、靖国神社に合祀されていることに憤慨する人々がいます。そうした人々に対して、記憶の政治学の仕掛け人たちが暗示的に挑戦していると考えるならばどうでしょう。「日本はお前たちに対してまだ停戦した覚えはない」と。西ヨーロッパにおいて、半世紀前に激烈な死闘を繰り広げた民族・国民・国家の間で、過去の記憶をめぐる一定の紛争解決が得られたのは、フランス人、ドイツ人、イタリア人などの間で、ふたたび戦争をしようなどとは、もう誰も思わなくなったからでした。当該諸国の住民レベルだけでなく、政治指導者のレベルでも、武力による紛争解決など「純然たる妄想」だと退けられる重要なステップが、ある時期に一挙に乗り越えられたのです。西欧諸国間の利害対立を従来のように武力で解決しようとする一切の欲望も見通しも、こうして歴史の砂の上で消え去りました。これを踏まえながら、ふたたび極東に目を転じ、エスカレートする歴史認識論争に注目するならば、次のような疑いが浮かんできます。まず、極東地域は、天皇の軍隊による満州征服から朝鮮戦争の終結にいたるまで、紛争の歴史の舞台となってきましたが、この地域の民族や国家の間では、いまだに武力による問題解決を望む声が、政治指導者や世論の一部に根深く残っているのではないか。さらに、この地政学的空間においては、「永遠平和」とは言いませんが、「ポスト交戦状態」への体制の移行が、現在の西ヨーロッパの住民の間のように「不可逆的なもの」、「あと戻りできないもの」として広く認識されるには到底至らないのではないか。したがって、いまの日本社会に見られる歴史の記憶の動員や道具化の動き、また記憶の対立を煽り（隣国やライバル国民との戦争に備え）古典的なナショナリズムを刺激する動きは、来るべき「総動員」の準備過程としてたち現れてくるのではないか。いまの情勢を見ていると、そのような懸念を抱かざるをえません。

［翻訳：菊池恵介］

参考文献

John W. Dower, *War without Mercy, Race and Power in the Pacific War*, New York : Pantheon Books, 1986. ジョン・ダワー『容赦なき戦争』猿谷要編、斎藤元一訳、平凡社、二〇〇一年。

John Dower, *Embracing Defeat, Japan in the Aftermath of World War II*, Londres : Penguin Books, 1999. ジョン・ダワー『敗北を抱きしめて』三浦陽一、高杉忠明、田代泰子訳、岩波書店、二〇〇一年。

Ian Buruma, *The Wages of Guilt, Memories of War in Germany and Japan*, Londres : Phoenix, 1994. イアン・ブルマ『戦争の記憶――日本人とドイツ人』石井信平訳、TBSブリタニカ、一九九四年。

II

近代の法的暴力とジェンダー

序

北川東子

暴力について論じることは、哲学の普遍的な課題である。しかし、暴力についてどう普遍的に論じるべきかについては、哲学はまだ明確な見通しを持っていない。たしかに人類は二〇世紀において極限的な残虐行為を経験した。「人間性」の崩壊を意味するほどの暴力との出合いがあった。暴力について論じるのに、これ以上の歴史経験は必要としないほどである。

しかしこうした歴史経験は、必ずしも暴力との「決定的な出合い」を意味しない。なぜなら、なにかと出合うためには、それを感じ取り受けとめ、それを語る力が必要なのだが、暴力は語る力そのものをまず破壊するからである。語るべき被害者は抹殺され、語るべき暴力の記憶は消し去られる。たとえまだ語りうる存在として生き延びたとしても、自分の語りが徹底的な非難と標榜との対象とされてしまい、語る被害者たちは「騙る者」とされて「人間としての尊厳」を奪われてしまう。もういちど、暴力の被害者となることなくしては語ることを許されない。暴力のこの二重性、つまり、「存在にたいする暴力」と「語りにたいする暴力」との相即性についてはすでに多く論じられてきた。

では、加害者たちはどうなのだろうか。彼らには語る道徳的・社会的な義務があり、語りうる可能性も残されているのではないか。しかし多くの加害者が、暴力の現場における「自己の不在」を主張する。暴力を振るったのは、国家権力の道具としての存在であり、戦闘装置の一部であって、本当の自分ではなかったのだと。あるいは、本能的に日常的言説の埒内に逃げ込んでしまう。「たしかに部分的にはそうだったかもしれないが、しかし、まさか全部がそんなにひどいことはないと思う」という部分否定の論法によって自己防衛を成し遂げるのである。実際、暴力は巧妙なコード化によって「非暴力」となる。したがって、ホロコーストであれ、南京虐殺であれ、慰安婦問題であれ、多くの残虐行為は、ときに、暴力について普遍的に語ることがいかに不可能であるかを記す記念碑のように思われる。だから、さしあたり哲学に可能なことは、暴力の沈黙に抗して、おびただしい暴力の経験に語らせようとする努力ではないだろうか。

ここに収められた三つの論文は、ジェンダーの視点を通して見えてくる「近代化の暴力」を論じたものである。ジェンダー視点を基盤とすることで、「近代化の暴力」に語らせようとするのである。具体的な分析対象とされているのは、「日本における道徳の近代化」であり、「韓国女性たちの民族主義運動」そして「台湾における植民地法」である。

金恵淑論文「近代韓国における女性主体の形成——東アジア的近代経験の多層性」は、韓国における「女性の解放運動」を近代化の歩みと共に跡づけた論文である。「女性の主体意識の形成」を支えた韓国女性たちのさまざまな社会運動を紹介することで、女性の解放運動がいかに多様な側面をもっているかを明らかにしている。そのうえで女性たちの解放運動が、民族の解放運動（「日本による植民地時代の民族主義」）とどのように絡み合ってきたか、そしてまたどのような偏差を示したかを見事に分析している。近代化が「西洋化」であり、植民地においては「日本的な近代化」という抑圧構造を取ったために、女性解放をめざす東アジアの女性たちはつねに「民族と女性たちとの分離」という悲劇的なジレンマの経験を強いられてきた。韓国の女性たちの自我を確立しようとする過程は、近代的な女性解放運動として理解されたときには「民族的自我の喪失」となり、民族解放運動と接合されたときには、家父長的な民族的自我への隷属を意味し「自我の他者化」の過程となった。

陳昭如論文「台湾における法の近代化とフェミニズムの視点——平等追求とジェンダー喪失」は、近代的法体系における「平等」の問題をジェンダー視点から細分化することで、「形式的平等と実質的平等」という問題系と「伝統と植民地主義的近代」という問題系との関係を精密に分析している。植民地においては被植民者の自文化は、つねに劣等な克服されるべき過去として再定義されてしまう。それにたいし、近代性は「欲望されるべき現在と未来」として構築される。伝統を認めることはすなわち平等を拒むことであり、平等を求めることはすなわち自己を否定することとなる。しかし、多くの被植民者にとって、土着の伝統を保存することは植民地の平等に欠かせない重要な一部分である。したがって、被植民者の平等を求める運動は、みずからの伝統や土着性との厳しいジレンマ状況におかれることになる。陳論文は、このジレンマの複雑な様相をジェンダー秩序の問題も含めて明らかにしている。ここで投げかけられた「土着性を手放さずに平等を手に入れることは果たして可能なのか」という問題は、グローバル化の今日において、すべての社会にとって本質的な問いである。

北川東子論文「道徳の暴力とジェンダー」は、東アジアの規範文化の伝統を今日にどう転換すべきかについて「情緒的規範力」の道徳論を提案するが、その予備作業として日本における道徳の近代化を分析している。ジェンダーの視点で見えてくるのは「道徳と暴力との親和性」であり、日本の近代化において構築された規範文化の暴力性である。具体的には、国民道徳論において伝統の再配分がどのように行なわれたかを論じ、そのことで、女性たちの「伝統的生き方」を捏造する過程を明らかにする。ここでも他の二論文と同様に、女性たちが「近代的道徳論」によって自己理解の可能性を剥奪され、「自己否定的な近代道徳」か「道徳なき伝統」かのジレンマ状況に置かれることが示される。

三つの論文は、女性たちが遭遇した「近代化の暴力」を論じている。その遭遇の仕方はさまざまであるが、三つの異なる文脈において「伝統の植民化」が同じひとつの問題として扱われている。三つの分析において浮かび上がってくるのは、道徳や法や解放といった近代的枠組みの暴力的性格であり、自己解放のための不可避な枠組みが同時に自己否定になるというジレンマである。東アジアにおける近代化は足早い過程であった。二〇世紀初頭からほんの半世紀ほどのプロセスであったが、この近代化は、私たちを土着性から、自分の伝統から、そして自己存在から徹底的に引き剝がすほどの暴力性を持っていた。たしかに暴力の時間性は、瞬間と永続との接合点にある。暴力は出来事としては一瞬であるが、その作用は遥か見通せないほどの遠くまで到達するのである。

道徳の暴力とジェンダー

北川東子

1 はじめに——東アジアにおける「道徳の共同構築」

東アジアと「新道徳」の動き

価値的な方向づけや道徳意識は、私たちが生きていくうえで欠かせない。市場経済と暴力のグローバル化に翻弄される現代社会では、「方向づけのための規範」Orientative Normsがいっそう強く求められる。現在、東アジアでは「新道徳」ともいうべき動きがある。日本では二〇〇二年に文科省が配布した「心のノート」や教育基本法改正問題をきっかけとして、道徳や愛国心のありかたについての議論が盛んである。中国では民主化や市場社会化が急激に進むなかで、儒教道徳の再興が国家プロジェクトになっている。こうした動きを背景として、韓国の哲学者洪潤基は、東アジア共通の課題として「現代道徳の共同構築」を挙げる。[(1)] その考えを紹介してみよう。

日本、中国、韓国の三つの国はそれぞれ豊かな倫理的遺産をもちながら、近代化の過程において伝統の遺産と近代意識との融合に失敗した。そのために、個人の主体意識を充分にはぐくむことも、自由な連帯によって担われた社会を形成することもできなかった。したがって、国民の道徳観はいまだに伝統的な国民国家観に従属している。東アジアの哲学に求められているのは、東アジアにおいて超国家的な共同を担う道徳を構築することである。

「情緒的な規範力」の道徳と「国民道徳論」

「現代道徳の共同構築」の試みのために、東アジアの哲学はなにをすべきなのか。洪潤基と私たちとの議論のなかで鮮明となったのは、「情緒的な規範力」にもとづいた新しい東アジア的道徳論を構想することの必要性であった。「情緒的な規範力」とはどのような能力なのか。

私たちは、家庭生活や社会生活を営むなかで「他者への配慮」(共同性)の能力を培い、規範への感覚をはぐくむ。身近な存在と関わるなかで、「かけがえのない存在を守りたい」や「この人こそ大事だ」という心情が生まれる。こうした心情は人間関係を「価値的な関係」として体験させ、そのことで、共同性を保持するためのルールや規範が重要であることを認識させる。こうした心情が存在してこそ、法秩序や社会ルールへの敬意も可能となるのだ。これが「情緒的な規範力」である。西洋近代の道徳論は、個人の合理的な選択や「道徳判断」を基軸とした道徳論であり、その意味で「理性にもとづく道徳」である。それにたいし、東アジアの倫理は、伝統的に「情緒的な規範力」に基盤を置いていたのではないか(2)。

だが、意志の自由と決定とに基盤を置く「道徳の近代化」を経た今日の東アジアにおいて、この伝統を現代にふさわしい形で再興することは可能だろうか。

東アジアの近代化は、その本質において「強制された近代化」であったために、さまざまな抑圧構造を生み出した。とりわけ道徳の領域においては、抑圧が強かったように思われる。日本における「道徳の近代化」は、西洋列強にたいする国防と近代国家体制にむけての国民教育を目的としており、そのような国民の道徳教育をめざして、一八九〇年に「教育勅語」が発布された。「教育勅語」の精神を教育現場に浸透させるために、井上哲次郎の『勅語衍義』(一八九一年)をはじめとして多数の解説書が書かれた。それが、国家プロジェクトとしての「国民道徳論」である。(3)道徳が国民を軍事行動と国家体制の道具とする、これほど矛盾した事態もないように思われるが、「教育勅語」を中核とする日本の道徳論はそのような「国民道徳論」だった。それは、最終的には、身近な人間を戦場へと駆り立て、その死を賛美することを強制した。家族を破壊し、国民を国家に隷従させる規範システムであった。この道徳論に教育され、国民はみずからに最大の犠牲を引き受けたのである。その意味で、「国民道徳論」は悪の道徳論であった。とりわけ東アジア的な「情緒的な規範力」と対極にあったように思われる。だが、本当にそうであったのだろうか。

現時点で「教育勅語」を読む

日本における「道徳の近代化」は錯綜した現象であった。「教育勅語」自体が複雑な過程を経て成立したうえに、その評価も一定ではなかった。内村鑑三の不敬事件が象徴するように、戦前においても「教育勅語」にたいする厳しい批判があったし、戦後における「教育勅語」の位置づけもかならずしも否定的ではなかった。

「教育勅語」は、さまざまな利害と妥協の産物として生まれた。現時点において、歴史抜きに「教育勅語」を読むことは許されない。しかし、「教育勅語」をひとつのテクストとして読むとすれば、この短いテクストは、言語的には難解であり、内容的には漠とした素朴なものである。文章からは、その歴史的影響力を推測するのが難しいほどである。当時の国民にとっても、充分に理解できるものではなかった。「教育勅語には難解な用語、とらえようのない内容がふくまれていて、すべての国民が一つ一つの単語の意味から文章全体の趣旨までを理解することは難しかった」。(4)それにもかかわらず、国民は「教育勅語」によって国家主義的道徳を教育され、しかも、そのような国民道徳教育に抵抗することはなかった。山住正己は、それを国民の「去勢」状態であったと捉えている。

では、「教育勅語」を現時点で、歴史的資料としてだけでなく、道徳論のテクストとして読むことは可能だろうか。二〇〇六年に「教育勅語」を原文と現代語訳とで読んだ若い学生たちは、このテクストに大いなる反感と若干の共感を示した。(5) 反感は、このテクストが持った国家主義的・軍国主義的意味にたいする反感であって、その理由は歴史的知識による。共感は、「教育勅語」が唱える漠とした人生上の訓戒にたいして寄せられた。主として、身近な人間関係に関わる訓戒に寄せられた。「父母ニ孝」「夫婦相和シ」のような曖昧な「教え」にたいしてなんとなく感じる共感である。現代の若い学生たちも、「情緒的な規範力」に依拠して「教育勅語」を読んでいる証拠であろう。ある学生のコメントにはこうある。「同じ過ちを繰り返さないためには、そうなるに至ったプロセスを反省し解明すべきである。しかし、それと道徳教育そのものの放棄とは違う」。

「国民道徳論」によって神格化された「教育勅語」は、歴史的文脈のなかで読めば徹底した批判の対象となるが、今なお道徳論のテクストとして読むことも不可能ではない。そして、そう読めば、いささかの共感を引き起こす。「情緒的な規範力」が発動されるからである。このテクストは教育の現場で、理解ぬきに棒読みされることで「なんとなくありがたいものだという感情(6)」を生み出したのである。現時点で考えれば、「国民道徳論」の実体のなさがひしひしと実感されると同時に、これほどに実体のないものが持ちえた社会的影響力に愕然とせざるをえない。ハルトゥーニアンは日本の近代化を「ある曖昧さの場所」と名づけているが、(7)「国民道徳論」においても曖昧なテクストが中心的な位置を占めていた。その実体が曖昧であり、まさにこの曖昧さゆえに大きな規定力をもったのである。日本の近代化の怖い姿である。

そう考えると、「現代の道徳」の中核に「情緒的な規範力」を置くことは危険な試みのように思われる。批判的吟味や反省的思考が発動するまえに、曖昧なことばが生み出す漠とした規範的想念に過剰に反応する可能性があるからである。とりわけ危険なのは、「国民道徳論」がそうであったように、国家体制と家族関係が重ね書きされることで、本来の政治的文脈が隠蔽されてしまい、人が政治的に反応すべきところで、道徳的に反応してしまうことである。

曖昧さのもつ力は強大である。思考を停止させ、情緒に訴えることで人を行為へと走らせる。じっさい、その歴史的意味を知っている現代の若い学生たちであっても、「教育勅語」のなにを批判すべきなのか途方にくれてしまうのである。「なかなか善いことを言っているのではないでしょうか」というのが、今日の若者が「教育勅語」にたいして持つ印象である。

たしかに、「国民道徳論」の歴史は、「情緒的な規範力」が容易に悪用されうる事実を教えてくれる。そして、この事実は、安易に「東アジア的な伝統」を唱えてはならないことも示唆している。しかし、「情緒的な規範力」の道徳論は危ないという早まった結論にもならないと思う。少なくとも、「国民道徳論」が本当に「情緒的な規範力」の道徳論であったか、それがまず問われなくてはならない。つまり、天皇制と軍事国家体制のイデオロギー装置としての性格もさることながら、「国民道徳論」をまずは道徳論として批判的に考察する視点が必要である。

私は、「国民道徳論」は「情緒的な規範力」の道徳論ではなかった、むしろ「情緒的な規範力」を歪んだかたちで囲い込む装置であったと見ている。以下では、「道徳―暴力―ジェンダー」という問題系を見ることで、それをはっきりさせたい。

2■「倫理的暴力」という概念

道徳と暴力との親和性

「国民道徳論」についての具体的な考察にはいる前に、「道徳」について重要な考察をしておかなくてはならない。「道徳と暴力との親和性」についての考察である。

私たちは、道徳は戦争や暴力の対極であると素朴に信じている。道徳こそは、暴力にたいする最後の防波堤となってくれると期待している。しかし、この素朴な期待は正しいのだろうか。「アウシュヴィッツ」ということばが象徴するように、二〇世紀は決定的な道徳の敗北状態を体験した。この体験によって、私たちは人間の道徳性について何を学んだのだろうか。

ジル・ノームは、道徳性の研究がいかに遅れているかを指摘している。(8) これまでの道徳論では、合理的な認知能力をモデルにして道徳的意識のありかたを理解する考え方が優勢であった。そのため、「道徳問題の複雑さ」を「道徳的成熟」と混同してきた。しかし、こうした考え方では道徳の真実を捉えることはできない。ノームは、私たちが道徳の問題にぶつかったときに感じる「心の迷い」や「自我の弱さ」についてもっと注目すべきだと主張する。道徳的であろうとすることで、私たちは、多くの場合、社会通念や周囲の人々との葛藤を引き起こしてしまう。ときに、反社会的な行動を取ることもある。道徳的であろうとすることで、社会や周囲から離れてしまい、そのため、自分が壊れやすくなる。道徳的行為は「自己崩壊」を招きやすい。だから、私たちが道徳にたいしてもっている「強さ」のイメージ、ゆるぎない信念と強い意志といったイメージは根本的に修正されなくてはならない。ノームは、道徳性を「心理的な強さ」と混同してはならないことを強調する。

道徳は「強さ」ではない。他者にたいして強く自己主張することや、自分の意志を貫徹することではない。むしろ、道徳は私たちを弱くする。道徳的であろうとすることで、私たちはなにか壊れやすい側面を引き受けてしまうのである。「新しい道徳」の構想には、道徳的な存在の脆さや弱さについての洞察が不可欠である。

倫理的権力

ハンガリーの女性哲学者アグネス・ヘラーは、道徳の本質的なありかたを「自己犠牲」に見ている。(9) 道徳は、価値観の共有や、法やルールの存在だけでは成立しない。たとえ平和な社会における道徳であっても、一定の自己犠牲を払う心理的覚悟を前提としている。ごく普通の市民としての生活においても、道徳的にふるまうためには、一定の自己犠牲が、たとえば金銭的犠牲や時間的犠牲が要求される。他者への配慮とは、他者と関わることから生じる無駄や退屈さについての感情を抑え、私的利害を排する態度を意味する。したがって、ヘラーによれば、道徳の本質とは「倫理的権力」、つまり「人々が最大の犠牲をも払うことを可能にする権力」である。道徳にはもともと犠牲を是とし、犠牲を強いる力が内在している。

私たちは、道徳は平和な共存を促進するものであり、道徳的な人間は戦争や暴力に勇敢に立ち向かうと素朴に考える。しかし、それはひとつの思い込みにすぎないかもしれない。ノームやヘラーの分析は、「道徳と暴力との親和性」が決して偶然ではないことを教えてくれる。道徳的であろうとすることで、人間は自己犠牲の姿勢を内面化し、ある根本的弱さを抱え込む。このことを意識しておくことは、「国民道徳論」の問題を考えるさいにも重要である。

「道徳と暴力との親和性」という前提にたてば、「国民道徳論」について単純な批判は成り立たないように思われる。「皇国的精神」を強制し、国民を「滅私奉公」へと駆り立てた天皇制と侵略戦争のためのイデオロギーであったと断罪し、「悪の道徳」として一方的に葬り去ることはできないであろう。「国民道徳論」には、道徳の本質に訴える側面もあった。他方で、「教育勅語」の基本精神と内容は正しかったが、それを悪用した軍部と政治家に問題があったという見方も修正されなくてはならない。必要なのは、「道徳と暴力との親和性」を視野に入れたうえでの批判であり、「弱さ」を巧妙に利用した道徳装置としての「国民道徳論」の実態をあばきだすことである。

3■「以下の存在」の発見

道徳と戦争の協働

もうひとつ、「道徳」についての一般的な考察をしておきたい。「道徳と戦争の協働」についての考察である。慰安婦問題や生体解剖、そして南京虐殺といった、日本人の犯したおそるべき戦争犯罪が問題となるとき、私たちが抱く素朴な疑問がある。忠孝一体の「国民道徳」を教え込まれた国民たちは、戦時の狂気もあいまって、ひたすら国家の奴隷となり、殺人鬼となったのだろうか。加害者はいったいどのような道徳観をもっていたのか、そのような残虐行為を阻止するような道徳心からの働きかけはなかったのか。

「道徳と戦争の協働」は、言うまでもないことであるが、決して戦前日本の国家体制の特殊現象であったわけではない。したがって、現在の問題でもある。たとえば、インドの女性作家アルンダティ・ロイの悲痛な訴えに耳を傾けてみよう。アメリカ合衆国によるアフガニスタン攻撃にさいして書かれた文章の一部であり、「道徳の帝国主義」を糾弾することばである。

アメリカ合州国政府が「無限の正義作戦」とか「不朽の自由作戦」とかを神聖なものとして推し進めると、わたしたち第三世界の人間は、恐怖に打ち震えざるをえないのです。なぜならわたしたちは、誰かのための「無限の正義」が、ほかの人にとっては「無限の不正義」となることを知っているから。誰かにとっての「不朽の自由」が、ほかの人には「永続する屈従」を意味するのだから。(10)

戦争を始めるには、道徳が必要である。敵を断罪し、戦闘の必然性を語るためには、「正義」や「自由」といったことばが必要となるが、いずれも道徳のことばである。「人道」や「救援」などのことばで戦闘行為が記述され、勇気をもって悪に立ち向かう英雄が誕生する。二〇世紀の哲学は、文明のただなかにあってナチズム(「血と大地の神話」と「ホロコースト」)を経験したために、「文明と野蛮との野合」をテーマとしなければならなかった。それにたいし、二一世紀の哲学は、道徳と戦争の関係について真剣に議論しなければならないと思われる。

動機は切り離すことができる

道徳は、一般に戦争を阻止しうるものだろうか。この問題に関連して、私たちはカントの『人倫の形而上学への基礎づけ』を読んでいるときに、ある問題にぶち当たった。つまり、近代道徳論の基礎であり、人の行為の道徳性を「結果」からではなく「動機」に関して吟味するという近代道徳のパラダイムを確立したテクストを読んでいるときだ。若い女性によって、次のような問いが出された。「ある人が殺人を犯そうとしているとき、その殺人を阻止する目的でこの人を殺すことは正当な政治的決断ではないでしょうか。戦争における殺人行為について、行為そのものの動機を問題にすることが意味あることなのでしょうか」。

この女性は、戦争における殺人の動機は政治的判断であって、現場で殺人を行う兵士たちの動機ではないと指摘している。彼らの行動の動機ではあるが、しかし、彼ら自身の動機ではない。彼らが責任をもって語りうる動機ではない。兵士たちは命令に従っているだけなのである。戦闘行為の「真の動機」は、どこか別のところで、たとえば軍の上層や政治家が語りうるものである。戦闘現場においては、動機は不在である。動機と行動と行為者――この三つは、通常の行為であればひとつの統一をなすはずだが、それらがお互いバラバラに切り離されている。

自分の行動を自分では動機づけることもなければ、そうすることもできない。したがって、道徳的責任も取りようがない。そのような事態こそ、戦争において道徳を機能停止させるカラクリではないか。したがって、行為の動機だけを問題とするような道徳観は、たとえ意図的にではないにせよ、たやすく「道徳と戦争の協働」を容認してしまう。

「以下の存在」の発見

道徳は戦争を阻止するのではなく、逆に強化することもある。このことについて、もうひとつ別の観点から見てみよう。

ドイツの哲学者マックス・シェーラーは、カント的な「動機の道徳」にかえて、実質的な価値の倫理学を構想した。価値を重視するシェーラーにとっても、「戦争は殺人ではない」。それは次のような理由による。(11)

同じ人間でありながら、なぜ、敵は「殺されてもよい存在」なのだろうか。「敵」と「味方」とが区別されるからではない。「戦争は殺人ではないのだ」。「殺人」とは「人格的価値の担い手を抹殺すること」であり、「殺人」の成立を決定するのは、人の生命が抹殺されたかどうかの事実ではなく、その人間をどう位置づけるかの価値づけである。「敵」には人格が認められない以上、戦争において「殺人」はありえない。

シェーラーの議論の特徴は、「敵・味方」という区別に言及しない点にある。「敵・味方」の区別は、国家や政治の権力による恣意的な区別である。それにたいし、シェーラーは「敵」を価値の問題として説明する。「敵」とは、「友と味方」に対立する存在ではなく、端的に「価値のない存在」である。だからこそ「殺されてもよい存在」である。

「殺人」という概念が成立するためには、「人格的価値の発見」がなくてはならないとシェーラーは言う。

しかし、「人格的価値の発見」とはいったい何を発見することなのか。それまでの人間のありかたに新しい高貴なありかたが付け加わったのか。いや、そうではない。逆に、「価値のない存在」、つまり「人格以下の存在」が発見されたことを意味する。この「以下の存在」が発見されることで、それまでの人間存在が底上げされ「人格」となる。これが、戦争における殺害を正義の行為として承認し、戦場で道徳を機能停止させるカラクリであろう。

ドイツの作家エルンスト・ユンガーは、第一次大戦という大量虐殺の場面を体験したのちに、『痛みについて』(一九三四年)というエッセーを書いた。このエッセーは、人間存在が「戦闘機械の知能部品」へと転落してしまった状況を鋭く指摘する。「戦闘機械の部品」に動機などあろうはずもない。ユンガーには、戦争がやすやすと「以下の存在」をつくりだし、そのことで、いかに容易に「動機なき行為」を可能にしてしまうかがわかっていた。[12]

ユンガーの「機械の知能部品」以外にも、ハイデガーの言う「人間資源」など、二〇世紀においては、絶えず「以下の存在」が発見されてきた。「国民以下の存在」であった戦前の日本の女性たちも、そのような「以下の存在」である。こうした「以下の存在」たちは、現実にさまざまな社会的暴力の対象となったが、その道徳論的な意味は何だったのだろうか。

近代普遍道徳の暴力

こうした「以下の存在」は、「普遍道徳」の限定適用を可能にする。近代道徳には、近代以前の「徳の道徳」や慣習的な倫理規範とは異なって、普遍道徳でなければならない要請がある。つまり、近代道徳は人間の平等なありようを前提としなければならない。特定の集団や身近な存在を道徳的に優先することは許されない。しかし、ヘラーが言うように、道徳の本質が自己犠牲の姿勢であるとすれば、身近な存在にたいしては自己犠牲を払うことができるにしても、誰に対しても、どのような人にたいしても同じように自己犠牲を払うことは大変難しいことである。ほとんどの場合、それは不可能である。したがって、この難問を切り抜けるために、近代の普遍道徳は、「以下の存在」を発見することで、道徳の限定適用を行使した。道徳が適用されない存在を「以下の存在」と理解させることで、みずからの普遍性を確保しようとした。「以下の存在」たちは、普遍道徳が自分たちにたいしては適用されないがゆえに、他のすべての者たちにたいして適用されるかのような幻想を可能にしてきたのである。したがって近代道徳は、「以下の存在」たちにたいしてはすさまじい暴力を認容してきた。この近代的暴力を鋭くあばきだしてきたのが、ジェンダーの視点である。

「国民道徳論」は、道徳論としては、前近代的な特殊主義的性格と近代的な普遍主義的性格の両方を持ち合わせている。最初から西洋近代への対抗意識から構想されたために、日本独特の道徳論であろうとし、国粋主義的な性格をもっていた。しかし同時に、近代日本の「国民一般」のための道徳であろうとしたのであり、その意味で普遍主義的な道徳論の側面もある。和辻哲郎は一九三二年という時点で、「国民道徳論」のこの矛盾した性格を批判的に分析して、「国民道徳」は「国民としての性格」を持つ限りの人間に当てはまる道徳ではないか、と問いかけている。[13]「国民道徳論」なるものは、「国家」に対しての国民のありかたを規範づける特殊道徳であって、人間存在一般の規範であろうとしてはならない。和辻哲郎には、近代普遍主義の暴力がわかっていたのである。

しかし、吉田熊次や井上哲次郎をはじめとして、「国民道徳論」を唱えた人々が、近代的暴力の構図を意識していたとは思えない。彼らはほとんど本能的に西洋近代に反応したように思われる。後進国の烙印を押されないために、近代的形式に盲目的に追従しようとした。したがって、「自分たちの道徳」を構築する決定的なチャンスを逃してしまったと言える。

では、具体的になにが「道徳の近代化」において「失われたチャンス」だったのだろうか。

二重の疎外状況

近代国家としての日本は、明治維新によって一足飛びに近代国家へと移行しなければならなかったが、そうした急激な社会変動のなかで、近代的な軍隊をはじめとして、近代的法体系や経済産業構造など、「近代的な社会体制」を急速なテンポでつくり上げなくてはならなかった。それは、困難で抑圧の多いプロジェクトであったであろう。しかし、「近代のプロジェクト」の抑圧がもっとも大きかったのは、近代的な道徳規範の体系をつくることにおいてではなかっただろうか。問題は、「道徳の近代化」というプロジェクトがそもそものはじめから矛盾した性格をもっていたことである。

井上哲次郎は、「教育勅語」の解説書である『勅語衍義』を著すにさいして、ヨーロッパと日本とのあまりに大きな違いに言及している。「燦然タル文物ヲ観タルノ眼」で日本の現実を見れば、その違いは心が痛むほどである。日本における社会改良と近代教育が早急に必要であると。[14] 次第に天皇制神話としての性格を強めていった井上の国民道徳論も、その初期においては、近代的な社会体制の確立という任務を持っていたのは確かである。しかし同時に、この近代的な道徳体系は「国民精神」を体現すべき国民道徳であり、日本民族と日本国家の比類なさを示すものでなくてはならなかった。和辻哲郎は、国民道徳論プロジェクトの基本的なモティーフが「西洋倫理学に対抗する意識」であったことを指摘している。西洋への対抗意識が「主体不在」の道徳論を生み出すこととなったのである。こうして、西洋近代との歪んだ関係がそのまま国民生活のレベルにまで持ち込まれることとなった。しかし、「失われたチャンス」という観点で考えてみると、日本における「道徳の近代化」は、かならずしも国家的プロジェクトとしての「国民道徳」となる必要はなかった。人々の風俗や慣習のなかで培われ、時を経るなかで蓄積されてきた具体的な道徳文化をもとに、規範体系の近代化を試みることもできたかもしれない。

たとえば、西村茂樹の『日本道徳論』(一八八六年)は、そのような試みであった。[15] 西村は、一方で伝統的規範文化にたいしてきわめて冷静な判断を下している。日本においては人心団結の基盤が失われてしまった。「仏道」は庶民の信仰にだけ生きており、「日本の中等以上の人士」は道徳の根拠を失い、「神道」の教えは非合理的にすぎる。そして「儒教」は、社会的に適切でない歴史的に遅れた部分がある。西村は、この冷静な判断を基盤として、儒教的伝統と西洋哲学との創造的折衷主義を構想したのである。

しかし、西村のような人々の考え方は「国民道徳論」の主流とはならなかった。したがって、明治期から敗戦にいたるまでの道徳論は、いわば二重の疎外状況にあったといえる。まず内容的な疎外があった。日本主義的な道徳論構築のために、「武士道」というきわめて限定された領域で妥当していた封建道徳を、無理やり「国民道徳」にしようとしたのである。他方で、西洋の倫理思想の輸入が盛んに行われることで、当時の道徳観そのものが伝統的な規範文化から切り離されてしまう疎外があった。このような疎外状況のなかで、近代の日本は「自分たちの道徳」を築き上げる基盤を失ってしまったのではないだろうか。ここで、「自分たちの道徳」ということでかならずしも「日本特有の道徳」を理解する必要はない。

クリスチァン・コースガードは、友人や家族など、親密な人間関係が規範性構築に大きな意味をもつことを明らかにしている。[16]「情緒的な規範力」としての感性は、親密な人間関係のなかで醸成される。豊かで親密な人間関係は、宗教心と並んで、道徳規範にとって重要である。道徳において親密な人間関係がとりわけ重要なのは、規範性が具体的な実感をもって体験できるからである。義務や正義といった抽象的な観念ではなく、生活を支える豊かな規範の力を感じ取ることができるからだ。

近代の日本においても、親密な個人的関係こそが、急速な西洋化・近代化のプロセスの渦中にありながら「自分たちの道徳」を築く具体的な手がかりであったであろう。しかし国民道徳論は、「近代化への重圧」のなかで、この唯一の具体的な手がかりを有効に使うことができないばかりか、それを国体イデオロギー形成のための手段にしてしまったのである。親子関係を基盤とした「孝」の儒教的道徳は、封建君主にたいする「忠」の規範によって天皇制へと回収され、「忠孝イデオロギー」として全体主義的国家体制を強化する機能を果たした。女性関係の方は、「教育勅語」の「夫婦相和シ」のイデオロギーとなり、女性たちを「家」という場に固定し、「従属し奉仕する存在」というかたちで国家体制へと動員するための基礎となってしまった。こうして人々は、「道徳の近代化」によって人間関係の具体性からも、風俗慣習の連続性からも切断されてしまうことになった。したがって、「道徳の近代化」において「失われたチャンス」はジェンダーの問題と深く関係している。

4 「道徳の近代化」における「女たちの場」

「女たちの場」といくつかのずれ

日本近現代の倫理思想史をジェンダー論の視点から研究する人々がいちように指摘する事実がある。近代化によって、日本の女性たちは解放されたのではなく抑圧されてしまったという事実である。近代化が進展するにつれて、家父長主義的な社会構造が次第に浸透していった。女性たちは社会活動の場を失い、次第に「家」のなかに閉じ込められていった。この事実と関連して、もうひとつ驚くべき事実がある。

近代化が開始されたきわめて早い時期から、福澤諭吉や森有礼など、日本の思想家たちはさかんに「婦人解放」や「夫婦同権」について論じてきた。日本近代は「ジェンダー」について沈黙したのではなく、むしろ、おびただしく語ってきたのだ。それも、私たちの予想に反して、家父長主義的で反動的なスタイルではなく、むしろ進歩主義のスタイルで語ってきたのである。「女たちの場」は、現実の社会体制と道徳論の言説とでは、まったく反対のベクトルをもっていたように思われる。この矛盾をどう解釈すべきであろうか。

「女たちの場」については、いくつものずれがあったように思われる。たとえば、女性が社会的に差別されてきた事実は、女性たちが「価値のない存在」であったことを意味するのではない。むしろ、日本の男性思想家たちは大いに「女性依存的」であったとも言える。彼らが、生活人として女性たちの世話にまったく依存していたというだけではない。感情的には「母体との一体感」(甘え)に依存していたし、「女性たちの従順と貞節」があってこそ(「婦人は別に主君なし。夫をまことに主君と思いて、うやまいつつしみてつかうべし」、貝原益軒『和俗童子訓』巻之五)、道徳的な自負を持ちえた。

しかし、より重要なのは、思想的にも「婦人問題」に依存していた点である。それは、「教育勅語」以降に出版された国民道徳論や倫理学概説が、「天皇」をめぐる前近代的な神話的言説か、あるいは、西洋哲学理論の輸入翻訳に終始しているなかで、「婦人問題」の項目だけはかろうじて首尾一貫した近代的な議論となりえている事実に見て取ることができる。

たとえば、国民道徳教育の中心人物のひとりであった吉田熊次は、文学において見られる「藤原氏時代迄の女子」の闊達さと自由とに言及し、女性蔑視が歴史的に生成してきた抑圧的構造であると指摘している。[17] あるいは、道徳論の根本に「国体」論をかかげ国粋主義的な議論をしている亘理章三郎も、婦人問題に関しては近代的な観方をしている。婦人問題を社会問題と並ぶ個人の「権利問題」であると捉えている。[18] さらには、日露戦争後の国粋主義哲学の旗頭であった井上哲次郎ですらも、「女性たち」について語るときには自国の後進性に批判的に言及しているのである。

伝統の捏造

したがって、「道徳とジェンダー」という問題を考えるさいには、単純なフェミニスト批判の視点では充分でない。「国民道徳論」が問題とする「婦人たち」が、かならずしも現実の女性たちのありかたを映し出したものと受け取ることはできない。女性たちの思想的な場所は、女性たちの現実の場所ではなかった。

急激な社会変動の時代にあって、封建的な家庭を生きる場にできた女性たちはむしろ少数派であったであろう。たとえば、社会運動家の山川菊栄は女性解放運動の視点から母親の生涯を語っているが[19]、そこには、明治初期の封建的士族の家庭に育った女性たちの流動的でたくましい生き様が描きだされている。彼女たちは、激動のなかで生きていかなくてはならなかったし、そのために、さまざまな学問や職業を試みたのである。たしかに、当時の多くの女性たちがそうであったように、周辺的な存在は、既存の価値観や社会秩序により支配されており、自由な裁量をもたない。そのために、既存の価値をより容易に内面化してしまう。しかし同時に、社会秩序への統合がゆるいために、既存の価値観を離れた考え方ができ、より客観的で合理的な判断や行為ができる。明治期の女性たちも、部分的には、封建体制に束縛された存在ではなく、そのような流動的な存在であった。人間の生きる姿というのは多様である。したがって、マクロ・レベルでの近代化が、個々の女性たちの生き方というミクロ・レベルにたいして与えた影響もさまざまであったであろう。

では、「国民道徳論」はどのようにして、この多様性を抑圧し、女性たちを家父長主義的で国家主義的な単一構造につなぎとめることができたのだろうか。しかも、近代的な進歩主義の言説によってそれを成し遂げることができたのだろうか。

近代化の過程は、「伝統の創出」の過程でもある。「ひとつの伝統」を捏造することで、共同体や個人がもっている具体的で多様な文化資源を抑圧的に集約してしまう過程でもある。道徳についても同じである。「国民道徳論」は、近代進歩主義的な「人格上の対等」を唱えることで、ある架空の伝統を創り出したように思われる。それは、「儒教的因習」という伝統である。「儒教的因習」という名前のもとで、「男と家との奴隷的存在」としての前近代的な女性像を流布させていったのである。「儒教的因習」という架空の伝統を創り出すことで、女性たちの実生活のなかに息づいていた多様な伝統を破壊したのである。その意味で、「国民道徳論」は軍国主義の道具としてよりも、近代的暴力のメディアとしての役割が大きかったのではないだろうか。

5■「道徳の不在」という問題

メディアとしての「国民道徳論」

近現代の日本でもっとも体系的な道徳論である『倫理学』を書いた和辻哲郎は、一九五二年に戦前の国体への批判をこめて次のように論じている。[20] 明治初期の啓蒙思想家たちのなかには、近代国家日本における「道徳の不在」を自覚し、近代化（西洋哲学）と伝統（儒教思想）との融合に新しい道徳の可能性を見た人もいた。和辻は、「教育勅語」の本来の意図もそのような融合であったと断言する。その意図は、「江戸以来の伝統的な道徳思想を生かせつつ、しかもそれを西洋の道徳思想と調和させるということにあった」。[21] したがって、和辻によれば、近代日本の道徳論は少なくとも「教育勅語」までは、みずからの伝統的道徳文化と連続的な関係にあったという立場に立っている。

もし起草者がここに、水戸学を援用したりなどする代わりに、日本史第二期における人倫的国家の理想をかかげ、正義の実現を念とすることを国体の精華と呼んでおいたならば、その他の部分は全然同じであっても、この後に起きたような国体論の弊害はすべて避けることができたであろうと思われる。[22]

和辻の批判は、「道徳の近代化」の基本性格を的確に把握しているとはいえ、問題を学者間の単なる勢力争いに還元してしまう。この和辻の批判を、ジェンダー論的な視点から修正補強してみよう。「道徳の不在」は、「儒教的因習」というかたちで「女性的な存在」を創造したことと、つまり、「私的・周辺的・後進的存在」(「以下の存在」)としての女性像を創り出したことと関わっている。そうした女性像は、現実の女性たちを「抑圧された存在」として再コード化することで、現実の女性たちのもっている多彩な力をたわめ押さえ込んでしまった。しかし、もっと深刻だったのは、それが「儒教的因習を克服して近代的な国民道徳へ」という筋書きで、ある虚構の物語を語り、日本の「道徳についての記憶」を消し去ったことである。

リベラルな抑圧——井上哲次郎の「婦人論」

以下では、戦前の国体のために「国民道徳論」を展開した井上哲次郎の「婦人」論を考察することで、近代化による女性存在の抑圧がどのようなディスクールの戦略によって行われたかを見てみよう。

井上は、「教育勅語」の解説書『勅語衍義』を著し、きわめて国粋主義的な思想で天皇制日本のナショナリズムを推進した人物である。一九二五年に出版された『我が国体と国民道徳』[23]には、「婦人問題の過去、現在及び将来」と題された附論がある。『我が国体と国民道徳』は、今日から見ればきわめて国粋主義的な書物である。全編が、日本の国体がいかに世界に冠たるものであるか、天皇制が、天皇という人格に関しても神話的伝統という意味でも世界に唯一たるすぐれた政治体制であることを繰り返し述べることに費やされている。そのなかにあって、婦人論は異色であり、独特なアクチュアリティに満ちている。

まずタイトルからして、「過去、現在及び将来」という歴史的・社会的文脈の変遷を意識したものになっている。

冒頭において、「婦人問題」が日本の近代化にともなって生じた社会問題のひとつであることが明記される。そしてこの問題が、「どう考えるべきか」、「どういう方針をとるべきか」という個人の態度決定を迫る問題であることも述べられている。その冒頭を引用してみよう。

婦人問題と云っても、中々広範な問題であるからして、総ての方面に亘ってこれを論ずると云うことは、固より容易なことではない。元来ここに婦人問題として論ずるのは我日本の婦人問題に限定したいのである。我日本においては婦人問題は、明治年間以来起っているのであるけれども、併しながら大戦後は一層この問題の解決を急ぐようになって来たのである。即ち色々外来思想の輸入と共に、社会問題が論議されて居る場合であるが、婦人問題も亦これとともに、色々と論議されて居るのである。そうして殊に性欲問題であるとか、貞操問題であるとか、恋愛問題であるとか、さまざまな婦人に関する問題が起って居る。それであるから一層この婦人問題についてはどう我々は考うべきか、どう云う方針を執るべきであるか、道徳上随分重大なる問題であると思う。(24)

井上は、「婦人問題」の基本を二つの問題、つまり「解放問題」と「貞操問題」ないし「恋愛問題」として捉える。そして、こうした問題の根底に「女性観」、とりわけ伝統的な儒教的女性観と女性差別的結婚観があることを指摘している。井上の「婦人論」は、一読した限りでは、今日の観点から見てもかなりリベラルな議論のように思われてしまう。進歩的・近代的体裁がある。議論の基調は、伝統的差別的な女性観や「嫁」観、なかでも家族生活の破綻をひとり女性たちの責任と見なす「女大学」的な考え方を批判し、女子教育とりわけ女子高等教育の推進や「男女共に対等の人格者としての」新しい貞操観の必要性を説いている。井上の主張する「女性解放」は次の五点にまとめることができる。

1　女性たちは、儒教的な男尊女卑の社会通念から解放されるべきである。
2　日本における伝統的な女性観は神道的なものであって、儒教や仏教の伝統ではない。神道においては女性崇拝があった。女性たちはこの本来の伝統にこそ依拠すべきである。
3　社会問題としての女性差別は「女子教育」の差別に象徴される。女性にたいしても大学の門戸を開くべきである。
4　女性の人格を男性の人格と対等に扱わなくてはならない。対等とは、悪平等ではなく、男女の分業のことである。
5　公娼制度こそは女性の奴隷化である。

しかし、ジェンダー論の視点で読めば、解放論や男女関係論という姿をとってはいるが、井上のこの「婦人論」がきわめて抑圧的に働く装置であることがはっきりするであろう。問題は、学校教育者に向けて書かれたこの書物を介して、女性たちがどのようなメッセージを受け取ったかということである。テクストは、巧妙なかたちで女性たちの自己理解をコントロールする。今挙げた五つの点に関して、それが一般にどのようなメッセージを伝達するメディアであるかを考えてみよう。

女性たちは、(1) 自分たちの置かれたジェンダー秩序が前近代的な社会通念によって支配された秩序であり、近代的な国民国家のジェンダー秩序ではないこと (自己の後進性の意識)、そして、(2) 儒教的背景をもつ伝統的道徳が実は偽りの伝統であって、神道的な原始フェミニズムの伝統へと回帰すべきであること (自己の伝統の剥奪)、(3) 女性差別は、女性差別一般なのではなく、教育されるべき存在としての未熟な存在が受ける差別であること

(女性差別を未熟者差別へと転換すること)というメッセージを受け取るのである。さらには、(4)「平等」という基本概念も「対等」という概念へ移し変えられることで、「男女分業」に無力化されてしまい、(5)自分たちが実感できる「エロスの力」は、卑しい奴隷の力である、というかたちで蔑視するようになってしまう。リベラルな解放を唱える言説が、女性たちをより深い抑圧へと追い込むのである。

6■最後に――「伝統への権利」ということ

記憶の不在と伝統への権利

ジェンダーをめぐっては、さまざまなかたちで虚構の伝統が創りだされる。それと同じくらい虚構の解放も創りだされる。人々の意識のなかで「伝統」が有効に働きはじめるのは、まさにそうした「伝統」が「現在」となるときである。

福澤諭吉をはじめとして明治の思想家たちが「婦人論」を展開したとき、彼らの多くは儒教的因習としての「七去」の戒めを批判した[25]。「七去」とは、他家に嫁いだ女性たちがその家を去らなければならない七つの根拠を示した教えである。彼らの意識のなかで「伝統」と理解された「七去」は、おそらく明治初期の女性たちの現在であり、それは彼女たちの流動的なありかただったのであろう。そうであれば、「七去」を批判することの意味は、女性たちの社会的・思想的流動性を「因習」としておとしめ抑圧することであり、彼女たちの現実を記憶から消し去ることである。

言説化された近代化は、「伝統の物語」と「解放の物語」が奇妙に交錯する場である。そこでは、過去と現在が混在する。『婦人問題の過去、現在及び将来』は、一九二五年当時の「家」に呪縛されていた日本の女性たちにとっては、もはや自分たちとは無縁の思想であり、遠い過去と思われたに違いない。二〇〇六年の日本の女性にとって、このテクストは不思議に現在的である。それは、女性たちの近代化を、なにか進歩のようなものを、なにか解放のようなものを美しい夢のように描いてみせる。しかし、同時に、それが一九二五年に書かれてしまったことで、解放はあくまでも夢であって、女性たちの現実ではないことも意識させるのである。

このように見てくれば、道徳においては、日本の私たちはまだいささかも近代化していないのではないかという眩暈のような感覚に襲われる。そして、なによりもおそろしいのは、これら声高に語られた道徳論が、私たちの道徳的過去についての記憶を消し去り、私たちから具体的な人間関係の世界を奪い、虚構の近代化の物語を語ることで私たちをもっと野蛮へと駆り立てることである。

だがここで、もういちど冒頭の問題に帰らなくてはならない。東アジアにおける「道徳の共同構築」という課題に向けて、日本の哲学にはなにができ、私たちはなにをすべきなのか。私には、この問いへの答えは明らかであるように思われる。「国民道徳論」のような近代的暴力の歴史を批判的に分析し、この暴力によって失われてしまったチャンスを甦らせることである。そのためにもっとも有効なのは、日本が戦争と暴力によってつくり上げようとした「近代化と国民化の物語」としてではなく、思想の共同体としての東アジア的立場で、そして「情緒的な規範力」の道徳というかたちで、自分たちの伝統と歴史を語り直すことではないだろうか。

注

（1）　東京大学「共生のための国際哲学センター」（UTCP）で二〇〇五年三月に行われた洪潤基（韓国・東国大学）の講演「ハーバーマス理論と東アジアにおける普遍倫理学」による。

(2) その意味で、東アジアの道徳は「ケアの道徳」との共通性がある。

(3) 「国民道徳論」の道徳論としての意義については、森川輝紀『国民道徳論の道 「伝統」と「近代化」の相克』(三元社、二〇〇三年)を参考のこと。

(4) 山住正己『教育勅語』朝日新聞社、一九八〇年、一九一頁。

(5) これは、東京大学・教養学部において筆者が行った比較思想論の授業「道徳の近代化」を参考としている。

(6) 山住正己『教育勅語』九頁参照のこと。

(7) ハリー・ハルトゥーニアン「国民の物語/亡霊の出現——近代日本における国民的主体の形成」(『日本の歴史 第二五巻 日本はどこへ行くのか』講談社、二〇〇三年)。

(8) Gil G. Noam : Moralisches Verhalten : Brauchen wir ein 〈Selbst〉?. In : *Moralisches Urteil und Handeln*, Frankfurt am Main, 1999, S. 340-376.

(9) Agnes Heller, *A theory of modernity*, Malden, Mass., 1999.

(10) アルンダティ・ロイ(本橋哲也訳)『帝国を壊すために 戦争と正義をめぐるエッセイ』岩波書店、二〇〇三年、三一頁。

(11) Vgl. Max Scheler, *Der Formalismus in der Ethik und die materiale Wertethik*, Bern und München, 1980 (6), 318 ff.

(12) Ernst Jünger, *Über den Schmerz. In : Sämtliche Werke*, Bd. 7. Stuttgart, 1980.

(13) 和辻哲郎「国民道徳論」(『和辻哲郎全集』第二三巻、岩波書店、一九九一年)。

(14) 井上哲次郎『勅語衍義』(『シリーズ日本の宗教学2 井上哲次郎集』第一巻、クレス出版、二〇〇三年)、一頁。

(15) 西村茂樹『日本道徳論』訂正三版、哲学書院、一八九二年。

(16) Christine M. Korsgaard, *The Sources of Normativity*, Cambridge, 1996, 126 ff.

(17) 吉田熊次『国民道徳の教養』弘道館、一九一三年、一四三—一四四頁。

(18) 亘理章三郎『国民道徳序論』中文館書店、一九二九年、六六四頁。

(19) 山川菊枝『おんな二代の記』平凡社、一九七二年。

(20) 和辻哲郎『日本倫理思想史』第六篇「明治時代の倫理思想」参照のこと。『和辻哲郎全集』第一三巻、岩波書店、一九六二年、三八一頁以下。

(21) 同書、四四二頁。

(22) 同書、四四三頁。
(23) 井上哲次郎『我が国体と国民道徳』廣文堂書店、一九二五年。
(24) 同書、四三六頁(旧字体を筆者が新字体に改めた)。
(25) 石川松太郎編『女大学集』平凡社、一九七七年。ここに収められた貝原益軒の『女子を教ゆる法』から福澤諭吉の『新女大学』まで、さまざまな女訓は多く「七去」の説を論じているが、それは逆に言えば、いかに女性の流動性が意識されていたかの証拠であろう。女性は、「他家へ嫁ぐ」という意味でも、家父長的な家のありかたを左右するという意味でも、社会流動性の低い階級社会には比較的流動性・移動性の高い集団である。これと関連して、柳田國男が指摘している「家」の壊れやすさ(柳田『女性史学』参照のこと)も考慮しなければならないであろう。家父長的な家制度であっても、根底ではきわめてもろい制度であった。家長の死や男子が生まれないことによって簡単に崩壊しうる制度であり、そのために逆に堅固に保持しなくてはならないものであった。家のもろさは、女性性のありかたに直結している。

台湾における法の近代化とフェミニズムの視点

平等追求とジェンダー喪失

陳昭如

1　ジェンダーの可視性と不可視性

平等を追い求める過程でジェンダーが見失われる——この記述は一見自己矛盾のように見える。なぜならば、もし平等が、あらゆる者がその性別（および種族、階級、宗教、性的志向性など）によって差別されることなく平等に処遇されることを意味するのならば、平等を追い求めることはすなわちジェンダーの平等を追い求めることであり、ジェンダーを忘却することはありえないはずだ。もしジェンダーの平等も含めて、あらゆる者の平等を保障することが近代的法制度の特徴の一つであるのならば、法律の近代化はまさに法律がジェンダーの平等を保障することを意味し、ジェンダーの可視性もまた当然であるはずだ。

「等しいものは等しく、異なるものは異なって扱う」という、アリストテレスの平等思想は、多くの場合、平等のために性別を無視しなければならないことをわれわれに教えている。「同じ者は同じように処遇し、異なる者は異なって処遇する」ことは平等であり、「同じ者を異なって処遇し、異なるものを同じように処遇する」ことはすなわち不平等である。言い換えれば、同じ待遇は原則であり、異なる待遇は例外である。この原則の下で、性差を否定することはジェンダー平等の前提である。なぜならば、女は男と同じであることを証明しないかぎり、男と同じ待遇を受け、平等に処遇されることはないからだ。リベラル・フェミニストたちは言う、「女は男と同じように公民である。だから、男の享有する参政権は女にも認めるべきだ。男の経済的独立と自己実現のための仕事の場から女を排除してはならない」と。この論理に従えば、「平等を追い求めるために性別を無視する」というのは自己矛盾の記述でないばかりか、きわめて合理的なものとなる。換言すれば、平等の前ではジェンダーは姿を消さなければならない。すなわち「性別を分けない」(irregardless of sex/gender) あるいは「中性」(gender neutrality) ということだ。

「性別を分けない」平等は、近代化の過程ですでに平等の定義の主流となっている。例えば、台湾の現行憲法第七条は「中華民国の人民は、男女、宗教、種族、階級、党派にかかわらず、法の下にすべて平等である」と規定し、日本国憲法第一四条は、「すべての国民は、法の下に平等であって、人種、信条、性別、社会的身分又は門地により、政治的、経済的又は社会的関係において、差別されない」と規定している。そのいずれもアリストテレスの平等思想 (Aristotelian equality) に基づいている。このような平等の論理は「形式的平等」(formal equality) と呼ばれ、「分けない」ことを追求し、「区別」を無くすことがその理論的真髄である。

しかし、形式的平等の論理は平等に関する唯一の定義ではない。それに対抗する主な論理として、いわゆる「実質的平等」というものがある。法律が「ジェンダーを無視」(gender-blind) すべきだと主張する形式的平等論と違い、実質的平等論はジェンダーの可視化を主張する。この論理は、同じ待遇を以って平等を、異なる待遇を以って不平等を定義しない。確かに、異なる待遇はしばしば弱者の置かれる状況であり、差別の一形態にほかならない。しかし、同じ待遇であっても、必ずしも不平等が生じないとはかぎらない。逆に差別待遇が平等の達成を促進することもありうる。実質的平等の理論は同じ待遇であるかどうかという判断基準から脱却しようと試み、ジェンダー不平等を、性差のもたらす不利益と性差に基づいた差別だと定義する。ジェンダー不平等の権力関係を暴き、それと戦うことが実質的平等の理論的核心である。だからこそ、ジェンダーが見失われてはならない。というのは、ジェンダー不平等の現実においてジェンダーを無視すると、一方の性が他の性より平等になるという状況が生まれ、あるパラドックスに陥ってしまうからだ。すなわち、平等の可能性を想像しようとすると、まず不平等な現実に対して目をつぶらなければならないが、不平等な現実を直視しようとすると、平等の可能性が想像できなくなってしまうということだ[(1)]。

形式的平等と実質的平等をめぐる議論は平等に関する永遠の理論的課題であり、また異なるフェミニズム理論の論争の焦点である。しかも、その議論はしばしば、あたかも世界のどこでも適用できるかのように、普遍主義的な姿で現れるのである。だが、平等に関する議論は、特定の歴史的、地域的コンテクストにおいて初めて意味を持つのである。たとえば、フェミニズム研究者ジョーン・W・スコットは「平等 対 差異」というパラドキシカルな図式を脱構築しようとし[(2)]、地域的・歴史的文脈から、一九世紀フランスにおけるフェミニストの参政権獲得運動を分析すると同時に、普遍的、抽象的な「個人」(the universal and abstract individual) と「市民」(citizenship) がいかに「男」のイメージに従って作り出されたのか、また、フェミニズム的記述／運動がいかに性差のパラドックス (paradox of sexual differences) に陥ってしまうのかといった問題をも探究した。すなわち、一方では、市民としての普遍性を獲得するために性差を否定しなければならないが、他方では女性の置かれた状況を顕在化し、「女として」(as women) の平等を求めるために性差を強調しなければならない、ということだ[(3)]。台湾の文脈においてジェンダーと平等の関係を検討する際には、近代化と西洋化の葛藤も同時に議論しなければならない。さらに日本植民地主義の演じた役割をも無視することはできない。以下、私は二度にわたるジェンダーの喪失を例に、歴史的な文脈において「ジェンダーの不可視化」の問題点を説明し、「ジェンダーの可視化」の重要性を示したい。まずは、法律の近代化と文明化のプロセスが重なり合う日本植民地時代におけるジェンダー関係を分析し、植民地主義に対抗し、平等を追い求める言説と運動のなかで性別がどのように見失われたのかを考察する。次は、ポスト植民地時代の台湾における法体系の整備過程において、形式的平等という概念の主流化に伴い、性別がいかに「国」「家」のなかで姿を消してしまったのかを検討する。

2 ジェンダーの政治――植民地における平等の追求とジェンダーの喪失

法律の近代化と文明化の任務

一八九五年に締結された下関条約により、台湾は日本帝国という新しい統治者を迎え、植民地的近代化（colonial modernity）の道を歩み始めた[4]。西洋帝国主義のオリエンタリズム的な拡張によって、日本は西洋の知識と権力の客体となった。こうした知と権力の体系は、西洋の進歩、文明、理性、近代性と、東洋の停滞、野蛮、非理性、伝統という一連の二項対立的な関係として現れ、西洋の支配的地位を確立したのである[5]。明治維新における伝統と近代性との対立と拮抗も基本的にこのようなオリエンタリズム化のプロセスである。しかし、日本はアジアにおける唯一の植民地帝国として、逆にアジアの植民地でエドワード・サイードの指摘した、被植民者に対する植民者の「優越的位置を保持する戦略[6]」を利用し、「遅れた他者」と「進歩的な母国」を創造したのである。つまり、日本植民地主義は西洋の近代性への憧憬とアジアへの蔑視を内面化し、酒井直樹の言葉を借りると、「批判性に欠けた西洋への同一化と、同じく批判性に欠けた西洋への拒絶の奇妙な共存[7]」として、他のアジア国家とヨーロッパ帝国主義との差異化を図ったのだ。

このような位置において、日本植民地主義の自己合法化の戦略は、自らを文明進化の代表という優越的な地位に位置づけ、植民地を停滞し開化を待ち望むものとみなすことである。台湾総督府民政長官を務め、日本の台湾植民地政策の主導者であり執行者でもあった後藤新平はかつて、台湾は原始的な野蛮人と、ある程度開化されたものの、なお日本に及ばない文明人との混合であり、明治維新以前の遅れた状態に倣って統治するわけにはいかないが、文明的統治に必ず適応できるかといえばそうともかぎらないと、述べていた。(8) その意味で、「旧慣温存」という特殊統治主義は、「植民地における旧来の秩序を尊重する」という戦略を以って、植民地に対する宗主国の優越性を打ちたて、植民地のジェンダー秩序を規定したのである。植民地の文明化という崇高な使命は、日本の植民地支配政策の特殊統治主義から内地延長主義への変容として現れ、法制の面では、文明・進歩を代表する日本法が台湾に適用されること、すなわち法律体系の漸次内地化という形で現れているのである。「内地化」と「近代化」、「日本法」と「近代法」はある程度同義語となり、植民地主義は近代性の一形態として現れるのである。

台湾の旧慣に従って定められた身分法は、われわれに重要な視点を提供してくれた。日本植民地時代の全期間にわたって、台湾人の身分に関する事項は少数の例外を除き、すべて「旧慣」もしくは「習慣」に従うと規定されていた。このような身分法政策は「旧慣温存」という植民地支配の構想と呼応する。「旧慣温存」とは「当地の伝統」に従うという意味だが、「当地の伝統」とは何を指すのか。古い事物や思考様式を意味すると常識的に考えられた「伝統」は、新しく「創られる」こともありうるし、現にしばしば新しく「創られる」ものだったのだ。(9) 植民地法院に与えられた役割は、「伝統」を「発見」し、「確認」することのように見えるが、実際は、「伝統」に関する知を再構築する過程において特定の伝統を権威化することにほかならない。つまり、伝統の内容と効力を「発見」するのではなく、「決定」するのである。ユマ・ナーラーヤンの「文化のパッケージ画像」(the package picture of cultures) という概念を借りるならば、(10) これは一種の「伝統」に対する包装 (packaging) と再包装 (repackaging) にほかならない。植民地法院は新しい語彙を使って伝統を包装することによって、植民地におけるジェンダー秩序への支配を成し遂げたのである。たとえば、法院は蓄妾の合法性を認めると同時に[11]、日本の継受した大陸法の概念に従い、夫と妾との関係を「準配偶関係」と解釈した[12]。また、「同居に堪えられないほどの虐待」であるかどうかを判定する際に厳しい基準を設定し、「殴打の原因と動機への参酌」を要求することによって、事実上、夫の妻を懲戒する権力を認めたのである[13]。

植民地法院が伝統を認定する権力は、文明化の任務を遂行する権力でもある。法律人類学者サリー・イングル・メリーが指摘したように、近代法は植民地主義の産物であり、また文明社会を定義する基準として使われていた[14]。植民地社会は権利意識と文明的な司法制度のない「習慣の王国」とみなされた。したがって、植民地を進化させるために、被植民者を文明化し、優れた大陸法の法律秩序を受け入れさせなければならない[15]。山田示元が明言したように、法院は旧慣を改革する使命を負う[16]。公序良俗の概念は、一部の伝統の法的効力を否定するために使われ、法理の援用は日本法を間接的に導入することとなる。このプロセスにおいて、伝統は台湾女性に対する抑圧の根源とみなされ、近代的な法律文明は女を圧迫から解放する進歩的な力とみなされたのである。妾に離婚請求権を認める判決を出した裁判は、たちまち「蓄妾制度を破する新判決」、「幾百年間虐げられた本島婦人に恵まれた自由と平等の福音」として大々的に宣伝された。法院は判決理由において、「此の如き慣習は妾の人格を無視し天賦の自由を束縛し公序良俗に反する」と述べ、さらに「蓄妾の制は天理に背き人道に悖り文明諸国では之を認めない[17]」という。このように、「文明諸国の理」を掲げて行われた旧慣の改造は、植民地支配を正当化する文明化事業を具体的に遂行したのである。植民者と被植民者の位置関係において、遅れた伝統の被害者とみなされた台湾女性は、植民地社会の劣等的な従属地位の象徴となり、近代性を代表する日本植民者はそれを文明化する解放者となる。つまり、これらの二項対立は互いに定義しあう関係にあるもので、後進的な伝統の台湾と進歩的な文明の日本は互いに相手の存在を前提とするのだ。

しかし、法院は帝国が規範化と文明化の任務を遂行する場であると同時に、被植民者が抵抗し、伝統の定義と権力関係に自ら挑戦する場でもある。不告不理の原則の下で当事者が訴訟を提起しない限り、法院は関係争議をめぐって旧慣や習慣の内容の権威を認定することはできない。言い換えれば、被植民者の訴訟請求がなければ、植民者の法院は伝統を認定する権力を行使できないということだ。したがって、植民地司法制度は、ただ植民者の外から内へ、上から下への支配としてではなく、被植民者の参与と抵抗もある程度含まれたダイナミックな体系として理解しなければならない。被抑圧者が声を発しようとする際に、彼女／彼らには、法律的言語を用い、「植民者のもたらした法律制度を利用して新旧権力構造に挑戦する」[18]という発言の方法もありうる。被植民者の訴えによって、法院は妾に離婚訴訟を提起する権利を与えた。[19]また、人身売買の代金としての結納金の有効性を否定し、[20]結納金の一部を後日に支払うと約束し、支払わない場合すなわち離婚だという特約を禁止した。[21]一連の判決によって、妻には特定の理由で離婚を要求する権利が認められたのである。[22]このように、被植民者は植民者の文明化事業と植民地的近代性の確立に自ら関与することによって、植民地におけるジェンダー秩序に戦いを挑んだのである。

植民地支配への抵抗とジェンダーの喪失

法律の近代化と文明化の過程では「東洋主義の陥穽」(Orientalist trap)が隠されている。すなわち、近代性は進歩と正義を象徴し、伝統は後進性と差別を表象する。「伝統」は棄てるべき過去、「近代性」は欲望される現在と未来として構築されたのだ。だから、平等を求めるためには伝統を否定しなければならない。伝統を認めることはすなわち平等を拒むこと。このジレンマは、被植民者の平等を求める運動において一層複雑な様相を呈する。というのは、多くの被植民者にとって、土着の伝統を保存することは植民地の平等に欠かせない重要な一部分であるからだ。土着性を手放さずに平等を手に入れることは果たして可能なのか。言い換えれば、「異なるが、でも平等(different but equal)」はありうるのだろうか。植民地主義への抵抗にはこのような矛盾と葛藤が見られる。そして、そのなかで女性の問題（the women's question）が常に忘れ去られ、周縁化されてしまう現実を見ると、植民地の平等とは果たして誰のための平等なのか、性別の見えない平等は平等と言えるのか、といった疑問は自ずと浮かび上がってくるのである。

民商法の施行をめぐる論争はその好例である。明治維新を経て、とりわけ民法典の論争を経験した日本帝国にとって、近代性と伝統のジレンマは初めて直面する問題ではない。一九二〇年代の台湾において、内地延長主義が叫ばれているなか、日本民法を台湾に延長すべきかどうかという問題を皮切りに一連の論争が起こった。とりわけ、内地法を延長するのならば、身分法に関して例外を設けるべきかどうかという問題が論争の焦点となった。日本民法をすべて台湾に適用すべきだと主張する「全部施行論」者は、すでに近代化・西洋化を成し遂げた日本の身分法を台湾で施行することによって、内台融和と台湾法の文明化を促進することができると主張する。例えば、高等法院院長を務めた古野格は、日本法はドイツ法とフランス法の模造品であり、二十年前日本民族がこの伝統に反する法律を強制的に施行することによって今日その恩恵を享けているのだから、台湾で強制的に施行するのもなんら不都合がないと主張する。[23]一方、全部適用するのではなく、例外を設けるべきだと主張する「除外例論」者は、伝統と文化の差異を保存することによって、統治を円滑にし、社会的安定を保持することができるという理由で、民事身分法は台湾社会の習慣を尊重すべきで、そのなかの公序良俗に反する部分のみを除外すればよいと主張する。[24]結局、この伝統と近代的日本法のせめぎあいのなかで除外例論者は文化の名の下で勝利を収めた。総督田健治郎が植民地政府の法制官僚とともに東京法制局でこの法律改革の問題を討論した後、内地法律を台湾で漸次施行する場合、「本島の文化的進歩」に見合うようにしなければならないと主張した。[25]内地民法のなかの身分法を暫時台湾に延長しないという決定は、植民者の目に映った台湾と日本との文化的落差を現したのである。

論争のなかで全部施行論者が挙げた論拠の一つは、近代西洋の法制度およびそれをモデルとした日本法の優越性である。なぜならば、近代法は普遍的な価値をもっているからだ。台湾の伝統的な民事習慣法を唱える者でさえも、近代西洋の法制度の先進性を認めざるをえなかった。たとえば、近代西洋の法制度から大きな影響を受けた初代台湾法律家林呈禄は、台湾の民事習慣法は時に日本民法よりも西洋の法的理念にかなっているからこそ、残すべきだと主張した(26)。伝統の保存を力説する者でさえも、伝統と近代性との一致を主張しなければならないという状況は、西洋の法的理念が先進性の指標となっていることを端的に物語っている。

それに対して、一部の植民者から見ると、差異を象徴する土着の伝統は、まさに植民地社会の後進性の表徴であり、台湾で先進的な法律と政策を施行してはならないという主張を正当化する根拠である。一方、文化相対主義と土着主義の立場から本土の伝統を守ろうとする植民地のエリートたちは、植民地で平等を獲得するためには、同化に抵抗し、植民地の特性を保持しなければならないと主張する。だが、たとえ除外例論者でさえも、台湾の旧慣はある程度遅れており、改造が必要だと認めないわけにはいかなかった。土着の伝統の防衛者は、時には台湾の旧慣における封建的な男尊女卑の側面に言及しながら、社会的安定性を理由に旧慣の廃除に反対し、時には民智が未だに開化されていないことを理由に一時的な特例措置を求めるのである。被植民者は一方において統治者の公平な待遇を要求し、帝国臣民としての平等（be equal as Japanese citizens）を求めるが、他方では差異の可視化を望み、台湾人としての平等(be equal as Taiwanese) を獲得するために伝統の保護を要求する。だが、植民地のエリートたちは伝統文化を称揚すると同時に、結局被植民者の従属性を内面化し、植民者によって指定された他者の位置に自らアイデンティファイし、近代性の普遍的価値を承認してしまったのである(27)。

この伝統と近代法との闘争のなか、ジェンダーの平等が無視された。ジェンダーが無視されること自体はジェンダーの政治にほかならない。朝野を問わず、論争に参加した植民者が最も関心を持っていたのは、どのように強固な統治基盤を保持しながら、台湾と日本の法制の統一を実現し、帝国の統合を進めるかという問題にすぎない。同じく、植民地エリートたちも、いかに旧慣制度の利益を守りながら、台湾における漢民族の伝統的な家族制度を変更しないままで日本民法の施行を議論するのか、という問題にのみ関心を持っていたのだ。民法の施行をめぐる問題と女性の置かれた状況との関連に言及したのは、ごくわずかな論説だけだった。[28]「台湾人の権利」「台湾人の利益」「台湾人の幸福と安寧」といった用語が使われていたが、被植民者のアイデンティティを表す「台湾人」という言葉には、果たして「女」は含まれるのだろうか。

確かに、文明化・近代化のプロセスのなか、ホミ・バーバが指摘した植民地における知識人エリートの擬態（mimicry）[29]は、植民地支配に抵抗し、近代性のなかで台湾人の独立解放の道を模索する一つのモデルとして積極的に肯定することもできなくもない。しかし、問題は、誰の独立なのか、誰の解放なのか、ということだ。植民地の女性は、男性と同じく被植民者としての従属的な位置を強いられる。その位置で受けた抑圧の一つは、参政権が認められないことだ。当時ある台湾のフェミニストが皮肉に言ったように、台湾人は男女を問わず参政権がない、これも一種の形式的「男女同権」と言えよう、と。[30]民商法の施行をめぐる論争において、被植民者は近代法の普遍性と植民地の特殊性のジレンマに陥ったが、参政権獲得運動においては、参政権は近代性の象徴として欲望される権利として、「植民地の伝統に反する」という理由で問題化されることはなかった。台湾議会設置請願運動は、植民地の人民が本国の人民と一様に憲法で保障された参政権を享有すべきだと主張すると同時に、帝国議会と区別される植民地議会の設置をも要求した。[31]しかし、当時の婦女運動に女性参政権への要求がすでに提起されたにもかかわらず、[32]平等を求めると同時に植民地としての差異をも強調した参政権運動は、参政権の「性差」を見落としてしまった。たとえば、台湾議会設置請願運動のなか、「施設百般、民意が基、議会を設置、無私の政治、ああ、東方の君子、ああ、熱血の男子」という歌があった。[33]結局、台湾議会設置請願運動は失敗に終わったが、台湾地方自治連盟が推進した参政権獲得運動は部分的に成功を収めた。一九三五年に実施された地方自治選挙は、植民地における平等運動の一大勝利だと讃えられたものの、参政権を認められたのは特定階級の成人男性にすぎなかった[34]。その意味で、台湾議会設置請願運動と地方自治運動は、植民地の男性が男性の参政権を求める運動だったと言ってもよい[35]。

植民地の平等において同時にジェンダーが再び見失われた。この事実は、植民地主義と家父長制に同時に抵抗しなければならないことを示してくれた。当時内地の女性も台湾女性と同じく選挙権が認められなかった。植民地の住民に「本国の住民と一様に」参政権を与えることが植民地の平等だとするのならば、男性のみに選挙権が認められることも「同じ待遇」という点で一種の平等と言えよう。植民地の男性には植民者の男性と同じように参政権を認め、植民地の女性は植民者の女性と同じように排除される。植民地支配への抵抗運動は植民者と被植民者との主従関係を打破しようとしたが、家父長制と植民地主義との複雑な抱合関係には挑まなかった。植民地主義に対抗し、平等を求める運動において、参政権から女性を排除した家父長制が温存されたことは、すなわち要求された植民地の平等が特定の性別の平等にすぎないということだ。

3 脱性別化の困惑――ポスト植民地時代における近代性とジェンダーの喪失

憲法におけるジェンダーの形式的平等の実現

一九四五年、第二次世界大戦の終結は、同時に日本植民地支配の終焉を告げた。しかし、植民者の退去は即座に被植民者の自由を意味するのではない。ポストコロニアル社会は植民地主義の永遠の被害者ではないが、帝国の構造と過去を完全に乗り越えることもできない。サイモン・ギカンディが言ったように、帝国の体制は近代性の文脈において普遍性の相貌を呈するがゆえに、最終的に幸運にも植民地主義の終結から滅亡を免れるのである[36]。戦前の台湾と戦後の台湾をつなぎ合わせたのは、まさに普遍的な近代性への欲望と追求であった。戦後台湾における法律の発展はなお近代化の道を突き進み、形式的平等の概念はこのプロセスのなかで強化されていった。こうした形式的平等の主流化の流れは憲法におけるジェンダー平等の原則の確立から窺われる。

一九三一年に制定され、一九四五年に台湾で施行された中華民国訓政時期約法は、「中華民国国民は、男女、種族、宗教、階級に関わりなく、法律の下にすべて平等である」（第六条）と明確に規定し、女工に対する特別な保護（第四一条）を定めた。これは台湾憲政史上ジェンダー平等に関する最初の明文化された保障であった。この臨時約法に取って代わった一九四七年の中華民国憲法も同様にジェンダー平等の原則を宣言し、「等しいものは等しく」（男女を分けない、一律平等）、「異なるものは異なって扱う」（女工と母性に対する保護主義）という、形式的なジェンダー平等を基調とし、それに補完する形で差別を是正する参政権平等の保障（婦女保障定員）を規定した。女工と母性に対する特別な保護は、主に女の生理的差異や母親役割に対する需要、生殖に対する国家の支配に基づいた保護主義である。それに対し、婦女保護定員の規定は、なお不利な立場にある女性参政の社会的状況を勘案して設けられた積極的な保障である。

形式的ジェンダー平等を基調とする憲法の保障は、一九九四年の大法官会議で作成された釈字第三六五号解釈の中で明確に説明されている。この子女監護権における父権優先の条款をめぐる解釈の中で、大法官は次のようなジェンダー平等の審査基準を示した。「性別による差別待遇は特別な例外の事情にかぎり、憲法はそれを認める。ただし、その特別な例外の事情は、男女の生理的差異もしくはそれによって生じる社会的な役割分担の差異に基づかなければならない」。この審査基準は基本的に「等しいものは等しく」という形式的平等の理念を体現し[37]、その後憲法解釈をめぐる一部の案件で差別待遇の合憲性を否定する根拠として援用された。たとえば、「従夫居」［訳注：妻が夫の居住地を居住地とすること」の規定（釈字四二五号）、夫婦財産制の改正が過去に遡及しないため妻の財産権にもたらされる損害（釈字四一〇号）、結婚した娘の財産相続権の排除（釈字四五七号）などなど。

しかし、「等しいものは等しく」という形式的平等は、不利の差別待遇に対抗するときに強力な論拠を提供するが、形式上差別待遇ではないものの、実質的に性差別の効果（disparate impacts）を持つ法律に関しては、それを合憲と認めてしまうのである。たとえば、相手の不謹慎な行動によって激昂した場合の過当行為は、同居に堪えられないほどの虐待には当たらない（釈字第三七二号）。相続税や贈与税に関する法律に規定された「被相続人の配偶者」が夫か妻かを区分していないため、違憲に当たらない（釈字第四一〇号）。姦通罪の「第三者」に対しては単独で自ら訴訟を起こさなければならない（釈字第五六九号）などなど。これらの解釈で看過されたのは、形式的な無差別待遇に隠された性差別の現実である。つまり、同居に堪えられない虐待の判定基準に関する厳しい規定は、夫の妻に対する暴力を許し、不平等な夫婦財産制によって妻の特有財産が夫の死亡後に相続税を課せられてしまう。そして、形式上中性である姦通罪はしばしば男性ではなく、女性を処罰するために利用されるのである。

「異なるものは異なって扱う」という形式的平等の補足原則も、同様にある種のジレンマに直面している。どのような差異が「男女の生理的な差異」あるいは「それによって生じる社会的な役割分担の差異」と言えるのか。妊娠出産は一般的に生理的差異と認識されている。[38]では、「母親が子どもを産む以上、子供を育てるべきだ」という、振り当てられた母親役割を「生理的差異によって生じる社会的な役割分担の差異」とみなし、雇用主の女性労働者に対する差別を正当化することはできるのだろうか。もし多くの不平等の権力関係がまさに「合理的な両性の差異」を根拠としているのならば、「異なるものは異なって扱う」という原則は、ステレオタイプと性差の構築を正当化し、法律が男女不平等の現実を直視しようとするときの妨げになりかねない。大法官会議は性差を理由に、兵役を男性に限定する兵役法の合憲性を認めたが（釈字四九〇号）、「男女の生理的差異およびそれによって生じる社会生活における役割の差異」という基準が、なぜ兵役義務を男性に限定することを正当化できるのか、という問題についてはまったく検討していない。男性の体格が強く（生理的差異）、戦闘が男性の社会的役割（社会的差異）だからか。それとも弱い女性が戦争中に暴行されやすく（生理的差異）、勇猛好戦が女性の特質ではない（社会的差異）からか。[39]

つまり、形式的男女平等の原則では、女性は「男性と同じである」と認定される場合、男性と対等な存在（be men's equals）になるが、「男性と同じである」と認定されない場合、女性は男性の享有する公民権を享有することができない。その結果、女性は男性の所有する権利を享有することができたとしても、「女性として享有すべき公民権」（citizenship for women）を享有することはできない。したがって、このような類似性テスト（similarly-situated test）は、ジェンダー中立を偽装した男性の基準に合わせることを女性に強制しているにすぎない。[40] 植民地主義への抵抗運動において、被植民者は「植民者と同じ」平等を追求し、植民者の基準を以って平等を定義したが、脱性別化した性別中立の原則では、女性は「男性と同じ」平等を追求し、男性の基準を以って平等を定義する。

「家」・「国」のなかでかき消されたジェンダー

形式的男女平等の理念の主流化は、「脱性別化」のジェンダー中立の概念が差別を監視し、平等を実践する基準となることを意味し、ジェンダーの退場を促している。「家族の構成」と「国民の構成」という二つの位相においてともに「脱性別化」の現象が見られるのである。

（1）「家」を建てなおす――脱性別化した新しい家族

戦後の民法と他の関係法律の制定および幾度の改正によって、法律上の家庭像が再構築され続けてきた。その最も核心的な変化は、ジェンダーに基づいた特別待遇（gender-specific treatment）を取り消すことによって、以下四組の身分関係を大幅に「脱性別化」したということである。

第一に、家長―家族および親族関係が中性化された。男性家長が性別の問わない家長に取って代わられ、家長と家族間の権利、義務関係も性別によって異なることはない。父系を中心とする「宗親／内親」「外親」「妻親」といった台湾の伝統的な漢民族の親族構造は、ニュートラルな「親等」に取って代わられた。父系と母系、夫側の親族と妻側の親族の区別は、わずか近親婚の禁止や姻族関係の解消といった少数の例外的な規定に見られたが、今は幾度の民法親族編の改正によってすでに廃止されるようになった。したがって、現行法における親族関係は形式上完全に脱性別化した中性的な構造となっているのである。(41)

第二に、ニュートラルな「子女」という概念が、男性の「子」にとってかわった。法律は原則的に「息子」と「娘」を区別し、差別的に待遇しない。女性を「子孫」から排除しない。法律規範には「子女」や「直系血族卑属」といったニュートラルな用語が使われている。扶養請求権や扶養義務、相続権などにおいて、娘は息子と形式上同等の権利または義務を持つ。こうした規定により「子女」は中性的な概念となる。

第三に、ニュートラルな「配偶者」という概念が、性別の特定できる「夫妻」にとってかわった。「夫」と「妻」という言葉は法律規範から次第になくなり、それに代わって中性の「配偶者」という言葉が用いられるようになった。「夫妻」を併称することで「性別を区別しない」という制度の設計理念を表している。姦通罪は、夫か妻かを問わず、「配偶者のいる」者の犯しうる罪（刑法第二三七条）と規定され、「配偶者もしくは元配偶者」（および家庭暴力防止法第三条に規定された他の家族構成員）の間の肉体的または精神的な不法侵害を指す。こうした脱性別化の現象は民法親族編の繰り返された修正に最も顕著に表れている。夫婦が彼／彼女の氏を称するかどうかは自由に決められるようになり（民法第一〇〇〇条）、夫婦の住所は「妻が夫の居住地に居住する」ことから「双方の共同協議で決める」ことに変わり（民法第二〇〇〇条）、家庭生活費用も夫婦で分担する（民法第一〇〇三条の一）こととなった。夫婦財産制は「夫の独占」から「妻が所有権を保有し、夫が管理する」ことへ、さらに「配偶者双方各自に所有し各自に管理する」

ことへと変わった。

第四に、ニュートラルな「両親」という概念が、性別の特定できる父母にとってかわった。父母の享有する権利と負うべき義務が中性となり、子の特有財産は父親によって優先的に管理されることから父母の共同管理へと変わった（民法第一〇八七条）。また、父権優先の監護権の分配と親権の行使が廃止され、ニュートラルな子女の最大利益原則（民法第一〇八九条）にとって代わられた。労働力市場における母親への差別（妊娠、分娩、育児）は明確に禁止され（両性工作平等法第一一条第二項）、育児と家庭照顧暇〔予防接種や病気、重大事故などで家族構成員を世話するための休暇〕の権利は父母のいずれも享有することができる（両性工作平等法第二〇条）。

このように、脱性別化によって、法律における理想的な家族関係はニュートラルな仲間関係に変貌した。こうした改正は、差別待遇を廃除し、男女に同じ待遇を与えることによって、ジェンダー平等を達成することを目論んでいる。しかし、形式的平等の法律規範とジェンダー化された社会的現実との間に越えがたいギャップがあることは容易に見て取れる。法律における親族関係の規範は、父系／母系、夫系／妻系の差異をなくしたものの、「家」の部外者とみなされた女性の境遇の改善には何の役にも立たない。父系を中心とする親族構造は、社会生活において依然として親族を確認するカテゴリーであり続けている。法律上同じく二親等の祖父母であっても、母系の祖父母には「外」という文字が付けられ、「外祖父母」と呼ばれる。ジェンダー中立の「扶養」の定義は、経済力をもっとも重視し、扶養におけるケアの重要性や、労働市場（経済生産を担う）と家庭（ケアを担う）間の性分業によって家族のケアと経済力の確保が両立できないという現実を見過ごしている。法律では娘は息子と同じく相続権を与えられているが、現実では相続関係から排除されるか周縁化されている。(42)

「夫婦」と「親子」関係の中性化も同じような困難に直面している。理論上、貞操義務は配偶者双方が互いに負う義務であるが、実際「姦通の現場」を押さえることはしばしば「女同士の戦争」と化し、「家庭を壊したあばずれ」

への懲罰となってしまう。したがって、姦通の法律は、一見中立的な立場から異性愛婚姻関係における両者の貞操を保障しているように見えるが、実際は結婚した男性と性的関係を結んだ女性に警告を発し、婚姻関係の外部にいる女を危険な誘惑者に仕立て上げることによって、異性愛婚姻の必要性をさらに強制するのである。[43] 父権を優先させる親権や夫を優先させる監護権をめぐる条文の修正も、同様に中立的な立場から双方の協議結果と子女の利益優先を第一基準とするが、ジェンダー中立の用語ではあるものの、「子女の利益」を判定する際に考慮しなければならない諸事項——父母の職業や経済力、生活状況など——は果たして性別とまったく無関係なのだろうか。実際、経済力に関する判定で、劣勢に置かれた大多数の女性に不利な結論が出される可能性は極めて大きい。[44] 性別を問わずに誰もが「家庭照顧暇」を取ることができるという規定は、母親とおなじく父親も家族の世話をするということを前提とするが、両性工作平等法は、「労働者の配偶者が未就業」の場合、正当な理由がない限り、家庭照顧暇を取ることは認められないと規定している（両性工作平等法第二二条）。これは、「家庭主婦」は「家庭主夫」と同じく、家族を世話する責任を一人で負わなければならないことを意味するが、現実社会では「家庭主婦」と「家庭主夫」とはどちらが一般的なのだろうか。このように、ニュートラルな家庭像は実は男性の基準に沿って描かれたものにすぎず、その背後にジェンダー不平等の現実が隠蔽されているのである。

（2）国境を引きなおす——脱性別化した新しい国民

ジェンダー中立の原則に従って家族関係が再構築されるように、国民の資格もジェンダー中立の原則に従って再編されるようになった。[45] 戦後台湾の国籍法は「女性の国籍の従属性」と「父系主義」という国際法の伝統的な原則を取り入れ、台湾男性の外国籍妻は中華民国の国籍を取得することができるが、台湾女性の外国籍夫は帰化を申請しなければならないと規定した。国籍の取得における、このような性別に基づいた差別待遇は「従夫（夫に従うこと）」の制度的後押しとなっただけでなく、台湾男性の外国籍妻を歓迎し、台湾女性の外国籍夫を排斥するということをも意味している。子の国籍の取得に関しては、父系優先主義を原則とするため、台湾男性と外国籍配偶者または伴侶との子は法律上親子関係でさえあれば、中華民国の国籍を取得することができる。一方、台湾女性と外国籍配偶者の嫡出子は中華民国の国籍を取得することができず、台湾女性と外国籍配偶者との間の非嫡出子は、実の父が身元不詳か認知されていない場合にのみ、中華民国の国籍を取得することができる。旧国籍法では、男性は国籍の取得において特権を享有していたのだ。

近代国際法における国籍法の発展とほぼ同じ道を辿り、二〇〇〇年に通過した新国籍法は、女性の国籍の従属性を廃除し、父母両系主義を原則として子の国籍を決定するようになった。国民としての資格の取得や喪失、変更は性別によって異なることがなくなり、ジェンダー中立の原則が「従夫」と「従父」の法則にとってかわった。男女を問わず、国籍は国際結婚によって自動的に変更されることはなく、一定の手続きと要件に従い、配偶者の所属する国家との帰属関係を自由に決めることができる。父母にかかわらず、国籍を子に継承させ、新しい国民を創造することができる。

しかし、脱性別化した国民の資格は果たして平等を達成することができるのか。理論的に、男性も女性も、国家との関係を婚姻関係に基づいて作るか作らないかを自由に選択することができる。こうした形式的な平等な待遇によって、婚姻関係にある双方が、自由協議で居住国を決定し（第三国を居住地として選ばない場合）、居住国の国籍を申請するか否か、従前の国籍を離脱するか否かを決定することができる。しかし、このような個人的選択への強調は、抽象的な個人の自由を仮設し、「配偶者」というニュートラルな言葉の背後に隠された「従夫」という不平等なジェンダーの現実を無視している。従来配偶者の国籍に従って中華民国の国籍を取得した者は女性が大半である。こうしたジェンダー関係の現実は、脱性別化した法律の下で、女性の国籍の従属性が過去となったのではなく、更新（updated）されたのだ、ということを示している。女性は強制的に夫と同じ国家の国民にされるのではなく、自ら進んで彼の同国人となるのである。これは、ジェンダー規範の言葉が「身分資格」(status) から次第に「自主選択」(affect and choice) に変わりつつあるという、フェミニズム法学者ジョアン・ウィリアムズの考察と符合している(46)。形式において国民資格の認定基準はすでに脱性別化したが、現実では男性は相変わらず特権を享有しているのである。

4 結び——再びジェンダーの可視化へ

台湾における法律近代化の過程は、同時にジェンダーがかき消された過程でもある。植民地支配下では、文明化によって伝統と近代の対立が作り出され、植民者に対する被植民者の抵抗のなかで、ジェンダーは平等のために忘れ去られた。一方、戦後における法律の発展過程において、近代化の一部とされた形式的男女平等の主流化は、平等のために性別を無視することを要求した。最初のジェンダーの喪失は、多重圧迫のジレンマに注目しなければならないことをわれわれに教えてくれたが、二度目の喪失は、形式的平等という概念のパラドックスを顕在化した。もし近代性の形成が同時にジェンダーの喪失を意味するのならば、いかにジェンダーを可視化し、近代性におけるジェンダーと平等との両立不可能の困難な状況を乗り越えるかという問題は、まさにポストコロニアル台湾のフェミニズムが正視しなければならない課題である。

［翻訳：孫軍悦］

注

(1) Catharine A. MacKinnon, "Reflections on Sex Equality Under Law," *The Yale Law Journal*, 100 (5), 1991, pp. 1282–1328, 1305.

（2） Joan W. Scott, "Deconstructing Equality-versus-Difference : Or, the Uses of Poststructuralist Theory for Feminism," *Feminist Studies*, 14.1 (1988) pp. 33-50.

（3） Joan Scott, *Only Paradoxes to Offer : French Feminists and the Right of Man*, Cambridge : Harvard University Press, 1996.

（4）「植民地的近代」という概念の有効性およびその具体的な分析実践に関して、Tani Barlow ed., *Formations of Colonial Modernity in East Asia* (Durham : Duke University Press, 1997) を参照されたい。

（5） Edward Said, *Orientalism*, New York : Pantheon Books, 1978 参照。

（6） Edward Said, *Orientalism*, p. 7.

（7） Naoki Sakai, *Translation and Subjectivity : on "Japan" and Cultural Nationalism*, Minneapolis : University of Minnesota Press, 1997, p. 135.

（8） 後藤新平「台湾経営上旧慣制度の調査を必要とする意見」『台湾慣習記事』一（五）、二四—三八頁、一（六）、二五—三五頁、一九〇一年。

（9） Eric Hobsbawn & Terrence Ranger, *The Invention of Tradition*, Cambridge : Cambridge University Press, 1983; Sally Falk More, "Treating Law as Knowledge : Telling Colonial Officers What to Say to Africans about Running Their Own Native Courts," *Law and Society Review*, 26 (1), 1992, pp. 11-46 等参照。

（10） ユマ・ナーラーヤンの観点は次のようである。異文化に関する多くの議論は、異なる文化を、独立して存在する個々のパッケージのようなものだと誤認している。それぞれのパッケージに詰め込まれた内容は与えられた、同質的で不変なものであると理解しているがゆえに、その歴史的文脈と変動性を見落としてしまった。パッケージ化は「選択的標識化」という方法によってなされる。その標識は、政治や社会などさまざまな要素が絡み合う力関係のなかで形成され、しばしば社会の権力側によって支配されるのである。

（11） 大正八年（一九一九年）控民第七五八号判決。

（12） 明治四一年（一九〇八年）九月二五日判官協議会決議第二条、台湾総督府覆審法院編纂『判例全集』、二三四頁。

（13） 昭和六年（一九三一年）上民字第一四一号判決。

（14） Sally Engle Merry, *Colonizing Hawaii : the Cultural Power of Law*, Princeton : Princeton University Press, 2000, p. 19.

（15） John Comaroff, "Colonialism, Culture, and the Law : a Foreword," *Law & Social Inquiry*, 26, 2001, pp. 305-313, 306.

（16）山田示元「国法下旧慣の地位」『台法月報』九（八）、一九一五年、三〇頁。

（17）「蓄妾制度を破る新判決」『台法月報』一四（五）、一九二〇年、九〇頁。当該案件を審理した覆審法院の法官の一人は、ほかでもなく妾制度の廃除を主張した日本人法官伴野喜四郎であった。

（18）Mindie Lazarus-black & Susan F. Hirsch, *Contested States–Law, hegemony and resistance*, New York : Routledge, 1994, p. 40.

（19）大正一一年（一九二二年）控民字第七七四号判決。

（20）大正一三年（一九二四年）控民第三五六号判決。ただし、婚姻と妾契約の儀礼としての結納金の有効性は法院によって承認された。

（21）大正五年（一九一六年）控第七二〇号判決。

（22）陳昭如「日治時期台湾女性離婚権的形成：権利、性別與殖民主義」、若林正丈、呉密察編『台湾重層近代化論文集』台北：播種者文化、二〇〇〇年、二一一—二五四頁。

（23）古野格「内台の私法的統一」『台湾時報』一九二三年、二月号、三〇—三二頁。

（24）どのような旧慣が公序良俗に反するかという問題に関しては意見が分かれている。王泰升『台湾日治時期的法律改革』（台北：聯経、一九九九年）一二一—一二三頁を参照。

（25）「田總督訓示」『台湾日日新報』一九二一年一〇月八日五面、田健治郎「法令取調委員会に於ける訓示——十月三日総督府に於て」『台湾時報』一九二一年、一一月号、九—一〇頁。

（26）林呈禄「民法の親族規定を台湾人に適用する法案の疑義」『台湾青年』三（六）、一九二一年、二一—三五頁。

（27）Franz Fanon, *Black Skins, White Masks*, New York : Grove Press, 1963.

（28）たとえば、ある文章は妾について次のように指摘している。妾制度の廃除は男性にとって有利だが、女性にとっては逆に不利になる可能性がある。たとえ法律上に妾制度を廃除したとしても、金持ちの蓄妾者は依然として法外に逍遥し、同居人もしくは内縁の妻という形で妾を囲むことができる。そうすると、身分保障のない同居人に対して男はまったく責任を負う必要がない。妾制度の廃除は結局男のためになってしまうのではないか、と。鄭坤五「民法瑣言」『台湾日日新報』一九二一年九月一七日第六版参照。

（29）Homi Bhabha, *The Location Of Culture*, New York : Routledge, 1994; Leo Ching, *Becoming "Japanese" — Colonial Taiwan and the Politics of Identity Formation*, Berkeley : University of California Press, 2001.

（30）何云芳「台湾婦女同胞們的政治経済地位」『台湾民報』二一八、一九二八年、九頁。

(31) というのは、たとえ台湾人が内地人民と同じく帝国議会の議員を選挙するとしても、極わずかな議席しか獲得することができず、結局台湾人の参政権が名ばかりのものとなってしまうからだ。

(32) 楊翠『日據時期台湾婦女解放運動——以台湾民報為分析場域(一九二〇—一九三二)』台北：時報、一九九三年、五九七頁。

(33) 「台湾議会設置請願歌」、周婉窈『日據時代的台湾議会設置請願運動』台北：自立、一九八九年、二〇四頁付録四。

(34) 独立生計で年間五円以上の税金を納める、満二五歳以上の男性にのみ選挙権が認められた。

(35) これは植民地時代に婦女運動がなく、あるいは植民地主義への抵抗運動に女性やフェミニストの声がまったくない、という意味ではない。楊翠の研究成果はすでに一九二〇年代の活発な台湾婦女運動の状況を明らかにしている。台湾議会設置請願運動で注目を集めた人物はすべて男性であるが(周婉窈『日據時代的台湾議会設置請願運動』二一〇—二二三頁付録六参照)、一万二八一八人の運動参加者のなかで一人も女性がいなかったのか。この問題についてさらに考察する必要がある。台湾総督府警察沿革誌の資料は、州、庁、居住地、学歴、団体ごとに分類、統計しているため、請願者の性別による統計はない(台湾総督府警務局『台湾総督府警察沿革誌』台北：台湾総督府警務局、一九三九年、三三〇—三四〇頁参照)。

(36) Simon Gikandi, *Maps of Englishness Writing Identity in The Culture of Colonialism*, New York : Columbia University Press, 1996, p. 189.

(37) 解釈文では、憲法第七条の平等に関する保障だけでなく、「性差別を解消し、両性の地位における実質的平等を促進する」という増補修正条文も援用されていた。しかし、この審査基準に限っていうと、明らかに形式的平等の原則に基づいている。

(38) 当号解釈がジェンダーの平等ではなく、宗教の自由に焦点を当てていることは、ジェンダー平等に関する論証が欠落している理由の一つである。

(39) Catharine A. MacKinnon, *Feminism Unmodified——Discourse on Life and Law*, Cambridge : Harvard University Press, 1978.

(40) 戦後台湾法律の発展過程における家庭像に関して、陳昭如「「重組」家庭：従父系家庭到中性的新夥伴関係?」(蘇永欽編『部門憲法』台北：元照、二〇〇五年、八〇七—八二七頁)を参照。

(41) このような議論はまだ親族関係における「氏」の意味に触れていない。確かに、法律で父系と母系が区別されていないため、子の氏は親族関係の認定に意味を持たない。しかし、氏が家と親族関係の象徴であるという意識は、台湾の漢民族社会においていまだに根強く存在している。したがって、「子が父の氏を称する」という現行民法の規定によって、「父系」は相変わらず重要な位置を占めているのである。
(42) 女性の祭祀公業の派下資格に関する分析は、陳昭如「有拜有保佑——從最高法院九十二年度台上字第一二八〇号判決論女性的祭祀公業派下資格」(『月旦法學』一一五、二〇〇四年、二四九—二六二頁)を参照されたい。
(43) 大法官会議釈字第五六九号解釈は、まさにジェンダー不平等の現実を無視した「中性」の法律解釈が、いかにジェンダー化の効果を発揮するかを物語っている。陳宜倩「以家庭之名強化父権的社会控制——評釈字第五六九号解釈」(『月旦法學』一二〇、二〇〇五年、一九九—二〇九頁)参照。
(44) 雷文玫「以「子女最佳利益」之名——離婚後父母対未成年子女権利義務行使與負担之研究」『台大法學論叢』二八(三)、一九九九年、二四—二六頁。
(45) 台湾法律の発展過程におけるジェンダーと国民の資格の関係について、陳昭如「性別與国民身分——台湾女性主義法律史的考察」『台大法學論叢』三五(一)、二〇〇六年、一—一〇四頁。
(46) Joan Williams, *Unbending Gender : Why Family and Work Conflict and What to Do about It*, New York : Oxford University Press, 2000.

近代韓国における女性主体の形成

東アジア的近代経験の多層性

金恵淑

西洋の「モダニティ」に関する議論は、様々なレヴェルで行われているが、その概念は、主に啓蒙主義的理想に関連するものであって、理性に対する信頼、個人の自由と尊厳への信頼、自然の数学化、進歩的歴史観を内容とする。政治・経済的に西欧のモダニティは帝国主義と隣接している。西欧の帝国主義国家は、西欧的合理性に基づき他者を否定し、非西欧を「野蛮（非理性）」や「非合理」とみなすことによって、支配による同一化を図ろうとした。一九世紀半ば、日本はアメリカの東インド艦隊提督ペリーの要求に従って開国してから、一八六八年には明治維新を断行し、東アジア国家の中で最初に西欧化と近代化の道を歩み始めた。よって、日本は地域的にはアジア国家でありながら、オリエンタリズムを内面化し、アジアの中の小さな西欧（非西欧的西欧）として、他のアジア国家に対し、支配による同一化戦略を推進するようになった。本論は、帝国主義日本による大きな犠牲物であった朝鮮において、「モダニティ」が持つ意味合いをフェミニズムの観点から探ってみることを目的とする。

植民地、女性、モダニティといった問題関心から、最近韓国では意味深い議論が行われてきた。この議論は、主として歴史学者、社会学者、人類学者、フェミニスト研究者、法学者を中心として行われたが、国文学、哲学、宗教学などの分野においても「モダニティ」をめぐる議論が行われてきた。しかし、植民地のモダニティと女性に関する活発な議論の中心には、韓国社会における女性問題の懸案、たとえば帝国主義日本による慰安婦問題や戸主制廃止問題などがあった。これらの問題は、日本の植民地支配から派生したものであるがゆえに、植民地支配に絡み合っていた多様な問題が浮き彫りにされ、議論にも熱い関心が寄せられた。絡み合っている問題とは、民族、階級、ジェンダー、家族、ナショナリズム、日本的近代化、西欧的近代化などと関わっているものであった。これらの問題は、互いに絡み合っているため、何か一つだけを独立させて語ることはできない複雑性を内包している。

慰安婦に関するフェミニストたちの議論は、民族主義とフェミニズムとの関係に集中された。(1) 戸主制をめぐっては、韓国家父長制の根源と性格、伝統とフェミニズムに関する議論(2)が中心をなした。本論の関心対象は、近代朝鮮において女性主体が形成された理念的背景と、その過程に現れた特徴である。本研究の目的は、一部のフェミニストの間で論争をまきおこした問題、すなわち植民地時代の民族言説が女性にとって抑圧的だったか、あるいは民族言説を通して女性意識と女性主体が形成されたか、という問いに答えようとするものではない(日本軍慰安婦問題は、どのようなポジションを取るかによって、その色合いが違ってくるのである)。それよりは、朝鮮の開化期において女性意識が台頭した背景をさぐり、それが民族主義、社会主義、自由主義、ナショナリズムなどの多様な通路を利用して拡大されることによって、近代韓国の女性主体の形成を可能にしたことを述べようとする。また、近代韓国の女性主体は、いずれの通路を選んだにせよ、不遇的なものであると同時に、二重化した植民地主体であったことを主張したい。この二重的コロニアリティーは、解放以降の女性主体形成にも現れる特性だと思われる。つまり、女性たちは、解放以前には家父長制文化と日本の植民地支配によって二重に植民化されたが、解放以後は家父長的な民族/国家主義(ナショナリズム)と西欧文化に従属され、また二重に植民地化された。ところが、この二重化した植民地の主体が現れる方式は、とても複雑な様相を呈する。次節では、韓国近代女性主体がどうやって二重に植民地化されたか、について論じてみたい。

1 韓国近代女性の女性的自意識と女性平等意識の形成

東アジア文化の中で女性と男性は対応的性として、男性であれ女性であれ、いずれも不完全な存在とみなされた。陰と陽との弁証法的関係によってはじめて、「一つ」としての存在的意味を持つようになる。こういう意味は、人間生活において夫婦の関係を中心とした家庭として顕現される。西洋のキリスト教文化における男／女の二項対立は、充満／欠如、理性／感性、合理／非合理、善／悪など、相互排他的な二項対立につながる。しかし、これとは違って、東アジアにおける女性の道徳的教化は、男性のそれに劣らぬ大事なものとみなされた。最初の女性教育書と評される『女誡』の著者、後漢の班昭は、その序文の中に、「男子は自ら事を図ることができるから心配することはないが、ただ娘たちは嫁ぐようになっても教えられないため、婦女の礼法が分からなくて、人の家門に容儀を失い出自の種族が恥をかく恐れがある(3)」と書いた。

女子の教育が重んじられた理由は、『周易』の「夫と妻があってこそ父と息子があり、父と息子があってこそ君と臣がある」というくだりや、孔子の「君主の道理は夫と妻に始まる」というくだりから分かるように、家庭における妻や母としての役割を重視したからである。朝鮮時代の王の一人である英祖（ヨンジョ）は、『女四書』の序文で、「詩経三百篇の根本は、周南、召南にあり、周の文王の神聖さは母親の太任の胎教によるものであり、鄒の孟子の情け深さは慈愛に満ちた母親の教えによるものである。周の宣王時代の興隆は姜皇后の教導に根本があり、楚の荘公の統治は樊姫の助けによって成り立った(4)」と述べた。これは、女性が母として、あるいは妻として、男性を援助する役割を強調したものである。

このように、男性になくてはならない同伴者としての女性という認識と、「男女別有り」の長い伝統は、女性が女性としての自意識を育てるのにも貢献した。女性に対する社会慣習的・制度的差別と、性に対する理念的・国家的統制は、女性が男性と平等な存在であると考えることを妨げもした。しかし、男女別有りの存在論と、労働や規範的行為における性別分業は、「私は女性である」という意識を女性たちに強く刻印した。これは男性にとっても同じであって、東アジアの伝統は、君子としての男性的自意識を強くするために築かれてきたものである。だが、このような女性的自意識は、妻や母親という役割の覚醒ではあったが、母親・妻・娘・嫁でありながらも、他方では男性と平等な人間自我としての女性という覚醒には至らなかった。したがって、男性たちに忠誠心を持たせると同時に、彼らを教育する役割を果たしたとはいえ、素晴らしい内助を尽くし、それによって国難を打開した女性たちを、字義通りの女性主体と呼ぶには無理があると思われる。

歴史学者の朴容玉（パク・ヨンオク）は、韓国の伝統社会において「国難の危機が深刻になったとき、我々女性たちは、妻としての内助の役割を超える驚くべき智略と勇気をもって先頭に立って国難を打開した[5]」と述べながら、高麗末と朝鮮時代の倭乱にあたって、婦女子と妓生たちが見せた行動を例として挙げている。さらに、抗日救国女性運動は、「近代的国民意識はすでに女性たちの内面から成長し、はっきりとした歴史意識を基盤とする積極的な民族運動へと展開していった。このような歴史的事実は、女性の役割を内助の位置から男性と同等な歴史的主役へと発展・変化させたという面からして、重要な意味を持つ[6]」と主張した。ここで注目すべきは、どうやって女性たちが「近代的国民意識」を形成したのか、という問題である。女性が男性と平等な存在として自分を認識し、男性と対等な国民的権利と義務を持てるという考え方は、朝鮮時代における儒教の伝統の中ではほとんど不可能なものであった。そうであれば、大韓帝国末期と日本の植民地時代において、女性たちはどうやって女性だけの団体を組織し抗日運動を展開し得たのだろうか[7]？

2 民族主義運動の性別化（フェミニスト民族主義）

韓国の近代は「植民地的モダニティ（colonial modernity）」であって、植民地朝鮮の社会は、植民地性、モダニティ、民族主義という、三つの頂点を持つ構造内にあったといわれる。[8] 朝鮮のモダニティについて考えるときは、日本の植民地支配以前に、西洋文明（キリスト教の伝来）との出会いによる自我認識と、その衝撃に対応する様々なレヴェルでの自強運動及び伝統的旧秩序に対する民衆の対抗（身分秩序の否定）、そして男女平等意識の鼓吹を考慮しなければならない。西欧の近代が自我中心性、個人の自由と自律の尊重、万民平等、旧秩序に対するブルジョア革命と合理的な近代知識に基づいた産業化によって特徴付けられるとすれば、東アジアの近代は、西欧の覇権主義への対応と、民族あるいは国家としての自己保存と自強に努力する形で現れる。

しかし、韓国、日本、中国の三国は、西欧からの衝撃に対応した方式において差異を露呈し、これが三国のモダニティの性格を異なるものに規定した。日本は、明治維新を通じて脱亜入欧的近代主義を追求しながら、対外的な膨張を模索したが、中国は、近代主義と中華主義との衝突、西欧列強と日本の植民地化の阻止という、複雑な状況に直面せざるを得なかった。韓国は、近代主義／開化主義と伝統主義との衝突と、植民地化とそれに対する民族主義的対応という状況を迎えなければならなかった。日本の植民地支配は、韓国近代化の自生的努力を歪曲する結果をもたらしたうえに、近代化＝日本化という西欧化の図式を生み出した。このような図式は、植民地支配を終結させようとする民族主義運動が解放以降伝統主義と結合することに寄与した。すなわち、「日本化した西欧化」の体系は、解放以降、西欧モデルの産業化を追い求める時期にも、持続的に日本に依存するか日本を媒介とする契機となった。日本の植民地支配を清算し、西欧をモデルとした近代化を成し遂げるために努力した、解放以降の韓国は、各部門において、結局日本化した西欧化をモデルとすることによって、帝国主義日本からも自由になれなかったのである。日本化した西欧化のモデルは、産業部門に限らず、社会・文化・学問の部門にも適用され、韓国の学界は、現在も植民地支配と日本から自由にいられない状況である。そのため、国家発展を目標とする民族主義的情緒は、西欧化／日本化とは対蹠点をなすことによって、一般的に伝統主義の方向と結合しやすくなったのである。このような傾向は、女性問題と関連してより鮮明に現れ、フェミニズムに対する嫌悪症をより加重した。フェミニズムは、典型的な西欧の理念とみなされたからである。

女性の観点からして、旧秩序が強く挑戦された朝鮮末期は、とても重要である。壬辰倭乱（朝鮮出兵）と丙子胡乱（清の襲来）を克服した一七世紀半ば以降の朝鮮社会は、多くの変化を重ねたが、特に既存の身分秩序と経済秩序の変化は、人々の意識変化をもたらした。朝鮮王朝を支えていた理念体系である「朱子学」は、厳しい現実を改造し社会を発展させる動力を失っていき、これによって一部の知識人たちは、新しい理念を夢見るようになった。彼らは、「輔国安民」によって社会統合をなし、変化する国際情勢に能動的に対応して、国力を伸張させることを主張した。これが「実学運動」である。実学運動は、経験主義的懐疑と実証的批判精神に基づいて発展したが、これには、清を経由して輸入された西洋学問と考証学の影響が大きかった。[9] 旧秩序の崩壊を促し、男女平等の理念が芽生えるようになった主な背景には、実学運動、東学運動、天主教の輸入、開化思想、近代的女性教育があった。

実学者たちは、男女平等の問題に深い関心を持たなかったが、社会の不条理を批判する過程で、陰陽五行説を批判し（洪大容、ホン・デヨン）、烈女制の弊を指摘した（丁若鏞、ジョン・ヤギョン）。[10] 朴容玉は、韓国近代女性の平等思想の鼓吹について次のように述べている。

前近代的な身分社会においては、与えられた身分を脱することができず、それに伴う社会的差別が厳しかった。

とくに女性に対する差別は、よりひどく、多くの制約があった。

一七、一八世紀の実学者たちが身分制の矛盾を批判したことから、このような前近代的な不平等な人間観に対する反省が芽生えはじめた。実学や天主教の思想的影響によって、身分差別は、固定観念から解放され人間平等への思想的推移を見せた。民族宗教である東学は、「人乃天」思想に立脚して万人の平等を認めた。とくに、東学の平等思想は、弱者である女性と子供の人権を尊重することを主張した。西欧の近代的文物が伝わることによって、開化派人士を中心に平等思想も鼓吹され、女性の権利に対する関心も高まった(11)。

女性の平等意識が歴史的にどのように鼓吹されてきたのか、という問題について歴史家でもない筆者が詳しく論じることはできない。ただし、韓国の近代女性たちが多様な女性団体を組織し植民地社会における民族主義運動に参加した背景に、日本の植民地支配以前に形成されてきた、女性の自主意識と平等意識があったことだけは強調しておきたい。つまり、植民地支配下の民族主義運動を通じて女性の自我認識ができたというよりは、むしろ女性の自意識の獲得によって、女性たちの民族主義運動が起こったといえる。したがって、(民族主義の理念と運動が女性解放を等閑視したわけでなく)民族主義運動が女性の主体形成に重要な段階を提供したという主張(12)や、民族主義言説が女性を抑圧するという主張(13)は、いずれも韓国近代女性主体の形成を説明するのに適切でないと思われる。また、西欧の場合や、他の第三世界国家の例に鑑み、「民族主義とフェミニズムの[…]結合は、民族主義運動における女性の重要性を認知あるいは喚起させる役割を果たした[…]面もあるが、民族の利益のためには女性の利益を犠牲にすることもできる、ということを学習(14)」させもしたという視座も、また韓国の植民地時代における近代女性主体の形成に関しては適切でない意見のように見える。むしろ、植民地時代における韓国女性たちにとって、民族主義運動は女性解放運動と区別がつかないものであったと推測される。つまり、少なくとも植民地時代の韓国近代女性たちの状況からして、民族主義運動とフェミニズムとの葛藤は、とても見出しにくいものであって、虚ろな問題設定に過ぎないのである。女性たちの抗日団体結成のような活動は、男性たちの民族主義運動の外部で起こったため、民族主義運動とフェミニズムとの葛藤は、韓国近代の場合深刻なものとして現れなかった。性別化した民族主義運動は、韓国における「フェミニスト民族主義」を可能にした。民族主義とフェミニズムとの葛藤は、植民地時代よりは、解放以降の韓国社会で目立つ現象のように思える。この問題については、もうちょっと考えてみよう。

3 韓国近代女性解放運動の多様な通路

女性教育は、儒教的伝統の中では、男性の補助、子育て、祖先の祭祀、目上に対する奉養、家門の「大小事」の管理などを強調する「内訓書」などによって行われたが、男性教育に比べれば、とても差別的に行われたことがわかる。以後、男女同権論のレヴェルから女性教育の必要性が主張されるまでには、「事人如天」の精神を中心とする東学運動、開化派の登場のような政治的状況の変化を経なければならない。一八八六年に梨花（イファ）学堂がアメリカの女性宣教師によって設立されてから、女性教育に関する主張は活発に登場するようになった。一八九四年には未亡人の再婚を許容する法律が作られ、一八九五年七月には「男女児童を就学させる」ことを定める「小学校令」が公布されることによって、女性の近代教育運動が始まった。

女性教育の必要性が社会的に共感された理由は、教育における家庭の重要性、とくに母親の教えの重要性が力説されたからである。力なく滅びてゆく王朝の首を次第に強く絞めてくる、西欧列強、日本、ロシアなどに勝ち抜くためには、自国の力を強くしなければならないという認識があって、これが教育による自強の動きとなって現れた。ところで、教育は家庭教育、社会教育、学校教育によって行われるものと考えられ、家庭教育を担当する女性の教育が重視されたのである。朴殷植（パク・ウンシク）は、「母親の教えは蒙童の第一学校なり[15]」とも言った。しかし、良妻賢母の育成を目標とした近代女性教育は、女性たちが一人の人間、一人の国民としての自覚と、男女同権の意識を持つのに大きく寄与した。植民地支配下に置かれた民族の状況に対する女性たちの理解は、民族運動に参加することを男性と同等な存在となる方法とみなしたため、女性解放は民族運動と区別される問題ではなかった。

当時、女性たちが置かれていた、伝統的家父長制文化という環境の中で、家庭の域を越えた民族問題に関心をもち、男性のように社会活動に力を注ぐ行動は、以前には想像できないタブーの領域に足を踏み入れる、解放的行動であった。一九〇七年にはじまった「国債報償運動」に参加したある女性団体の趣旨には、次のように書いてある。「我が国の女子といえば、閨中にいながら外のことを話さないことを当然の道理と解っていたが、今世界各国をみると、男女の分別はあっても権利は男子と少しもかわりがない。これこそ堂々たる道理である[16]」。また、趣旨には「国債を返済すれば、国権の回復はもちろん、我々女子の力を世界に伝播し男女同権を取り戻すことができる[17]」と書いてある。

女性解放運動は、民族主義運動と協力あるいは統合したものというよりは、民族主義運動じたいが韓国近代女性たちにとっては女性解放運動であった。女性が自分を実現する社会的空間が皆無であった状況において、民族運動への参加は、男性と同等になれる方法であったため、女性解放運動に他ならなかった。大安洞（デアンドン）婦人会の国債報償激励講演において、李準（イ・ジュン）烈士は次のように語った。

天から授かった貴重な男女の権威のどこに違いがあるというのでしょうか？　男女は平等です。永遠に平等です。［…］わが国の歴史は男尊女卑の歴史ではありません。男女平等の歴史です。男尊女卑となったのは、婦女たちの無力不察の結果です。［…］今日になって、国権を取り戻す運動であれば、命を捧げて血と死をもって戦ってでも、必ず実行しなければなりません。［…］我々が国債を返済して、また奮発して、国がよくなることなら、水だけ飲んで暮らすとしても、血戦もかまわずに奮闘して必ず国債を返済し、男女平等で福栄のある恩恵の深い国民生活ができるように、我々男女ともに同じく奮闘することを願ってやまないところです(18)。

女性解放運動の実践は、このように民族運動としても出現したが、これだけが女性解放運動の唯一の通路ではなかった。一九二〇年代における「新女性」の登場は、女性解放運動が様々な通路を通じて行われた状況を見せてくれる。女性解放運動は、社会主義運動、自由主義運動、国家主義運動などと結合した形で行われ、女性の民族運動への参加と同様、それぞれの社会運動が女性解放を成し遂げるための通路とみなされた。「新女性（new women）」とは、そもそも一八九〇年代のイギリスにおける小説・各種雑誌・記事などに、新女性たちの女権に関する主張やそれを風刺した記事がどっと寄せられ、これらを総称する概念として登場したものである。日本では「新婦人」という言葉が使われたが、最初は日本に経済的な利益をもたらす明敏な女性たちという、とても肯定的な意味であった。しかし、一八七七年に自由民権運動が起こることによって、女性教育の主眼は良妻賢母の養成におかれるようになった。これに対する反発として、女流文芸雑誌『青鞜』が発刊され成功を収めたが、これを支えていた女教師や女記者などの職業女性たちを冷やかす人々によって「新女性」という言葉が使われるようになった。そして、植民地時代に日本に留学した韓国学生たちが「青鞜派」の思想に感化され、彼らが帰国した一九二〇年代初めから、「新女性」に関する議論がはじまった(19)。

自由主義女性解放論に分類される金明淳（キム・ミョンスン）や羅蕙錫（ナ・ヘソク）は、一九一〇年代に朝鮮留学生学友会の機関誌『学之光（ハクジグァン）』の女性版である『女子界（ヨジァゲ）』を中心に活動し、一九二〇年代における女性解放思想の展開に先駆的な役割を果たした。一方、金一葉（キム・イリョプ）は、一九二〇年から『新女子（シンヨジァ）』を発刊し、因習的な道徳を打破して女性の自己発展を図るべきだと主張した。彼女たちは、

「新女子主義」を標榜しながら、西欧の自由主義や個人主義の影響下で自由恋愛論を主張した。女性の性的解放を主張し既存の性道徳を拒否することによって、蓄妾反対や、自由意志による結婚及び離婚を主張した、当時の女性団体より一歩進んでいたといえる。[20] 彼女たちの女性解放運動は、個人の自由、とくに個人の性的決定権を主張する自由主義理念を通路としたものであった。彼女たちに共通した点は、植民地支配や民族に関する認識が強くなかったことである。羅蕙錫の場合、世界旅行を通じて、西欧近代の自由な文化に強い憧れを抱き、東洋に対する劣等感や蔑視の感情を見せもした。「東洋男性が堅苦しく荒っぽいのに対し、西洋女性は意志が強い。東洋の男性や女性が没常識である反面、西洋の男性や女性は、常識に満ちている。[…] 先進の欧米女性よ、我々は貴女を尊敬すると同時に、貴女から我々の地位を見いだそうとしている」[21]。男性にとって、モダニティと民族(自我中心性)は葛藤関係にならない要素かもしれないが、羅蕙錫の場合から分かるように、モダニティの一例ともいえる、自由に立脚した男女平等思想と、民族(伝統)とは、互いに葛藤を内在する力になる。

社会主義運動による女性解放論の展開は、『新女性(シンヨソン)[22]』から多くの部分を確認することができるが、女性の社会主義運動は、まず女性の「奴隷的」状況に対する自覚からはじまった。社会主義理念を通じて女性解放に目覚めたのではなく、女性の厳しい生活条件に対する怒りによって、社会主義運動に投身するようになったのである。一九二五年の『新女性』(新年号)を見てみよう。

女性運動の最初の階段は、もちろん女性の自覚にある。女性の自覚は、もちろん女性の地位が過去においてどのように違っていて、今はどのようになっているのかをはっきり認識することからはじまる。朝鮮の若い新女性たちがこの最初の階段を踏み出してから数年が経ち、様々な新しい現象が多く目に付くようになった。しかし、女性が皆自分の地位と人格について考えるようになり、皆近代思想的に自覚したならば、朝鮮の婦人問題―女性

運動もより速く進展したに違いない。［…］

女性も男性と同等な意志の上に立ち、同等の待遇を受け、同等の自由と権利を享受しようとすることや、またすべての目上の人の専制や拘束に反抗の態度をもつことは、またとない当たり前のことである。しかし、それがいつまでも個人主義的である限りでは、その運動の真の意義を失ってしまうはずである。

イプセンの「ノラ」の態度は、個人の解放に留まってしまったものである。個人主義から一歩も出ていないものである。［…］個人の解放から出発した足取りは、民衆的・社会的に歩んで行かなくてはならない。［…］自分が男性の専制と圧迫から解放されるとき、自分と同じ状況にいる同性を思うべきです。[23]

社会主義活動と抗日闘争に参加し、解放後には北朝鮮で祖国戦線中央委員会議長及び第八期代議員として活躍した許貞淑（ホ・ジョンスク）（一九〇八―九一年）は、『新女性』（一九二五年一一月号）に「我々女性たちの煩悶を論じる」を発表し、古くから女性たちは奴隷の生活をしてきたと主張した。「家庭という地獄の中で、夫の奴隷、父母の奴隷、子供の奴隷、礼儀道徳の奴隷、経済の奴隷」として生きてきたが、これから奴隷生活から生じる煩悶を振り落とすためには、女性の煩悶が社会の煩悶の一部であることを理解し、それを解決するために、我々の地盤を察して社会の根本問題を解決しなければならないと述べた。女性個人の悩みから、女性一般の悩みへ、そして社会一般の構造に対する問題提起へと進んでいくことによって、女性問題も解決できると考えたのである。

女性解放運動が民族主義運動、社会主義運動、自由主義運動などを通路として展開されたとはいえ、一般女性たちが置かれていた日常生活は、相変わらず強力な家父長制文化に支配されていた。朝鮮の慣習と日本の「家」制度に基づいて作られた戸主制は、強い家父長的文化の形式によるものであった。女性解放論者たちが経験せざるを得なかった現実の不幸や、植民地女性に与えられた教育機会の性差別的な制限、良妻賢母理念の注入といった状況は、近代女性たちが植民地支配と家父長制という二重の抑圧体系の中にいたことを物語ってくれる。男女同権に対する女性たちの認識と実践は、植民地状況下において、様々な闘争を通じて強化された側面もあるが、家父長制によるもう一つの植民地化過程は、女性意識の高揚を妨げ、韓国近代女性の主体性は内的混乱状態を経験せざるを得なかった。これは、植民地時代末期に強化された国家主義の下でより明らかになる。

4 国家主義と植民地化された主体としての韓国近代女性

韓国近代における女性解放論が多様な通路を通じて展開されたことは前述した通りである。近代的価値としての女性解放は、伝統や歴史の中で構成された社会的実態としての民族とは葛藤関係になるかもしれないが、性別化された民族主義運動、自由主義運動、社会主義運動のような社会運動を通して、その理想を実現しようとすることによって、そのような葛藤はなかったといえる。植民地時代の最後の十年間は、女性解放への意志は、家父長制文化と結合した強い国家主義の旗幟の前で萎縮される一方、「皇国婦人」「挺身隊」「慰安婦」のように植民地化された主体の形態の中で、同等な国民（日本国民）としての義務を遂行し、社会的上昇の欲求を満たそうとする意志へと変質していく。一九三〇年代半ばから一九四五年の敗戦まで、帝国主義日本は、ファシズム体制を構築し、朝鮮を「大陸前進兵站基地化」しようとした。内鮮一体と皇国臣民の論理が強調された状況下で、朝鮮人たちは、国民精神総動員運動と国民総力運動を通じて戦争に賛同するように誘導された。ハングル及び韓国語の禁止、創氏改名、神社参拝、宮城遥拝、皇民化教育、天皇制イデオロギーなどは、日韓併合以降生まれた世代が民族意識を持つことを不可能にした(24)。当時を経験した上に勤労挺身隊に服務したある女性は、「わが国がどうやってできたかについては、全然分からなかった。単に日本人たちがあらゆる物事を支配しているから、そんな精神によって完全に日本人に作り変えたわけだから。

［…］私も日本国民だというふうに思い込んでいたの」と言った。

帝国主義日本の戦時体制下において、女性たちに与えられた選択肢とは、家庭で強健な軍人を育てる母親としての役割（軍国の母性としての皇国婦人）、それとも「国のために身を捧げる」勤労挺身隊あるいは従軍慰安婦という、二つしかなかった。日本の女性も皇国婦人になるか、そうでないと報国隊になって工場で働かなければならなかった。しかし、日本人女性さえも、戦場に行って死ねる名誉をもつ男性に比べれば、二等国民に過ぎなかった。韓国女性は、自分も意識せぬうちに民族と国家間の葛藤に巻き込まれ、二等国民にも至らないより劣等な「植民地的主体」となった。彼女たちは、植民地の国民であるがために、日本人に対する他者であり、日本女性に対する他者であり、母親としての自我だけが認められた、男性一般に対する他者であった。解放後、勤労挺身隊と従軍慰安婦が経験した状況は、彼女たちが韓国男性に対しても他者であったことを見せてくれる。多重化した他者としての韓国近代女性、とくに植民地時代後半期に民族アイデンティティを失った多くの韓国女性たちは、日本人と同じ完全な国民となるために、最初から挫折させられるはずの努力をしなければならなかった。

植民地時代末期に韓国近代女性たちが持っていた解放への欲求は、韓国男性との同等権を確保するためというよりは、日本人たちに認められ、皇国臣民として日本人と同じ権利を獲得したいという欲望としてあらわれた。日本に渡って労働する勤労挺身隊になれば、「女学校を卒業したことに相当する卒業状がもらえる」という言葉に、快く志願したある女性は、小学校の授業時間に次のように語った。「（挺身隊として従軍して）帰ってきたら、中学校卒業と等しい待遇が受けられると言われて、それで結論はだまされて行ったわけさ。ひそやかに勉強もできるし、よくしてもらえるって言ったんだもの。勉強もできるって言うから、行ってみたいな、という気になって、それで行ってしまった」と述べている。しかし、彼女たちが確認した現実は、徹底的に他者となった自分のアイデンティティであった。「日本の女たちは飯もいっぱい食ったし、あのあまたちが食ってからやっと我々が食ったの。しかも飯を食おうとしてると、乞食だって［…］日本の女たちがどんなにいじめたものか［…］内鮮一体云々しながら動物扱いに過労まで［…］」。勤労挺身隊や従軍慰安婦に行くことから逃れるために、早婚する女性も少なくなかった。結局、当時の女性たちは、植民地的主体としてその不完全なアイデンティティを乗り越えるために、労働搾取と性搾取に積極的に加担することが強要された。もしくは、家父長制秩序の植民地的主体（良妻賢母）としての生を選ばざるを得ない厳しい状況にあった。いずれも歪曲された形の、女性自我の実現であった。

5■民族／国民国家内における韓国近代女性のアイデンティティ

解放以後、民族国家を建設するに当たって、「苦痛と恥辱を一緒に経験した同質感と記憶の共有は、「民族」という集団感情を産出」した。「単一で純粋な種族性」という理念に基づいた民族国家の建設は、血縁と家族という制度を通じて行われるべきであった。そのために、家父長的家族秩序を維持することが必要とされたし、民族と国家の純粋性及び同一性を保障するべく、女性の性は社会的に管理されねばならなくなった。家族と性（女性の純潔性）に関する韓国の伝統的価値を復旧することによって、帝国主義日本の植民地支配を清算しようとする試みは、非常にアイロニカルな側面をあらわした。韓国の家族法の成立の場合、日本民法が朝鮮の慣習を認める形で発布された「朝鮮民事令」第一一条（一九一二年）にその起源がある。ゆえに、帝国主義日本の清算と、民族伝統の復元とは、近代化を推進する過程において互いに無化させる結果をもたらすからである。このアイロニーは、純粋な民族伝統の維持を主張する「儒林（ユリム）」が帝国主義日本の名残りである戸主制の撤廃を極力反対したことにも赤裸々に現れた。

近代化と産業化を掲げた、解放以降の韓国において、男性の顔をした民族／国家は、過去における民族の苦難を象徴する徴兵男性たちの苦難と忍耐は認め、彼らの帰還を歓迎したが、女性挺身隊に対しては、彼女たちを民族の恥とみなし、彼女たちの存在じたいを可視化しようとしなかった。「男性主体性を持つ、民族家父長と民族構成員／国民たちは、保護されるべき民族の娘／姉たちが植民地時代に日本という天皇制家族国家主義と関係した経験と記憶を容認せずに、民族の苦難を表象する挺身隊女性たちの存在を隠蔽あるいは縮小した。植民地時代という過去に損失された民族の男性性が喚起されることを望んでいないからである」。これこそ、従軍慰安婦問題が韓国で一九八〇年代後半になってようやくフェミニスト学者や活動家たちによってその姿を現すようになった理由であり、また、この従軍慰安婦たちとその実態が混同されもした勤労挺身隊の女性たちのうち、三菱会社に動員された被害者たちが、それよりずっと遅れた一九九九年に三菱を告訴することによって可視化された理由でもある。

「民族近代化」「祖国近代化」の旗幟を掲げた、解放以後の韓国の家父長的民族／国家の中で、勤労挺身隊の女性たちは、ごく複雑な位置を占めている。彼女たちは、「女が外で出回ると壊される」という伝統儒教社会の規範のもとで、解放後にも自分たちの姿を現さなかった上に、挺身隊としての履歴についても一切発言しなかった。彼女たちが結婚するとき、そのような経験は、絶対に有利な条件ではなかった。従軍慰安婦問題が社会的に話題となりつつ、彼女たちは、「挺身隊」という名によって、自分たちと従軍慰安婦たちとの間に区別がつかなくなる恐れがあることに気付いた。「テレビを見ていたら〔…〕私たちの写真が映りながら、私たちが慰安婦と呼ばれていていてずいぶん驚いた。〔…〕私たちは、慰安婦として連れ出された人もいるということを、ここ（韓国）に来て始めて分かったわ。〔…〕およそ十年前、〔…〕慰安婦について始めて知ったの。私たちは勤労挺身隊だったのに、私たちも一緒とされたら大変なことになるだろうし」。以後、彼女たちのうち、ある人は、夫から「汚い」と言われたあげく、離婚までされてしまった。勤労挺身隊問題が関心を引く理由は、性に関する家父長的価値を内面化した彼女たちが「汚い」従軍慰安婦と自分たちを区別する意識を持っている一方、彼女たちも家父長制文化と家父長的民族／国家主義に犠牲にされた存在であるからだ。彼女たちは、最初は日本に行った事実を死ぬまで守りぬく秘密にしようとした。しかし、一九六五年の日韓会談の時、国家が日本からもらった賠償金を「国家の近代化資金」に使ってしまい、自分たちには何の賠償も与えられなかったことに対する裏切られたという気持ちと、従軍慰安婦問題と比べて自分たちに対する社会的関心や配慮が相対的に少なかったため、自分たちの存在が完全に忘れられてしまうかもしれないという危機感とに刺激されて自らの姿を現したわけである。このように、彼女たちの存在の可視化と非可視化に関わる過程は、解放以降における韓国近代化の家父長的性格を明らかに呈してくれる。

解放された近代韓国は、一方では、男性的恥によって従軍慰安婦の存在を認めようともしなかったし、純潔で貞節の高い民族の娘や母親になることを、女性たちに強制した。他方、「先進祖国建設」という名の下に「産業力軍」として女性たちを安く動員すると同時に、妓生（ギセン）観光や基地村（キジチョン）女性たちの存在を暗黙的に受容することによって、女性を他者化し、国家が管理・処分できる資産のように考えてきたのである。

6 むすびに

東アジアのモダニティは、一つの民族あるいは国家の歴史的経験によって違う顔として現れる。韓国、中国、日本は、近代以前に維持してきた漢字文化圏という同一地盤を喪失し、西欧との関係設定も違ってきて、それぞれ異なる近代の顔を持つようになった。西欧における近代は、個人主義、合理主義の発達と、強い自我意識を基盤とした民族国家の形成を特徴とする。統一的自我中心性を確保することによって、モダニティの積極的プロジェクトを遂行してきた西欧及び日本とは違って、韓国は、自我を喪失することによって、反モダニティ（dark modernity）あるいは否定的モダニティの顔を持つようになった。前近代の家父長制文化の中で、絶対的他者として存在してきた韓国女性にとって、この否定的モダニティの意味はとても複雑なものである。日本の植民地支配以前に、自律的な近代化が生まれようとしたとき生成された男女平等の理念は、儒教社会の性別分離文化の伝統と相まって、強い女性意識とフェミニストとしての意識を生み出した。このような意識は、植民地支配下において、民族主義運動を通路として具体的に発現されるようになった。日本的近代化の産物として植民地朝鮮に輸入された西欧の自由主義思想や社会主義思想は、女性たちには、解放のための立派な媒介物であった。

女性解放のための近代女性たちの多様な社会運動は、植民地時代末期になると、強化された国家主義の旗幟の下に収斂された。女性知識人たちは戦時状況の「国家を助けるために、女性たちよ、立ち上がれ」という宣伝活動に服務するようになるとともに、中下層階級の女性たちは、様々な誘引策と強制によって、国家のために身を捧げて働く戦線に投入された。韓国の近代は、女性たちに天国と地獄を同時に経験させた。韓国男性の近代経験が主権的自我を喪失した植民地的主体としての経験だったとすれば、韓国女性の近代経験は、封建的家父長制から脱して女性の自我を探していく過程（自我獲得）であった。しかしそれは、植民地女性という植民地化した主体（自我喪失）の経験でもあった上に、家父長的植民地国家の中で男性の他者として性奴隷へと転落（自我の他者化）していく経験でもあった。解放された祖国の中で、女性は、家父長的民族／国家の他者として留まらざるを得なかったが、西欧的近代化とともに輸入された西欧フェミニズムは、女性たちに自らの存在と社会的位置に対する批判的意識を持たせた。女性たちは、近代初期に彼女たちの祖母たちが追い求めた解放的生に対する熱望を再び抱くようになった。民族／国家のアイデンティティと純粋性の強調は、西欧化と西欧への従属及び「植民地化」(25)に対する批判につながっていったが、西欧フェミニズムの影響を受けた韓国女性は、ここでまた民族と女性とが分離される経験をしなければならなかった。韓国女性は、「私は誰なのか」を深刻に問う地点に立っているのだ。

［翻訳：朴昭炫］

注

(1) キム・ウンシル「民族言説と女性」『韓国女性学』第一〇集、韓国女性学会、一九九四年。パク・ヒョノク「女性、民族、階級」『韓国女性学』第一〇集、韓国女性学会、一九九四年。シン・ヘス「民族主義とフェミニズム：日本軍慰安婦問題に見るその結合と緊張」『韓国女性学会秋季学術大会』一九九四年。ユン・テクリム「民族主義の言説と女性」『韓国女性学』第一〇集、韓国女性学会、一九九四年。ジョン・ジンソン「韓国家父長制の変化と女性の主体形成」、キム・イルチョル他編『韓国社会の構造的理解』ソウル：マルケ、一九九九年。「民族及び民族主義に関する韓国女性学の議論：日本軍慰安婦問題を中心に」『韓国女性学』第一五巻第二号、韓国女性学会、一九九九年。ヤマシタ・ヨンエ「韓国の慰安婦問題と民族主義」『近現代における日韓関係と在日』ソウル：ソウル大学出版会、一九九九年。ジョン・ヒョンベク『民族とフェミニズム』ソウル：ダンデ、二〇〇三年。

(2) ヤン・ヒョナ「韓国的アイデンティティの暗い基盤：家父長制と植民地性」『創作と批評』第一〇六集、ソウル：創作と批評社、一九九九年。ヤン・ヒョナ「戸主制度廃止という歴史を読み取る」『二〇〇五 光復女性学会シンポジウム』二〇〇五年。

(3) キム・ジョングォン(訳)『女四書』ソウル：ミョンムンダン、一九八七年、三五頁。

(4) 同書、二四頁。

(5) パク・ヨンオク『韓国女性独立運動』ソウル：独立記念館韓国独立運動史研究所、一九八九年、一四頁。

(6) 同書、一四頁。

(7) ソウル北村居住のヤンバン婦人たちを中心とした賛養会(別名：養成院、一八九八年)、一九〇七年から組織され始めた国債補償運動団体たち、一九〇五年に結成されたユン・ヒスンのアンサラム(家内)義兵団、一九一三年の松竹決死隊、一九一九年の女性万歳運動、三・一万歳運動以降抗日運動団体として組織された大韓民国愛国婦人会(血誠婦人会と大朝鮮独立愛国婦人会とを統合した団体)、日本の抗日女性団体として一九一四年に作られた朝鮮女性親睦会(以後、学興会、槿友会東京支部などへと離合集散)、一九一九年の琿春愛国婦人会、一九一九年のアメリカ地域大韓女子愛国団、一九二八年の槿花会、一九一九年のハワイ大韓婦人救済会、一九二七年の光州秘密結社組織少女会、一九二一年に淑明女子高から始まった女学生盟休運動、一九二〇年代の女性教育運動、一九二〇—三〇年代における女性労働運動の支援組織だった女性同友会、京城女子青年同盟、京城女子青年会、一九二七年の槿友会などが代表的である。パク・ヨンオク『韓国女性独立運動』を参照。

(8) キム・ヘギョン、ジョン・ジンソン「「核家族」論議と「植民地的モダニティ」」『韓国社会学』第三五集第四号、韓国社会学会、二〇〇一年、二一八頁。Gi-Wook Shin and Michael Robinson, eds., *Colonial Modernity in Korea*, Massachusetts : Harvard University Press, 1999, pp. 5-6 から再引用。

（9）パク・ヨンオク『韓国近代女性運動史研究』ソウル：韓国精神文化研究院、一九八四年、一三頁。

（10）同書、一五頁。

（11）同書、刊行の弁。

（12）ジョン・ジンソン「韓国家父長制の変化と女性の主体形成」一五三頁。

（13）ユン・テクリム「民族主義の言語と女性」。キム・ウンシル「民族言説と女性」。

（14）ジョン・ヒョンベク『民族とフェミニズム』三八頁。

（15）パク・ヨンオク『韓国女性独立運動』二七頁から再引用。

（16）同書、三六頁から再引用。

（17）同書、三七頁から再引用。

（18）同書、三八頁から再引用。

（19）チェ・ヘシル『新女性たちは何を夢見たか』ソウル：考えの木、二〇〇〇年、一六〇―一六五頁。

（20）キム・ボクスン『フェミニズム美学と普遍性の問題』ソウル：ソミョン出版、二〇〇五年、二九―三七頁。

（21）羅蕙錫「欧米新女性を見て半島女性に」『三千里』（一九三五年六月）（イ・サンギョン編『羅蕙錫全集』ソウル：泰学社、二〇〇〇年、四四二頁）。

（22）『新女性』という雑誌名は、自由主義に立脚した「新女子」と区別するために選択されたものである。

（23）「年頭二言」『新女性』（一九二五年一月）。

（24）イム・インスク『日帝時代勤労挺身隊女性たちの経験解釈と意味化過程に関する研究』梨花女子大学修士論文、二〇〇二年。以下のインタービューの引用もすべてこの論文による。

（25）一九八〇年代以降展開された、韓国社会に関する批判的議論の中には、経済的植民地化、文化的植民地化、学問的植民地化などに関する多くの言説が含まれる。「自生性」への熱望は、同質的「民族」やその純粋性に対する熱望と一脈相通ずるものだと考えられる。

III

一九四五年以後の法と暴力

序

中島隆博

いったいあれは何であったのだろうか。東アジアにともに生きているとはいえ、わたしたちは、一九六〇年代、一九七〇年代そして一九八〇年代という「遠くない過去」において、お互いの国や地域で生じた出来事を、同時代的なものとして理解しようとはしていなかったのではないか。もとより、「遠くない過去」を扱うことは、それが現在と深く結びついていればいるほど困難である。しかし、それに加えて、東アジアにおける一九四五年以後の法と暴力をめぐる出来事を考えるとき、そこには同時代的な理解を妨げる、ある力が働いているように見える。

その力は冷戦が要請したものでもあり、冷戦を利用したものでもある。一九四五年以後、何よりも必要であったことは、アジア太平洋戦争は何であったのかという根本的な問いを、その当事者がともに会し、時間をかけてあらゆる角度から討議することであった。それ以外に、戦争責任を定め、未来をともに担う礎を築くことはできなかったはずである。しかし、その可能性は、中国での国共内戦から社会主義政権の樹立、国民党の台湾遷移、朝鮮半島の分断から朝鮮戦争、そして日本での占領政策の転換・逆コースという東西冷戦構造のなかで断ち切られてしまった。その中で、暴力を介して関わったという共通の過去が未決のまま時間の忘却に委ねられたのである。

その後、精神的鎖国とでもいうべき状況が、東アジアの各地域に訪れる。驚くべきことに、わたしたちは同時代の隣国において、何が起こっていたのかを十分知ることなく、一九五〇年代以後、数十年間も過ごしてきた。

むろん、何かが起きていたということは、報道を介して知識としては知っていた。しかし、それは向こう側の出来事であって、それが何であるかは、あたかも神のみぞ知るかのように、何か手に負えないもの、判断を保留すべきものとされていたのである。逆から言えば、自分たちの領域（そのようなものが純粋にあるとして）において起きている出来事に対して、他からとやかく言われることを避けてきたのである。

ここにあるのは、出来事を自然化する力である。それは、出来事から作為性を奪い、あたかも人の手に余る自然現象のようにみなす。ここに決定的に欠けているのは、出来事を法と暴力の観点から分析し、理解する契機である。こうして、出来事は孤立し、その同時代性を失っていく。それはおそらく、同時代的であったアジア太平洋戦争の意味を共に摑もうとしなかったことの帰結であるとともに、共に摑もうとしなかったことの言い訳ともなったものであろう。それはとりわけ日本において顕著であった構造である。なぜなら、同時代性を溶解させ、かつての過去を未決のままに忘却することによって、最も安んじた気持ちになりえたのは日本であったからである。ただし、それは皮肉にも、尽きせぬ不安を産み出しもした。出来事を自然化する忘却と否認の機制が有効であったのは、冷戦構造という神学においてのみであったが、それが瓦解した後、抑圧していた不安が首をもたげたのである。

一九八〇年代末から冷戦構造が徐々に崩れていった後、わたしたちは再び、東アジアの同時代性に直面することになる。「遠くない過去」の出来事が、その国や地域の忘却機制から救い出されるとともに、そこに刻み込まれた暴力の姿と法の濫用とが、やりきれないほどにお互いを反復していることに気づかされたのである。しかも、そこで繰り広げられていた出来事は、かつて「遠い出来事」に性急に追いやられてしまったあの戦争の反復でもあった。同時代性を回復することは、忘却機制を解除し、未決の過去にともに向かい、それを「真の体験」として共有し、暴力によって損なわれた人々に正義を返し、和解をもたらすことにほかならない。同時代性の回復と出来事の意味の共有のための方法として、やはり有効であるのは、一九四五年以後の法と暴力をめぐる出来事を、お互いの国と地域を越えて「重ねあわせる」こと、そして一九四五年以前のそれと「重ねあわせる」ことである。それによって、出来事ははじめてその複雑な固有の意味を現し、歴史的な出来事となるからである。

具体的な論文の内容はこうである。まず、韓洪九と韓承美は、一九六〇年代から七〇年代にかけての朴正熙（パク・チョンヒ）時代の韓国を問い直した。

韓洪九は「国家情報院過去史真実究明による発展委員会」のメンバーとして、当時の三つの公安事件を調査し直し、それが、朴正熙政権が独裁権力を維持するために民主運動家や学生を弾圧した代表的事例であることを子細に明らかにした。ここに採録したのは、公式に提出された報告書の一部である。注目に値するのは、当時の司法当局が政治の前にその独立性を保つことができず、かえって法の濫用に道を開いていったことに関する記述である。法が蹂躙されるとき、法の名を借りてふるわれる暴力は、一切の権利を奪うほど苛烈になりうる。それがどれだけ苛烈かというと、裁判において保証される法的権利だけでなく、さらに広く、当事者から記憶する力や証言する力を奪い、出来事があったということさえも消しかねないのである。

それに対して、韓承美は、朴正熙時代を下支えした民衆主義の構造に注目し、なぜあれほどまでの弾圧をつづけた政権がそれでも長く続いたかを分析した。そのための重要な事例として挙げられたのが、セマウル運動であった。朴正熙の言説を分析することで、彼が一九三〇年代の日本における軍部クーデターと一九七〇年代の韓国における国民総動員運動であるセマウル運動を「重ねあわせ」ていたことを明らかにした上で、韓承美は、後者もまた「精神教育」を重視し、二宮金次郎の勤労倫理を反復しながら、韓国版の「プロテスタンティズムの倫理」を作り上げようとしたものであったと規定した。そして、セマウル運動は「自発性」という名で、農村の若者に勤労倫理を体現させることに成功する。ところが、逆説的にも、その成功がかえって大規模な離農をもたらし、農村という政権の支持基盤を失わせ、政権それ自体の崩壊へ至るという結末をもたらしたのである。

朴正煕が一九七九年一〇月に暗殺された後、韓国に民主化への光明が一瞬差したかのように見えた。しかし、それも束の間、光州での民主化運動の弾圧によって、再び軍部が政権を握り、一九八〇年代を支配していった。金杭は、この光州での民主化運動の位置づけが、「事態」から「民主化運動」へと変化していったこと、そして光州での犠牲者が、「敵」から民主主義の「勝利の歴史」の功労者へと記憶し直されていったことを詳細に跡づけた。その上で、こうした歴史化や物語化に収まることのない、「光州のエティカ」を考えることの重要性を指摘し、国家に回収されない何か別の連帯の可能性を追求したのである。

では、中国はどうであったのだろうか。韓国で朴正煕が強圧的な力を振るっていた頃、中国には文化大革命の嵐が吹き荒れていた。涂険峰は、その文化大革命に代表される「イデオロギー暴力」の特徴を分析するとともに、それがもたらしたトラウマ（創傷）がどう記憶されどう忘却されるのかを論じた。その中で、二つを特筆しておきたい。一つは、「イデオロギー暴力」が「魂に触れる」倫理的なものであるということである。それは、人々に自らを「自発的」に改造することを要求するために、加害者よりも被害者の方がかえって、自発的に参加しなかったという後悔から、道徳的な負い目を感じさせられるという転倒がもたらされる。もう一つは、時間の経過とともに、トラウマに苛まれることのない若い世代が登場し、記憶を共有しなくなるという事態である。彼らは、前の世代が負っているトラウマの記憶／忘却の複雑な機制を理解できず、トラウマを忘却するだけでなく、「イデオロギー暴力」をも忘れてしまう。ここで問われているのは、トラウマとそれをもたらした暴力の構造を、異なる世代間においてのみならず、他なる民族間あるいは他なる文化間で、いかに共有するかという問題でもある。

そして、この記憶の共有とその方法こそ、竹内好がもっとも心を砕いて考えていたことの一つであった。拙論は一九六〇年代の日本における法と暴力の姿を、竹内を通じて論じたものである。竹内が六〇年代の安保改定反対運動に見た可能性は、それを「戦争体験の結実」と見ることによって、戦争体験を「真の体験」として体験化し、「若い世代」と共有しうるのではないかというものであった。それによってこそ、中国という他者との間で真の和解を果たすことができる。ところが、竹内の目のなかで、六〇年代の日本はその方向に向かうどころか、「亡国の状態」となっていった。なぜなら、その日本は、自らの過去を直視し、倫理的かつ憲法的な主体として自らを再措定する代わりに、過去を忘却し、責任を放棄し、さらには憲法を犯すばかりであったからだ。

竹内が六〇年代において向かい合うことのできなかった「遠くない過去」は、いまだに亡霊として様々に姿を変えながら徘徊している。竹内の絶望の後に、それを「真の体験」とすることがどれだけ困難かは想像を絶するものだろう。しかし、それは冷戦後の今まさに求められていることであり、さらにははじめて可能であるのかもしれない。なぜなら、わたしたちはここにようやく、アジア太平洋戦争とそれに続く暴力の連鎖を共に語る同時代性を手に入れたからである。しかし、希望を軽々に語り直す前に、まずは忘却された証言に耳を傾けることにしたい。

不服従の遺産
一九六〇年代の竹内好

中島隆博

日本人の戦争体験は『平家物語』や『方丈記』を越えることはできない、というのが小林秀雄の先取りした戦争体験論だった。小林に名を成さしめてはなるまい。季語化した戦争体験から抜け出るために、国家批判の原点を発見することが、われらの任務だろう。(竹内好「「戦争体験」雑感」、一九六四年八月、『竹内好全集』八巻、二三五頁)(1)

1■戦争体験の一般化

竹内好(一九一〇―七七年)は「一九六〇年の民衆運動」である日米安保条約改定反対運動を一年半後に振り返ったとき、それを「戦争体験の結実」として見ようとしていた。

戦争体験の一般化について、戦争体験を戦後体験に重ねあわせる[傍点による強調は中島、以下同じ]という処理方法は、かなりの有効性を発揮したと思うが、今ではもう一歩進んで、もっと限定的に方法の問題を考えるべき時期に来ているのではないか。われわれはすでに六〇年の共通体験がある。これを戦争体験の結実として見て、ここから逆に戦争体験へさかのぼる方法が可能ではないかと思う。可能であるばかりでなく、必要ではないかと思う。その方法の探求にとりかかるべきであって、そうでないと今度こそ決定的に戦争体験を流産させてしまって、われわれは元の木阿弥で自然主義の虜であることから脱却できないでしまうかもわからない。六〇年の体験は、本来は戦争中にあるべきものが、十五年おくれて発生したと考えてもいいのである。あれはファシズムと戦争の時期におこる抵抗の型であった。そのことから逆に、日本ではこの時期まで戦争はおわっていなかった、戦争体験は継続していた、とも考えうる。そういう思想上の操作は、自然主義の宿命観に立たないかぎり、可能であり、また必要である。それによって世代の切れを埋めることができるし、逆に自然主義を克服する契機をつかむこともできるのではないかと思う。

(「戦争体験の一般化について」、一九六一年十一月、全集八巻、二三一—三二頁)

重要なことは、「戦争体験」を「真の体験」として体験化し、それを戦争を体験しなかった世代に伝達することである。だが、これは容易なことではない。なぜなら、現実にあったのは、それを可能にする「方法」ではなく、反対に、小林秀雄に代表されるような、体験を体験たらしめることなく「季語化」してしまう日本的な「自然主義」であったからだ。「自然主義」は、戦争によっても、そして戦後派によっても崩されることなく継続していた。その中で、「戦争体験」は「体験に埋没し」、せいぜい「自己陶酔的な、封建的な美意識の産物」として語られるばかりであった(同、二三〇頁)。そうした「戦争体験」に「若い世代が、そっぽを向くのはむしろ当然であった」(同上)。だからこそ、竹内はここで、「自然主義の認識方法と美意識」(同上)とは別の方法(と美意識)を発明することがどうしても必要だと考えたのだ。それなしには、あの戦争を思想的に処理することなどできはしない。

この閉塞状況の中で、「自然主義」と「体験に埋没している」「戦争体験」に対して否を突きつける契機になったのが、「六〇年の共通体験」としての安保反対運動である。竹内は上に引用した箇所で、それを「本来は戦争中にあるべきものが、十五年おくれて発生した」とか、「ファシズムと戦争の時期におこる抵抗の型であった」と規定し、「日本ではこの時期まで戦争はおわっていなかった」と述べる。そして、この「共通体験」を経ることによって、「戦争体験は戦後十五年かかって、はじめて体験として定着されたのである。あるいは少くとも定着の端緒をつかんだのである」（同上）、と続けた。

竹内がなそうとしていることは、方法をどこかから探し出し、それを体験に適用することではない。竹内はここで、六〇年の安保改定反対運動に、四五年の敗戦に至った戦争とその記憶を「重ねあわせ」、前者から後者に向かって「さかのぼる」という「思想上の操作」を行った。おそらくはこのこと自体がすでに、パフォーマティブな仕方で「方法」となっているのだろう。そして、竹内の言説をさかのぼってみると、現在に過去を「重ねあわせる」方法が、さまざまな表現のもとで、繰り返し語られてきたことがわかる。

2 「重ねあわせる」方法

たとえば、「六〇年の共通体験」が噴出する一年前に書かれた「近代の超克」（一九五九年十一月）論文を見てみよう。「亡霊のようにとらえどころがなく、そのくせ生きている人間を悩ませる」（全集八巻、六頁）と評されたように、一九四二年の座談会である「近代の超克」は、戦後日本に亡霊のように取り憑いたままである。それは鬼払いされることもなく、無反省のまま姿を変えて繰り返し現れていた。もし「近代の超克」が単なる「過去の遺物」であるのなら、「過去をして葬らしめればいい」(同、一二頁)。しかし、それが亡霊として今なお取り憑いているのであれば、その鬼払いのためには、「近代の超克」を遺産として継承し、伝統として引き受けなければならない。そのためには、まず「近代の超克」が「何を課題として自分に課し、それを具体的な状況のなかでどう解いたか、また解かなかったかを見ること」(同上)が必要である。

そもそも「近代の超克」とは「日本近代史のアポリア(難関)の凝縮であった」(同、六四頁)。それは、「復古と維新、尊皇と攘夷、鎖国と開国、国粋と文明開化、東洋と西洋という伝統の基本軸における対抗関係」(同上)の解決を思想課題としていた。ところが、実際には、その解決には至らず、ただ「アポリアの解消」(同、六五頁)に終わり、「戦争とファシズムのイデオロギイにすらなりえなかった」(同、一七頁)。

では、このような「失敗」に終わった「近代の超克」論争をどう継承すればよいのか。竹内は言う。それには歴史をさかのぼり、アポリアを解決することである。しかし、歴史をただただクロノロジカルにさかのぼればよいというのではない。それでは、結果から原因を位置づけ、それを転倒させて「文学史」や「哲学史や思想史」を作る「流れ史観」にすぎない(同、一〇頁)。そうではなく、別の仕方で歴史をさかのぼらなければならない。それが、複数の日付とモーメントを重ねたうえで、それらをアレゴリー的な視線のもとで繋げ、過去を現在において救済するという方法である。

具体的に見ていこう。竹内は、「近代の超克」論文を、仁奈真と小田切秀雄の「近代の超克」批判から始め、江藤淳の批判で終えている。それは、彼らを含む戦後の批評家たちが提出した「今日の問題状況」を通過しなければ、「近代の超克」は摑まえられないと考えたからである。

ここで、最後に残された「日本ロマン派」の検討にはいる順序であるが、私はそれを、保田の思想から演繹してくるのでなくて、「近代の超克」論議においてそれが果した役割に集中して考えてみたい。つまり保田のもたらしたもので保田を考えてみたい。それはおのずと「近代の超克」の思想的源流をさぐることにも関係してくるのである。

その準備として、もう一度今日の問題状況に立ちかえろう。そこから逆に歴史をさかのぼった方が筋をたどりやすい。

（同、五二頁）

保田与重郎は「近代の超克」座談会に出席してはいない。しかし、その「保田のもたらしたもので保田を考え」ることが「保田の思想から演繹して」、「近代の超克」を考えるよりもずっと重要である。それと同様に、「近代の超克」が戦後にもたらしたものから「近代の超克」を考えようというのである。

だが、ここで注意しておこう。竹内は同時に、もう一つの「重ねあわせ」も行っている。つまり、「近代の超克」を、一九四一年の「日華事変」そして「明治国家の二重性」さらには「安政の不平等条約」にまでさかのぼらせ、これらのモーメントにあった矛盾が噴出した場所として理解していくのである。いずれのモーメントにおいても問われていたのは、欧米への抵抗が同時にアジアへの抑圧となる日本近代の「二重構造」である。「近代の超克」の課題は、「戦争の二重構造にクサビを打ち込み、戦争の性格を変えることによって」（同、四九頁）、「日華事変」以来の「解決不能」な「永久戦争」を解決することであった。しかし、それは解決されることはなかった。先ほど述べたように、ただ「アポリアの解消」に終わったにすぎない。そうではなく、まさに「今日」において、「どこで論理がまちがったかを、歴史を逆にたどることによって発見しなければならぬ」（同、五一頁）。竹内の目に映じていたものは、「安政の不平等条約」以来「今日」に至るまで解けないアポリアの諸モーメントの重なりである。それを貫くアレゴリー的な視線。それが竹内の方法であった。

3 歴史的唯物論者――竹内好とベンヤミン

「アレゴリーにおいては、歴史の死相が、硬直した原風景として、見る者の目の前に横たわっている」（ヴァルター・ベンヤミン「アレゴリーとバロック悲劇」、『ベンヤミン・コレクションI　近代の意味』浅井健次郎編訳・久保哲司訳、ちくま学芸文庫、一九九五年、二〇〇頁）。こう述べたベンヤミンにとって、アレゴリー（諷喩、寓意）という方法は、歴史に対する新たな態度であり、過去に向き合う独特なパースペクティブにほかならなかった。

歴史にはそもそもの初めから、時宜を得ないこと、痛ましいこと、失敗したことが付きまとっており、それらのことすべてに潜む歴史は、ひとつの顔貌――いや髑髏の相貌の中に、その姿を現わすのだ。〔中略〕これがアレゴリー的な見方の核心、歴史を世界の受難史として見るバロックの現世的な歴史解釈の核心である。歴史はその凋落の宿駅においてのみ意味するものとなる。（同、二〇〇―〇一頁）

アレゴリーという方法は、「凋落の宿駅」という「死相」を析出し、それを貫く「受難史」を要請する。それにはまず、「メランコリーのまなざし」で対象を見、それを「死せるもの」としなければならない。では、そのまなざしから析出された「死相」を帯びた諸モーメントを貫く歴史は、どのようにして書かれるのだろうか。ベンヤミンは「歴史的唯物論」という言葉のもと、自らの死を間近にして次のように述べた。

これ［一般史］にたいして、唯物論的歴史叙述の根底にあるのは構成の原理だ。考えるということは、思考の運動のみならず、思考の停止をもふくむ。緊張の極の局面においてふいに思考がたちどまるとき、そこにショックが生まれ、それが思考をモナドとして結晶させる。歴史的唯物論者が歴史の対象に近づくときは、かならず、そのようなモナドとしての対象に向かいあう。この位置からかれは、生起するものを停止させるメシアの合図を——いいかえれば、抑圧された過去を解放する闘争のなかでの、革命的なチャンスの合図を——認識するのだ。それを認めたかれは、歴史の均質な経過のなかから、ひとつの特定の時代を打ちだす。さらに時代から特定の人間を打ちだし、その人間の仕事から特定の仕事を打ちだす。かれのやりかたの成果は、ひとつの仕事の〈なかに〉その人間の仕事が、ひとりの人間の仕事の〈なかに〉時代が、ひとつの時代の〈なかに〉全歴史の経過が、保存され、止揚されているというところにあらわれる。歴史的に把握されたものは、いわば滋養のある果実であって、その〈内部〉に、味わいは深いが趣味的な味はもたない核として、時間をやどしているのだ。（ベンヤミン「歴史哲学テーゼ」、今村仁司『ベンヤミン「歴史哲学テーゼ」精読』岩波現代文庫、二〇〇〇年、七八—七九頁）

必要なことは「構成」であり、過去を歴史主義から解放し、モナドとして取り出し、「ひとつの時代の〈なかに〉全歴史の経過が、保存され、止揚されている」ようにすることだ。

こうしたベンヤミンの「歴史的唯物論」と竹内の「重ねあわせる」方法は別ものではない。たとえば、竹内が武田泰淳の『司馬遷　史記の世界』に与えた評を見てみよう。

歴史はときには停滞のように見え、循環の軌道が不動のように見えても、内部に不測の起爆力をたくわえているかもしれない。そこに着眼すれば持続だけでなく、革命のほうにもっと重みがかかったかもしれない。かりに『司馬遷』が、持続世界に対抗する黙示録世界を背後に想定しつつ筆を進められていたら、作品として、もっと重厚に仕上げられたろうと推定することは、不当ではあるまい。むろん、これは望蜀である。書かれた時期でいえば、流行の流れ史観、または万世一系史観に対抗するには、これが精いっぱいだったろうから。

(「『武田泰淳全集』第九巻解説」一九六一年二月、全集十二巻、一六二頁)

歴史主義に抗して、歴史の「停滞」するモーメントを取り出し、その構造を描いた泰淳。その泰淳に対して、竹内はそれらをさらに貫く「終末史観」(同上)を要求している。それは、メシア的な時間を「歴史的唯物論」に見ていたベンヤミンと同様に、竹内が最終的には、あらゆる出来事を大小問わず救済しようとしていたからである。[2]人類が解放されるメシア的な終末はしかし、過去を解放する現在の者たちを通じてしか到来しない。竹内は、そのためにも、「現在」を鞭うちながら「伝統」を救い、歴史をさかのぼらなければならなかったのである。[3]

4 ■ 他者への変容と道徳

「近代の超克」論文からさらに十年さかのぼることにしよう。中国共産党が政権を取ったその年、革命のない日本にあって、竹内は「文学革命のエネルギー」(一九四九年二月)という論文を書きあげていた。その中で中国文学の革新性について、「伝統と革新という面から眺めると、文学革命は、伝統を全的に否定することによって伝統を全的に甦らせた運動である」(全集七巻、一四〇頁)と述べた。つまり、真の革命とは、外から何か新しいもの(文学、思想)を借りてきて古い伝統に対置してみせるのではなく、悪しき伝統であっても、いや悪しき伝統であるからこそ、その伝統を徹底的に自らがそれにほかならぬものとして抱き取り、その上でその伝統を全面的に否定することなのだ。その上ではじめて、自らもまた、他なるもの・新たなものに変容していく。

窮鼠猫を嚙むとか、毒をもって毒を制す、ということがあるが、究極の追いつめられた状態とは、そのようなものだろう。そして究極の場所でなければ、価値の転換はおこらない。自己が他物に変る一切の道をふさがれたときでなければ、自己が自己であることによって他物に変ることはできない。

(同、一三九頁)

中国文学(そして中国)は、「自己が自己であることによって他物に変る」ことができた。それは、伝統を伝統として体験化することで、抵抗としての主体を形成し、その上で、伝統を切断して自らを自覚的に変容させる方法を有していたからだ。ところが、それは日本文学(そして日本)にはなかった。この論文の最後には、「日本文学は文学革命を経過しなかった。つまり、歴史の断絶を経過しなかった」(同、一四一頁)と書き記されていた。

しかし、日本文学も究極にまで追いつめられていたのではなかったか。伝統に対しても、ある仕方で体験化してはいなかっただろうか。それにもかかわらず、日本文学を中国文学から隔てる決定的な契機があるとすれば、それは何であるのか。竹内の議論をまとめると、それは他に頼らず自ら判断することの欠如、そして何よりも「道徳」の欠如である(4)。

竹内はしばしば「ナショナリスト」であると批判されてきた。「国の独立」そして「愛国」をことあるごとに口にしてきたからである。では、それはいかなる意味での「ナショナリスト」であったのだろうか。その一例として、「近代主義と民族の問題」(一九五一年九月)を見ておきたい。

竹内は、歴史に断絶をもたらすためには、「汚れを自分の手で洗わなければならぬ」(全集七巻、三七頁)と述べた。つまり、ウルトラ・ナショナリズムにまで至ってしまったナショナリズムを眼前に据えて、「血にまみれた民族」としての日本人が、他に頼らず自ら対決し、それを決済することが必要だと言うのである。

一方から見ると、ナショナリズムとの対決をよける心理には、戦争責任の自覚の不足があらわれているともいえる。いいかえれば、良心の不足だ。そして良心の不足は、勇気の不足にもとづく。自分を傷つけるのがこわいために、血にまみれた民族を忘れようとする。私は日本人だ、と叫ぶことをためらう。しかし、忘れることによって血は清められない。（同、三六頁）

「ナショナリスト」としての竹内の立場は明快である。「戦争責任の自覚の不足」、「良心の不足」そして「勇気の不足」が、「ナショナリズムとの対決をよける」ように仕向けているにすぎない。「ナショナリズム」が必要なのは、自分で自分の責任に後始末をつけるためであって、最低限の道徳のためである。「文学革命」そして革命一般には、このような「ナショナリズム」と「道徳」が不可欠である。

ただし、その「道徳」は自己正当化や自己満足に終わる類の規範ではないはずだ。それは、他者のために、他者に向かって、自らを自らでありながらも根底的に変容させる「責任」であるからだ。つまり、他に頼らないとは、他者との関係の非対称性を見据えて、自らがまずは一方的に責任を負うという態度である。

そうであるからこそ、竹内は「六〇年の共通体験」をアレゴリカルな方法を用いて「真の体験」としながら、それを二つの他者に伸ばそうとしたのである。それは、二つの連帯だと言ってもかまわないものである。

5 世代の断絶を越える

その一つは、「戦争体験」に断絶を宣言する「若い世代」に伸ばしていくことである。

戦争体験固執派と、断絶宣言派とが、それが世代差によるか個人差によるかは別として、事実として存在することは認めないわけにはいかない。そのどちらも存在理由を持っていると私は考える。では両者をひっくくる共通項は何であるか。これが戦争体験論にとって当面の課題であることは疑いない。私には既成の解決策の持ちあわせはないが、おそらく他人の体験の追体験の方法を発見することがカギになるだろうと想像される。そういう方法は私小説の伝統からは出てこないし、祖述学問の伝統からも出てこないだろう。新しいワク組みが必要である。学童疎開を、教師の目と、父母の目と、学童の目とから同時にとらえうる方法の発見を、疎開体験から出発しようとしている若い世代に期待する。

（「戦争体験論雑感」、一九六〇年一月、全集八巻、二二一―二二二頁）

冒頭にも触れたように、竹内は、「若い世代」と戦争体験に固執する前代の「戦中派」との断絶をどう繋ぐのかに腐心していた。なぜなら、「若い世代」が「自分を戦争から切りはなしたがる心理そのものが戦争の傷と無関係でないと思う」（同、二一八頁）と確信していたからである。しかし、そのためには「他人の体験の追体験の方法を発見すること」が必要である。それは、「学童疎開を、教師の目と、父母の目と、学童の目とから同時にとらえうる方法」と述べられるように、複数のモーメントを「重ねあわせる」方法であった。

それを確認するために、再び一九六〇年五月に戻りたい。五月二十七日、竹内は丸山眞男そして若い世代の開高健と、「永田町にて窓外にデモの歌声を聞きつつ」鼎談を行っていた。この座談会は、『中央公論』一九六〇年七月号に掲載されたのだが、実は、本論の最初に引用した「戦争体験の一般化について」（一九六一年七月）という論文は、この座談会の再確認から始まっていたのである。

座談会で、竹内と丸山が開高に対して尋ねたのは、若い世代が六〇年の抵抗運動に参加する「行動の発条」についてであった。ところが、開高は、竹内の記憶によると、「よく考えてみたい」(「戦争体験の一般化について」、全集八巻、二二三頁)と述べて、その答えを「直接には語っていない」(同、二二四頁)。このやりとりを、竹内は「嚙み合っていないで、いくらかチグハグになっている」(同上)と捉え、若い世代と自らの断絶を感じ取っている。とはいえ、その原因は、「戦争体験」の一般化に失敗した「私たちの世代」の方にある。竹内は、「遺産を拒否」して戦う若い世代に対して、「戦争体験」を一般化してそこから相続すべき遺産を整理して手渡すことができなかった悔恨を覚えていたのだ。竹内はこう続けている。

若い世代の一部あるいは多数が、前世代の戦争体験を白眼視したり拒否したりするのは、戦争体験の封鎖性を前提にするかぎり、もっともな理由があるといえる。しかし、もし彼らが主観的に拒否すれば戦争体験の世代と切れると考えるならば、そのこと自体が戦争の傷から解放されていないこと、彼らもまた戦争体験の特殊化の被害者であることを証明している。遺産を拒否するという姿勢そのものが遺産の虜である。歴史を人為的に切断することには私は反対ではないが、切断するためには方法をもってしなければならない。戦争の認識を離れてその方法が発見できるとは思えない。(同、二二七―二八頁)

竹内は再び、「戦争の傷」に言及している。必要なことは、遺産を遺産として継承し、その上で「歴史を人為的に切断する」ための「方法」である。そして、その多少とも成功した具体例として、吉本隆明、本多秋五、尾崎秀樹の文芸批評を挙げていた。なぜなら、それらは鶴見俊輔が提唱した「戦争体験を戦後体験と重ねあわせて処理するという方法」を「意識的にせよ無意識的にせよ採用している」(同、二三〇―三一頁)からである。

とはいえ、断絶を埋めるのは容易ではなかった。竹内が成功例としてあげた吉本隆明との間にさえ連帯を維持できなかったからである。六〇年の五月末に、吉本と「激論」になった竹内は、「では双方わが道を行くほかない、ということで私は会を中座した」と言う(5)（「著者解題」、全集九巻、五〇二―〇三頁）。「戦争体験」を伝達することはかくも困難であったのである。

それでも、竹内は「戦争の傷」にこだわり続けた。なぜなら、戦争はまだ終わっていないからである。ここで、もう一つの他者、そして竹内にとっては最大の他者である中国に向かわなければならない。

6 中国問題と法

そもそも竹内が新安保条約に反対した最大の要因は何であったのか。それは、米国の占領下にあり独立していない状況で締結されていた旧安保条約を、サンフランシスコ講和条約で「独立」した後に改定することが、日本が「自主的に」中国を敵視し、中国との戦争状態を継続することになるからであった。サンフランシスコ講和条約締結の時期に、全面講和を唱えていた竹内にとって、中国との戦争を法的に終わらせることが、「日本人の道徳責任」（「日中関係のゆくえ」、一九六〇年三月、『不服従の遺産』所収、全集九巻、四七頁）の根幹をなしていた。六〇年五月十七日の時点においてさえ、竹内はこう述べていた。

こういう［日本と中国が法的にはまだ交戦状態にある］状態は、日本国民の願望と一致しておりません。日本国民の大部分は、中国に対していちばん大きな戦争責任を感じ、中国との国交回復によってこの責任をつぐないたいと希望し、中国との国交回復が日本の外交政策の中心になるべきだと考えております。

（「破局に直面する日中関係」、一九六〇年五月、全集九巻、九六頁）

中国との法的な講和と国交回復は、単なる政治技術や手段の問題ではなかった。後の発言から引用するなら、それは「個人としても民族としても、生存のための最低の倫理的条件」（「池田講演を読んで」、一九六八年十一月、全集十一巻、三四二頁）であった。したがって、新安保条約を承認し批准することは、その「生存のための最低の倫理的条件」に関わる法を無みすることにほかならない。たとえそれが別の法の名でなされようが、法が法たるゆえんを破壊する以上、それは法への根底的な暴力である。

よく知られているように、六〇年五月十九日深夜の新安保条約強行採決の後、竹内はすぐさま東京都立大学を辞職した。そして、辞職理由書を書き、メディアを通じてそれを発表したのである。その辞職理由とは、立法と行政という二権の長が憲法を無視した状況下では、公務員として憲法尊重義務を誓った自分がその職務に止まることができない、というものであった。竹内は憲法に訴え、憲法の名のもとで辞職したのである(6)。

ここで憲法に訴えたことを、当の竹内は「天来のひらめきのよう」なものだと嘯いていた。憲法が「ふだんにつちかわれて」、「意識下に沈潜している」からこそ、この非常の時に噴出し、意志決定をさせたというのである（「私たちの憲法感覚」一九六〇年六月、『不服従の遺産』所収、全集九巻、一三二―一三三頁）。しかし、竹内はこの時にはじめて憲法を持ち出したわけではない。それより以前にすでに、憲法について重大な局面で言及していたのである。

7 捨てられた憲法を拾え――暴力に抵抗する憲法

一九六〇年に新安保条約は中国問題であると言うとき、竹内がそれをサンフランシスコ講和条約締結の非道とたえず二重映ししていたことはすでに述べた。そのサンフランシスコ講和条約が批准された一九五二年（締結は一九五一年）に戻ってみよう。
この年、戸坂潤の『日本イデオロギイ論』（一九三五年）を遺産相続するかのように、竹内は『日本イデオロギイ』を出版した。その冒頭に置かれた「若い友への手紙」の第四章は「憲法と道徳」と題されていた。

なぜ、身についたか。時間の経過、ということもあります。が、それだけではない。白日の下に、新憲法が無慙に犯されていくのを見ている中に、いつとはなく、これでいいのか、という疑問が起ってまいりました。人ごとのように眺めていていいのか。自分のものではなかったのか。いつとはなく、わが身に痛みを感ずるようになりました。［中略］私の場合は、為政者の憲法無視が、逆に私に憲法擁護の気持を起させた。これを、さきに述べた私流の歴史法則に照らして申しますと、与えられた憲法を否定する力は自分になかったが、幸か不幸か、権力者が暴力的に破壊するので、その破壊をテコにして、次第に自分のものとして受け入れるようになった。これは一種の弱者の智慧であります。

（「若い友への手紙」、一九五二年五月、全集六巻、四三―四四頁）

旧憲法を自ら否定して、新憲法を制定したのではないために、それを「結構な憲法だとは思ったが、何だかまぶしくて、人ごとのような気がし」（同、四二頁）ていた竹内は、その新憲法が権力者によって「無慙に犯されていく」ことから反転し、それを抱き取り、わがものにしようとしていく。なぜなら、それが魯迅を典型とする「弱者の生き方」すなわち、「自分の憎むものに自分が憎まれるようになること」であるからだ（同、四五頁）。捨てられたからこそ拾い上げるという憲法擁護は、「弱者の智慧」である。
竹内がその後も一貫して主張したのも、捨てたものであればそれを拾い自らのものにしようという憲法擁護であった。憲法というあらゆる法の根源にある法を暴力的に与えた側が、その法を暴力的に破壊していく。「えいっ、くそっという気がいたしたわけであります」(「私たちの憲法感覚」、全集九巻、一三二頁)、「腹が立った」(「憲法擁護が一切に先行する」、一九五四年五月、全集六巻、三七二頁)という言葉で、法への暴力に対する怒りを率直に表明しつつ、竹内はその暴力に抗して、法の名のもとに、法を断固として擁護しようとしたのである。

ここには、法に対する原初的な関係一般と、法を支える「普遍」への信があるだろう。すなわち、法はつねにすでに暴力的に強制力を伴って与えられている。しかし、法を与えた力は、その法を理解することなく蹂躙する。それに対して、抵抗する「主体」は、初発の法とその暴力を抱きとり自らを「主体」として形成し、その法を法の「普遍性」の名のもとに、二次的な暴力に抗して擁護し、それをわがものとしていく。これが「アジアの原理」であり、「価値の上の巻返しによって普遍性をつくり出す」(「方法としてのアジア」、一九六〇年一月、全集五巻、一一五頁)ことなのだ。

だが、それは何のためになのか。竹内はこの問いに答えて、生命にも優先するもののためだと述べた。「憲法は生命に優先すると考える」(「憲法擁護が一切に先行する」、全集六巻、三七三頁)。ここで言う憲法は、単に実定法を支える、法の法ではない。それは、すでに引用した表現を再び使うなら、「個人としても民族としても、生存のための最低の倫理的条件」である。

8■愛国心、解散を目標とする国家

しかし、注意しておこう。竹内が「道徳」や「倫理」を語るとき、それは個人に関してだけでなく、つねに「民族」に対しても述べられていたことを。それと同様に、憲法の「主体化」と「内面化」を語るときにも、たえず「民族化」があわせて述べられていた。

もしわれわれが自由な人間になろうとするならば、どうしても憲法というものを身についた内面化された、つまり言いかえるならば、それは同時に民族化ということとなると思いますが、これが自分のものである、というのは与えられたものでなく、自分のなかから生み出したものであるというふうにならなければならないと思います。

（「私たちの憲法感覚」、一九六〇年六月、全集九巻、一三七頁）

竹内の「民族」あるいは「民族化」を「自然主義」的に理解してはならないはずである。とはいえ、竹内の用語法にはそのような「自然主義」がたえずつきまとってくる。たとえば、「民族」と「愛国」を述べた次の箇所を見てほしい。

愛国という言葉は、一度は警戒されましたけれども、私はやはり愛国ということが大事だと思います。日本の民族の光栄ある過去に、かつてなかったこういう非常事態に際して、日本人の全力を発揮することによって民族の光栄ある歴史を書きかえる。将来に向って子孫に恥かしくない行動、日本人として恥かしくない行動をとるというこの戦いの中で、皆さんと相ともに手を携えていきたいと思います。

（同、一三八頁）

「日本の民族の光栄ある過去」そして「民族の光栄ある歴史」から「愛国」を語る竹内は、「ナショナリスト」として批判された面目躍如といったところだろう。(7)

だが、それでも強調しなければならないのは、この「民族」にせよ「愛国」にせよ「自然主義」的に理解するだけでは不十分である。なぜなら、竹内は「国体」という「天壌無窮」を徹底して切断しようとしていたからである。

『不服従の遺産』の「あとがき」に、その手がかりがある。

私は、日本国家にも、解散規定を設けることを提唱したい。そうしないと愛国心はおこらない。

（「あとがき」、『不服従の遺産』所収、全集九巻、二九四頁）

これは「終末観について」と題された最終節の言葉である。つまり、竹内の言う「愛国心」は、人間の集団である結社や国家そして文明の「終わり」を設定することでおこる、いわば〈思想的感情〉なのだ。それは、自然的な感情あるいは自然主義的に了解される感情などではない(8)。

では解散を目標とする国家とは何か。

私の空想をいわせてもらうと、一案は、日本をいくつかに分割して、それぞれのプランにしたがって国づくりをやらせてみる。朝鮮やドイツのような他律的でない、自主的な分割による実験案である。これは、権力によって画一的な、とりかえしのつかぬ実験を全国規模でやるよりは、合理的、かつ有効であろう。

（「一九七〇年は目標か」、一九六四年十月、全集九巻、三八六頁）

国家を自主的に分割して、それぞれの場所で「国づくり」をやってみてはどうか。こう提案する竹内にとって、国家は「天壌無窮」な自然的なものではない。それは構成されるものであり、始まりと終わりを有している。しかも、その構成もまた自然的なものではなく、変革された学問が経験から抽出した「法則」に従っている。これを逆から言えば、そうした学問を持たず、「法則」に従うことのない国家は国家ではなく、そこに集う人々は「民族」とは言えない。

国民文学が成立しなければ日本は滅亡するということですが、それはややオーヴァーな言い方だったかも知れないけど、むしろわたしはオーヴァーじゃないと思っています。今は日本民族は滅亡したと思ってるんです。それはまた将来は再生する可能性はあるんだけども、現状は亡国の状態だと思いますね。

(「予見と錯誤」、一九六六年六月、全集九巻、四一八頁)

竹内にとって、経験を経験たらしめ、そこから「法則」を抽出する「学問」とは、何よりも文学であり、「国民文学」である。ところが、戦後日本にはその「国民文学」が実現しなかった。それは、自らを根底的に変容させた道徳的な主体が成立しなかったということであると同時に、「始まり」と「終わり」をみずからに与えることができなかったということである。そうである以上、「日本民族は滅亡した」、「現状は亡国の状態」と言うほかない。

9 亡国の歌

六〇年代を通じて、竹内は年頭に当たってつねに来し方を報告し、行く末に希望を託す文章を書いてきた。その最後の文章が、一九六七年一月「六〇年代・七年目最終報告」であり、その擱筆に次のようにある。

亡国の民は、亡国の歌をうたうよりほかになすことがない。すなわち一句、古人に借りていわく、我ときて遊べや親のない雀。

地火はあるだろう。地火が絶えることはあるまい。しかし、地火の噴出をこの目で見ることは断念するほかないように思う。雀と遊ばんかな。

（「六〇年代・七年目最終報告」、全集九巻、四二八頁）

ここで竹内が「亡国の歌」を俳人小林一茶から借りているのは偶然ではない。この年、竹内好は五七歳であり、そしてこの句を詠んだ当時の一茶もまた、数え年ではあるが五七歳であった。

竹内はこの一句を、いったいどのような感慨を込めて引用したのだろうか。竹内も一茶と同様に、五七歳の前に病を得て健康を害していた。そして、ちょうど一年前の「六〇年代・六年目の中間報告」（一九六六年一月十一日）では、荘子に言い及び、「荘子の中心思想の一つは、生死は自然にゆだねよ、ということである」（全集九巻、四一〇頁）とも述べていた。とはいえ、あくまでもその境地への接近は「知による方法」を通じてでなければならない。「ああ、学ばんかな、学ばんかな」（同上）。その上で歌う「亡国の歌」である。(9)

なお、ここでもう一つ言及された「地火」という言葉は、魯迅が一九二七年に書きつけた『野草』「題辞」からとったものである。『野草』という作品を「魯迅のエッセンスともいえる」（「『野草』解説」、一九五五年七月、全集一巻、三二四頁）と評した竹内は、この「題辞」を次のように訳していた。

私は私の野草を愛する。だが野草を装飾とする地を憎む。

地火は地中を運行し、奔騰する。熔岩ひとたび噴出すれば、一切の野草と、および喬木とを焼きつくす。こうして腐朽するものさえなくなる。

だが私は、心うれえず、心たのしい。高らかに笑い、歌をうたおう。

（竹内好個人訳『魯迅文集』二巻、筑摩書房、一九八三年、三—四頁）

魯迅は、「死んで久しい人間の血と肉を吸」った「野草」という文学が「腐朽」すること、さらには「地火」によって「焼きつく」されることを「心たのしい」として大いに肯定している。そして、歌はここで歌われる。ところが、「地火」が噴出することはない。この文章の続きはこうだ。

天地がかくも静謐では、私は高らかに笑い、歌をうたうことができない。天地がかく静謐でなくても、私はそれができぬかもしれない。私はこの野草のひと束を、明と暗、生と死、過去と未来の境において、友と仇、人と獣、愛者と不愛者の前にささげて証とする。（同、四頁）

私自身のために、友と仇、人と獣、愛者と不愛者のために、私はこの野草の死滅と腐朽の速かならんことを願う。そうでなければ、私はそもそも生存しなかったことになる。それでは実際、死滅と腐朽よりも不幸だ。

去れ、野草よ、わが題辞とともに！（同上）

「野草」がいたずらに咲き誇り、「地」を「装飾」するばかりの「静謐」。そこでは「歌をうたうことができない」。歌を歌うことができない静謐さの中で、「亡国の歌をうたう」竹内。それは、みずからの「野草」を捨て去ることだったのではないだろうか。一九六〇年正月に、竹内は明治百年を記念する行事を一九六七年に行おうと提案していた。それによって「明治国家を対象化できる方法を発見」しようとしたのだが、一九六五年にはその提案を撤回したのである（「六〇年代・五年目の中間報告」、一九六五年一月、全集九巻、三九二頁）。それは、竹内が自らに「評論家失格」を宣告した時期であると同時に、「「戦後」革命」が決定的に不毛な仕方で失敗したと断じた年でもあった。

一九六〇年五月には、竹内は「闇が深まるときは暁の近づくときであります。絶望の底に希望がうまれます」(「決断の時」、『不服従の遺産』所収、全集九巻、一〇三頁)と述べることができた。しかし、そのわずか八年後には「日本の戦後に一度は希望をもったことはあるけれども、いまはありませんよ。幻想だったというほかありません」(「危機の時代の思想」、一九六八年一月、全集九巻、四三七―三八頁)と吐き捨てるほかなかった。あれほどまでに欲していた「終末」が全く不本意な形で到来してしまったのである。

この不本意な「終末」において、竹内が捨てた「希望」をどう拾い上げるのか。「戦争の傷」がさらに深く膿んでいる今、これは不服従の遺産を相続するわたしたちの問いである。

注

(1)『竹内好全集』全十七巻、筑摩書房、一九八〇―八二年。以下全集と略記。

(2)「一九六〇年の記録」として編まれた『不服従の遺産』の「まえがき」で、竹内は、大事件と小事件を並べて配置することで、将来(おそらくは終末)において利用されるべき記録を残そうとしていた。「私は歴史の証人になりたかった」という竹内は、「散佚してしまうおそれ」に駆られて、「ガラクタの山のなかから」、「もの」を「掘り出し」、それを蒐集したのである(『不服従の遺産』一九六一年七月、全集九巻、五頁)。

これはベンヤミンの次の言葉に遥かに呼応している。「さまざまな事件を、大事件と小事件との区別なく、ものがたる年代記作者が、期せずして考慮に入れている真理がある。かつて起こったことは何ひとつ、歴史から見て無意味なものと見なされてはならない、という真理だ。たしかに、人類は解放されてはじめて、その過去を完全なかたちで手に握ることができる。いいかえれば、人類は解放されてはじめて、その過去のあらゆる時点を引用できるようになる。人類が生きた瞬間のすべてが、その日には、引きだして用いうるものとなるのだ――その日こそ、まさに最終審判の日である」(「歴史哲学テーゼ」、『ベンヤミン「歴史哲学テーゼ」精読』、五六頁)。

(3)竹内がこうした救済的な「終末史観」を獲得したのは、中国文学からであり、とりわけ魯迅からである。このことをつとに指摘していたのは、伊藤虎丸であった。「あるいは失笑を買うような見当ちがいかも知れないが、私は、ここで見てきた竹内氏の戦後における「近代主義」批判は、氏が『魯迅』を書く中で彼においてとらえた「終末論の契機」を導入することによって、戦後の「科学主義」(あるいはマルクス主義)を、「主体的に内側から思想化する」努力だったと言えるのではないか、と思うのである」(伊藤虎丸『魯迅と終末論——近代リアリズムの成立』龍渓書舎、一九七五年、二九三頁)。

(4)「新中国の精神」(一九四九年十二月)ではこう語られている。

権威そのものを徹底的に除くためには、自身が権威になることによってその外在性を消すよりほかに方法がない。他律的に押しつけられたものを主体化し、外的権威を内面化することによってのみ、破壊は完成し、真の人間の自由は実現する。中共のモラルは、このような転換によってうまれたものだ。〔中略〕儒教的規範は、今日、人間にとっての拘束ではなく、自由の内面律である。中共が民族の伝統の破壊者であるという批判は、この点からすれば見当ちがいであって、中共こそ民族のもっとも高いモラルの体現者である。そして、このモラルが新中国の力の源泉である。(全集四巻、一〇一頁)

日本とのコントラストを際立たせるように、中国(もしくは中国共産党)とその「モラル」が過剰なほど理想化されている。ここで問うべきは、竹内が「モラル」あるいは「道徳」を、「力の源泉」だと規定し、それを肯定したことの帰結である。

そもそもこの「力」は、暴力に対する「抵抗」の力である。その限りでは、この「力」は「道徳」に支えられており、許容できるはずである。それは、「初発の動力」もしくは「始発の暴力」であり、それによって「根拠地」が建設されるものである(「評伝　毛沢東」、一九五一年四月、全集五巻、三一〇—一一頁)。では、万が一その「抵抗」が成功し、「破壊は完成し、真の人間の自由は実現する」と述べられる事態が出現したらどうなるのか。

その実現が日本においては不可能であるにしても、竹内にとっての中国には、すなわち可能性としての中国には、破壊が完成した「終末」が訪れうるはずであった。では、そこでは「道徳」と「力」がついに揚棄されたのだろうか。「もし根拠地が最大になれば、敵の戦力は最小になるから、武力闘争は消滅する。これが窮極の型としての平和革命だ」(同、三一〇頁)。竹内はこう「終末」を予言するが、中国がそうなったかどうかは答えていない。しかし、実際の中国においては、「道徳」はやはり不断に作りだされていたし、それとともに、「力」も生み出され続けていた。「初発の暴力」が繰り返し反復されていたのである。「抵抗」すべきものが無くなっても「抵抗」し続ける、あるいは「抵抗」すべきものを捏造してまでも「抵抗」し続けることが、どれだけの災厄をもたらすのかを、竹内の議論から量ることはできない。「道徳」と「力」を強く結びつければ結びつけるほど、姿を変えて「道徳」の中に忍び込む暴力を批判するのは困難になるからだ。

「道徳」に訴えざるをえないにしても、その詐術に惑わされないこと。「始動力としての暴力」が不可欠だと言うにしても、その「終わり」をたえず想像すること。竹内に抗して、しかし竹内とともに、こう問い続けたい。

(5) その後、竹内はすぐに「四つの提案」そして「民主か独裁か」を発表し、安保問題の解決の前に、独裁に抗して民主主義を再建することが喫緊の「プログラム」であると論じた。それに対して、吉本は「ここでは、ほとんど了解をこえることが語られている」(吉本隆明「擬制の終焉」、一九六〇年十月、『吉本隆明全集撰3　政治思想』、九四頁)と応じ、「丸山眞男や竹内好のいう市民民主主義の運動」は「擬制進歩主義の変態」にすぎず、「真制の前衛、インテリゲンチャ、労働者、市民の運動」からは無縁であったと断じたのである(同、九八―一〇〇頁)。

(6) 「辞職理由書」(一九六〇年五月二十一日、『不服従の遺産』所収、全集九巻、九九―一〇〇頁)を参照のこと。

(7) 伊藤虎丸は、武田泰淳を引きながら、竹内の魯迅像とりわけその体系を拒絶する個性的思考の摘出には小林秀雄からの影響があると指摘していた(前掲書、二五五―五八頁)。竹内が小林秀雄を批判しながらも、小林流の「自然主義」に絡め取られる皮肉を見過ごすことはできない。

たとえば、文化大革命を撮ってしまった『夜明けの国』(岩波映画、一九六七年)という映画の竹内評を見てみよう。この映画の後半に、撫順炭鉱のシーンがあるが、それを見た竹内は、「露天坑の内側の斜面に、ほとんど数えきれないほどの線路が敷かれていて、その線路の上を、右に左に、重なり合うようにして長い貨車の列が動いている。こういう自然の景観(というほかに言いようがない)は、それだけで私の感動をさそう。私は自分がセンチメンタルなことを認めるが、感動はいかんともしがたい。そしてその感動の内容を説明するのはむずかしい」(「夜明けの国」、一九六七年十一月、全集四巻、四二四頁)と述べていた。

無論、この炭鉱が南満州鉄道の大きな収益源であり、多くの中国人労働者が強制労働させられた舞台であったことを竹内が知らないはずがない。しかも、この映画には、その労働者たちが埋められた「万人の墓」が累々と続くシーンが映っているのだ。ところが、竹内は驚くことに、「極限を愛するいまの映画ファンには、なまぬるい感じがするかもしれない。アウシュヴィッツの比ではない、とかれらは言うだろう。私もそれを認める」(同、四二五頁)として、それを「日常性」のなかに回収したのである。

(8) 竹内の「感情」をロマンティシズムとナショナリズムとの深い関係から論じたものとしては、"Literature and its Dangers" (Richard Calichman, *Takeuchi Yoshimi* : Displacing the West, Cornell University East Asia Program, 2004) を参照のこと。

また、別の文脈であるが、孫歌は、竹内が戦争記憶に浸透する感情とその共有困難さという問題を立てていたとして、それを「感情記憶」という言葉で考えようとした（孫歌『竹内好という問い』岩波書店、二〇〇五年、二〇四―〇五頁／同、『アジアを語ることのジレンマ』岩波書店、二〇〇二年、六八―七七頁）。

（9） 一九五一年六月に「文学と倫理」について論じた「亡国の歌」にはこうあった。「国がほろびるときは、文学者はただ亡国の歌をうたえばいい。かれはただ、満腔の熱情をこめてそれをうたえばいい。しかし、いまからそれをはじめるのは少し早すぎはしないかと私は思う」（全集七巻、二八頁）。文学者が時代を表現し、その表現行為自身にモラルがあるという中国文学の理想に寄り添っていた竹内には、戦後の文学は「亡国の歌」にさえもならなかったと言えば言い過ぎであろうか。

朴正煕の法による殺人
人民革命党事件、民青学連事件、人民革命党再建委員会事件

韓洪九

二〇〇五年一二月七日、「国家情報院過去史真実究明による発展委員会」（以下、「真実委」）は、朴正煕（パク・チョンヒ）政権時代における最大の公安捏造事件である人民革命党事件、民青学連事件および人民革命党再建委員会事件に対する調査結果を発表した。人民革命党再建委員会事件は、日本の最高裁にあたる大法院の確定判決後わずか一八時間後に八名を電撃処刑するという、司法殺人として悪名が高かった事件である。ここに紹介する文章は「真実委」の公式発表文であり、当事件の調査責任を持つ韓洪九教授が作成したものである。〔訳者〕

1 人民革命党事件

1 時代的背景

一九六一年、五・一六軍事クーデターによって政権を取った朴正煕は、軍隊への復帰を約束したいわゆる「革命公

約」を破って、一九六三年一〇月の大統領選挙に出馬し当選した。日本の資本を引き込み経済開発計画を推進しようとした朴正熙政権にとって、韓日会談は死活問題にも等しい利害関係が絡んだ問題であった。しかし大学生たちは、植民地支配に対する歴史的清算という民族的課題を、政権レベルの利害のために拙速に処理しようとする朴正熙政権を批判した。つまり政権が推し進める韓日国交正常化交渉を屈辱的韓日会談として弾劾し、政権退陣を要求したのである。

一九六四年五月二〇日、ソウル大学文理学部生たちは、当時朴正熙が標榜していた「民族的民主主義」の終息を意味する模擬葬儀を済ませたあと、棺を担いでデモに繰り出した。政府はこれを体制転覆の企図とみなし、学生たちを無差別に連行し拘束令状を請求した。しかし、担当判事が令状請求を却下すると、武装した軍人たちが裁判所に乱入する事態にまでエスカレートするなど、政局の緊張感は高まる一方だった。

学生たちのデモが全国的に拡大するにつれて国民的共感が次第に広まると、政府は一九六四年六月三日、非常戒厳令を宣布した。朴正熙政権は危機的状況のなかで、学生運動の背後に北傀［＝北朝鮮］の指令を受けた人民革命党が潜んでいると発表した。以上の経緯からわかるように、一九六四年の「第一次人民革命党事件」は、政権発足以降の最大の危機であった「六・三事態」において、学生たちの反政府デモの波及力を抑えようとする過程で発表された公安事件である。

2 中央情報部など公安機関の発表内容

一九六四年八月一四日、中央情報部は「北傀の指令を受け国家紊乱を企図した大規模地下組織「人民革命党」を摘発し、関連者五七名中四一名を拘束し、残りの一六名は手配中」だと発表した。当時のキム・ヒョンウク中央情報部長の発表は、以下のようなものであった。

一九六二年一月、ウ・ドンウプの自宅において南派［韓国に派遣された］間諜キム・ヨンチュンの司会で、ウ・ドンウプ（本名ウ・フンソン）、キム・ベヨン、キム・ヨンクァン、キム・クンス、ド・イェジョン、ホ・ジャク、キム・ハンドゥク、パク・ヒョンチェなどが人民革命党の党結成のために集まり、その発起人となった。ここで「北傀労働党」綱領・規約をもとに、人民革命党の新綱領・規約を採択し発足させた後、一九六二年五月中旬、北傀間諜キム・ヨンチュンが北に行き「北傀労働党」に人民革命党設立の結果を報告した。その後、一九六二年一〇月には、教養委員であるキム・ベヨンが党の資金を受領するため日本経由で北に行き、ド・イェジョンは全国の党組織建設に着手し、パク・ヒョンチェなど五〇名を入党させ、全国の郡・面［地方行政単位］単位と職場内に細胞組織を作っていった。そうしたなか、一九六四年二月「北傀中央党」の指令を受け、韓日会談反対デモを「四・一九」［一九六〇年、李承晩（イ・スンマン）独裁政権を倒した民主革命］と同じような革命に発展させることによって、現政権を倒すことを決意する。その内容は、中央党示威指導部がデモの方向とスローガンを統一するよう全国学生組織に指令すると共に、現政権が打倒されるまで学生デモを操ることによって、北傀が主張する路線に沿って南北平和統一を成就する目的で闘争する、というものであった。そして、人民革命党関連者はこうした闘争のさなかで検挙されたのである。

3　事件の処理

人民革命党事件は、中央情報部が学生デモの背後をつきとめ、北傀と直接つながりを持つ大規模地下組織を摘発した重大な事件として発表された。中央情報部はこの事件を捜査した後、ソウル地検に送致し、ソウル地検公安部はイ・ヨンフン部長検事の指揮のもと、二〇日間この事件の捜査を実施した。しかしイ・ヨンフン部長検事とキム・ビョンリ、チャン・ウォンチャンなど公安部検事たちは、拷問疑惑がある自白以外には嫌疑を立証できる証拠が見当たらないことを理由に、「良心上どうしても起訴することができず、控訴を維持する自信がなかった」として起訴状に署名することを拒否した。

これを受けて検察総長シン・ジックス（前中央情報部次長）、ソウル地検長ソ・チュヨンなどの検察首脳部は、事件を捜査してもいない当直検事チャン・ミョンレに指示して、二六名を国家保安法違反（反国家団体組織）嫌疑で起訴させた。そしてイ・ヨンフン、キム・ビョンリ、チャン・ウォンチャン検事は自分たちの不起訴意見が受け入れられなかった上に、無理な起訴がなされることに反発し辞表を提出した。

その一方で、検事たちの「命令不服」とともにこの事件に関する拷問疑惑が広範囲に提起されると、検察はこの事件の再捜査に着手せざるをえなかった。人民革命党事件を再捜査したソウル高等検察庁ハン・オッシン検事は、起訴された二六名のうち一四名の起訴を取り下げて釈放し、一二名に関しては、当初の国家保安法上の反国家団体組織嫌疑を適用した控訴状を異例とも言える仕方で変更し、反共法第四条一項（賞賛・鼓舞）違反嫌疑で再起訴した。

結局、司法部はこの事件に対し、一九六五年一月〇日、一審（裁判長キム・チャンギュ）において、彼らがサークルを結成したことは認められるが、北傀に同調した事実は認められないとし、被告一三名中ド・イェジョンには懲役三年、ヤン・チュンウには懲役二年をそれぞれ宣告し、他の一一名に関しては無罪を言い渡した。一九六五年六月二九日の抗訴審（裁判長チョン・チウォン）においては、一審判決を取り消し、ド・イェジョンには懲役三年、パク・ヒョンチェなど六名には懲役一年、イ・ジェムンなど六名には懲役一年に執行猶予三年など、全員に有罪を言い渡し、大法院は一九六五年九月二一日、この判決を確定した。

世間を騒がせた人民革命党事件は、中央情報部の発表とは違い、学生運動の背後にあった大規模な反国家地下団体としてではなく、反共法上の単純な鼓舞・賞賛罪のみにより有罪判決を受けた事件であったのである。

4 疑惑および争点

(1) いわゆる「人民革命党」は実在したのか

「真実委」の調査の結果、これら関連者の一部が、当時司法当局が判断したような、党の水準までは満たさないサークル形式の集まりを持つにすぎなかったこと、「人民革命党」という名称はその他の多数の名称のなかの一つとして言及されただけであること、そして綱領・規約も構成員の間で議論されたことはあったが正式に採択されてはいなかったこと、などが明らかになった。

いわゆる「人民革命党」は、「五・一六軍事クーデター」によって社会団体の政治活動が全面的に禁止された状況のなかで、革新系の主要人物たちが、将来合法化されるであろう革新政党活動に備えるために革新系青年たちの統合を議論した活動が公にされたものであった。したがって、それが「国家紊乱」を企図した反国家団体として実在したとは到底言えない。

(2) 人民革命党は北朝鮮の指令によって組織され活動したのか

中央情報部は、人民革命党が北朝鮮の指令によって組織され活動した根拠として、党結成を主導した南派間諜キム・ヨンチュンと、党結成に参加した後、北朝鮮に行き、その後の一六九七年に南派されたキム・ベヨンの存在を挙げていた。

(a) 南派間諜キム・ヨンチュンに対する疑惑

中央情報部のさまざまな内部文献と検察の「控訴状変更申請書」を見ると、中央情報部が「南派間諜キム・ヨンチュン」と発表した人物はキョンナン〔慶南、プサン周辺の韓国東南部地方〕コソン出身で、「四・一九」の後「社会大衆党」の公認によってコソン地域で民意院〔日本の衆議院にあたる〕に出馬したが落選した、前東亜大学哲学科教授キム・サンファン（一九一九年生）であった。

キム・サンファンが中央情報部の発表の通り北朝鮮に行ったのは事実であるが、「キム・サンファン越北真相調査報告」などの内部文献によると、彼は南派間諜として北に復帰したのではなく、韓国内のほかの対北朝鮮情報機関から特殊工作の任務で北派されたのだった。対北朝鮮情報機関は「過去の左翼活動経歴所持者で、北派の後、北傀の信頼を獲得できる人物を物色中、教授出身であるキム・サンファンの個人的弱点を利用して越北させた場合、工作成果があげられることが期待できる」として、彼を選抜したのだった。

一九六四年八月一四日、中央情報部が人民革命党事件に関して発表した当時、中央情報部はキム・サンファンが対北朝鮮情報機関によって北派された事実は知らなかったが、少なくとも彼が南派間諜ではなかった事実は把握していた。それにもかかわらず中央情報部が虚偽の事実を発表し、学生運動の背後に南派間諜がいるような印象を与えようとしたことは、情報部みずからが政権の侍女になることを買って出たと言わざるをえない。

（b）南派間諜キム・ベヨン問題

一九六四年八月一四日付、中央情報部発表文によると、人民革命党結成委員キム・ベヨンは党指導部の指令により「約定された暗号形式で党資金を受領するために」、一九六二年一〇月、日本経由で越北したことになっている。しかし彼が越北したのは、国内で人民革命党事件が発表された三ヵ月後の一九六四年一一月である。一九六四年八月時点で、キム・ベヨンの所在が未確認だったにもかかわらず、中央情報部が越北したと発表したのは、学生運動の背後に親北勢力があるように見せるための虚偽事実流布に当たると思われる。

キム・ベヨンは一九六七年一〇月、工作員として南派され当局に検挙された後、一九七一年死刑に処された。その後、中央情報部は、一九七四年の人民革命党再建委員会事件のときも、キム・ベヨン問題を挙げながら、過去に人民革命党は北傀とつながりを持った事実を証明する有力な証拠だと主張した。しかし、一九六四年一一月に越北したキム・ベヨンが、一九六四年八月に摘発された人民革命党組織の北朝鮮とのつながりを証明する根拠にはなりえなかったのである。

（c）一九六四年の学生デモは「北傀の指令」もしくは「人民革命党の背後指令」によるものだったのか

当局は「北傀の指令を受けた人民革命党」があったと発表したが、これは全国的に広まる一方だった韓日会談反対デモという背景のもとで、中央情報部が政権の危機を脱するよう捏造したものではなかったか、という疑惑が繰り返し指摘されてきた。

事実、中央情報部によって人民革命党と学生運動の間を取り持った人物として名指しされたオ・ビョンチョルは、全国規模に広まった学生デモは対日屈辱外交に対する学生たちの義憤からなる行動であって、いかなる勢力の指令や先導によるものでもない、と陳述している。そして、中央情報部は学生デモが北朝鮮はもちろんのこと、人民革命党の指令や指導を受けたという具体的な証拠を何一つ提示できなかっただけでなく、学生指導係として名指されたキム・キョンヒが中央情報部の調査過程で学生デモに関することは全く調査を受けなかったと述べているほどであった。したがって、一九六四年韓日会談反対学生デモは、人民革命党事件関連者らの「指南」によって発生し展開されたとみなせないだけでなく、「北傀の指令」によるものともみなせない。

（3）人民革命党事件の捜査過程で拷問などの不法捜査が行われたのか

人民革命党事件は、担当検事らが自白以外の証拠がないとの理由で起訴を拒んだことで、波紋が広がった事件であり、それに継いで、民政党パク・ハンサン議員が、人権擁護協会の名のもとで、被疑者たちの拷問事実を暴露し社会的に物議をかもした事件でもあった。

検察が異例とも言えるほど迅速に拷問疑惑捜査に着手した点、および当時「拷問問題」によって窮地に立たされていた捜査機関が「捜査する」と公言して捜査したにもかかわらず「拷問がなかった」という発表をしなかった点（検察の捜査記録が残っていないことを「真実委」が確認した）も考慮に入れるべきである。もちろん、一部の人民革命党関連者が、拷問を受けていないにもかかわらず、公判闘争の一環として、同僚たちの主張に歩調を合わせ拷問を受けたと答えた点、もしくは過酷な捜査を誇張して陳述した点は考慮に入れるべきであろう。しかしともかく、検察が拷問疑惑が提起された中央情報部の捜査を白紙に戻し、原点からもう一度事件を捜査したことを考えるとき、中央情報部の捜査過程で拷問が行われたことは否認されえないだろう。

2 民青学連事件

1 時代的背景

朴正煕大統領は、一九六九年の「三選改憲〔再選まで認められていた大統領選挙法を三選まで延長させた改憲〕」の後、一九七一年の大統領選挙によって三選に成功したが、正常な憲法プロセスを守ることを前提とすれば、一九七五年に権力の座から退かねばならない立場にいた。そのため彼は、一九七二年一〇月、親衛クーデターを断行し、不法に憲法を停止させ、国会を解散させることによって、自分にすべての権力を集中させる、いわゆる「維新憲法」を制定するにいたった。

政界や在野の民主勢力は、朴正煕政権の性急で暴圧的な維新クーデターに抵抗できず、息を潜めながら状況を眺めていた。しかし一九七三年一〇月二日、ソウル大学文理学部生三〇〇余名がその間の沈黙を破って、維新以後全国大学で初めて、維新政権退陣を主張するデモを敢行した。政府は学生二一名を拘束するなど、強硬な措置を取ることによってデモの広がりを止めようとしたが、学生デモは、一〇月四日ソウル大学法学部、一〇月五日ソウル大学商学部などを経て、全国に広がっていった［当時ソウル大学のキャンパスは学部ごとに別の所にあった］。

維新政権は言論統制によってしか維持されなかった。そのため一九七三年一〇月二日以降、言論は学生デモを全く報道できないでいた。しかし若い記者を中心に不満が高まり、一一月一二日、CBS記者たちの言論自由守護決意文採択を皮切りに、東亜日報・韓国日報・朝鮮日報・京郷新聞・文化放送・中央日報などの主要新聞と放送記者たちが、言論自由守護を宣言しながら、維新体制に反対する学生デモを報道し始めた。

学生たちの反維新運動が広がるにつれ、在野の民主勢力もこれに続くようになった。一九七三年一二月二四日、ハム・ソコン、チャン・チュンハ、ベク・キワンなどの在野人三〇余名は「憲法改正請求運動本部」を構成し、一〇〇万人署名運動を開始した。これに当惑した朴正熙政権は一九七四年一月八日、「緊急措置」第一、二号を発動した。

緊急措置第一号は、維新憲法を「否定、反対、歪曲、もしくは誹謗する一切の行為」と、維新憲法の「改正や廃止を主張、発意、提案、もしくは請願する一切の行為」を禁ずるもので、これを破ったものだけでなく、この措置を誹謗したものまで「法官の令状なしに逮捕、拘束、捜索し、一五年以下の懲役に処」することになっていた。緊急措置第一号六項は、「この措置に違反した者と、この措置を誹謗した者は、非常軍法会議にて審判、処断する」と規定している。また、緊急措置第二号は、軍事法廷設置のための非常軍法会議の規定を盛り込んだものである。

このような状況のなかでも、学生たちの抵抗の意志は挫けることを知らなかった。冬休みに入った大学生たちは、新学期に全国的規模の大連合デモを展開するため、全国各大学の連絡体制を整えていき、一九七四年三月の新学期には慶北大学などでデモが始まった。

2　中央情報部など公安機関の発表

一九七四年四月三日、午前一〇時と一一時を期に、ソウル大、梨花女子大、成均館大学などソウル市内の各大学において、「全国民主青年学生総連盟」の名義で「民衆、民族、民主宣言（三民宣言）」「民衆の声」などのチラシが配布され、デモが発生した。

この日の夜一〇時、朴正熙大統領は特別談話を通じて、(一)「全国民主青年学生総連盟」（以下、民青学連）という不法団体が不純勢力の背後指導の下に、彼らと結託し「人民革命」を遂行するための常套的方便として、(二)「統一戦線」の初期段階的地下組織を形成し、反国家的不純活動を展開し始めた確証を捉えたと述べ、このような不純勢力を抜本的に捜し出すために「緊急措置第四号」を発動すると発表した。

緊急措置第四号は、「全国民主青年学生総連盟とこれに関連した諸団体を組織し加入することや、その構成員と会合や通信などの方法で連絡すること」などの行為を一切禁止するだけでなく、学生が理由なしに授業と試験を拒否するか、学内外で集会・デモ・籠城などを行った場合、死刑もしくは無期懲役、または五年以上の懲役に処することができるとされ、文教部長官は、この措置への違反者が所属する学校を廃校処置にできると定めていた。

一九七四年四月二五日、中央情報部長シン・ジックスは、民青学連事件の捜査状況の発表において、民青学連は共産系不法団体である人民革命党組織と、朝鮮総連の指南を受けた日本人共産党員および国内左派革新系などが、複合的に作用して出来上がった組織であると主張するとともに、これを組織し国家紊乱を画策した学生たちは、その思想と背後関係に鑑みて共産主義者であることは間違いないとし、暴力によって政府打倒を企図した彼らの行動は暴力革命を謳う共産主義者たちの主張と一致すると強調した。

一九七四年五月二七日、非常軍法会議の検察部は、民青学連および人民革命党事件を追加発表し、民青学連事件はイ・チョル、ユ・インテなど平素から共産主義思想を持っていた不純学生が中心になって、昨年一二月ごろから暴力によって政府を転覆するために全国的蜂起を画策した事件であると主張した。また民青学連が、ソ・ドウォン、ド・イェジョンなどを中心とした人民革命党系の地下共産主義勢力、在日朝鮮総連系、過去不純学生運動などで処罰を受けたチョ・ヨンレなど容共不純勢力、一部宗教人などの反政府勢力と結託して反政府連合前線を形成し、流血暴力革命によって政府を転覆、共産政権を樹立しようとした国家紊乱企図事件だ、と規定した。

一九七四年七月一三日、非常軍法会議は民青学連関連者三二名に対して、ユ・インテ、イ・チョルなど七名に死刑を、七名に無期懲役、一二名に懲役二〇年、六名に懲役一五年を言い渡し、一九七四年九月七日、非常高等軍法会議において抗訴が棄却され、一九七五年四月八日、大法院は被告側の主張に対して「理由なし」として上告を棄却し、民青学連関係者の刑を最終確定した。

3 疑惑および争点

(1) 民青学連は実際に存在した反国家・容共・利敵団体だったのか

民青学連という名称は、一九七四年三月二七日、ソウル在住のキム・ビョンゴンの部屋でイ・チョル、チョン・ビョンゴン、チョン・ムンファ、ファン・インソンなどが集まりチラシを作る過程で、その信頼度を高めるためにファン・インソンの提案で付けられたものであった。延世大学、成均館大学、東国大学、慶熙大学、慶北大学などは、民青学連名義の宣言文の代わりに、各大学がみずから決めた「反独裁闘争委員会」などの名称を使用した。

当時、学生たちの間には全国的な連合デモのための連絡網は存在したが、このネットワークは単一の名称と綱領・規約を持った政治的結社体でもなかったし、国家紊乱を企図するだけの実行力を備えた下部組織を整えてもいなかったため、臨時政府を構成する準備などは考えることもできなかった。

したがって、民青学連は、中央情報部の発表にあった国家紊乱を目的とした反国家団体などではなく、反維新闘争のための学生たちの連絡網といったレベルの団体がチラシに付けた組織名称に過ぎなかったのである。

また、民青学連の名称で展開された学生デモの目的は、捜査当局が主張したような労農政権の樹立による社会主義政府の建設ではなく、維新政権打倒を通じた民主政府樹立だったと言える。

（2）民青学連は朝鮮総連もしくは日本共産党員など国外共産系列の背後指南を受けたか

当時の中央情報部の捜査状況報告に添付された「民青学連事件に関連した日本人に対する捜査指針」という文献によると、「初期捜査段階で調書に書いた事項のなかで、犯罪要件に反する内容や日本人の関与事実を否定しかねない資料に使われる恐れがある部分、前後矛盾する部分は削除」するよう指示されており、「調書を整理する際、経歴、計画過程、目標および背後、資金、活動、組織などの事項は「捜査状況発表文」を参考にしてそれに合わせて体裁を整え」るよう明記されている。

また「タチカワとハヤカワなどが七五〇〇ウォンをユ・インテに提供したことを「取材に対する謝礼金としてもらった」と表現するのは起訴事実を覆すので、「暴力革命のために努力しているが、資金がなくインスタント・ラーメンで食いつないでいる状況で交通費もない、と言ったところ、私も同じ思想の持ち主で革命が成功し社会主義国家が建設されることを願っている、小額だが暴力革命遂行のための資金に足してくれ、と言いながらお金を渡され、最初は断ったが、繰り返しハヤカワと一緒になって渡すのでしようがなく受け取りました」と表現することにした」とも明記されている。

そして「同じ思想と言ったから政府打倒に共感したものと受け取りました」との表現は内乱扇動の表現にならないから、タチカワとハヤカワは七五〇〇ウォンを提供しながら、「我々も同じ思想を持っている。我々は韓国で学生が主導する暴力革命によって社会主義政権が支配することを願っている」というふうに、扇動の意が鮮明になるよう表記することを指示している。

当時通訳として参加していたチョ・○○は、この事件が終結したあと中央情報部職員として特別採用されたが、彼については「参考人陳述調書を完璧に作成し、証拠保全申請によって調書の証拠能力を高めることにした」としながら、彼の「陳述調書で必ず記されるべき点」として、

●タチカワとハヤカワなど二人の日本人が、イ・チョル、ユ・インテに対し、記者としてインタビューしたのではなく、暴力革命を扇動、教唆、幇助した点

●タチカワとハヤカワだけでなく、イ・チョル、ユ・インテも共産主義者だった点

●タチカワとハヤカワなどがイ・チョル、ユ・インテなどの学生運動家に会うため執拗にチョ・○○と接触した点

●タチカワがイ・チョル、ユ・インテなどに対し、農村啓蒙を装った農村浸透や、社会事業のための農村啓蒙の方法などが当局に摘発されない良い方法だと教えるなど、反政府闘争を詳細に教唆し、イ・チョル、ユ・インテがこれに積極的に賛同した点

などを取り上げ、タチカワとハヤカワが政府転覆のための内乱陰謀を企んだことを立証するための、動かない証拠の確保を指示している。つまり、日本人の陳述をいかに削除・歪曲するかを指示することによって、中央情報部に協力的な通訳からどのように陳述を確保し、内乱陰謀の証拠にするかを詳細に定めていたのである。

中央情報部が、朝鮮総連の秘密組織員として名指したクァク・ドンイは、当時日本で展開されていた金大中救出運

動の中心的人物であるが、クァク・ドンイとタチカワの関係は取材源と記者以上のものではなかったと一貫して主張している。これら日本人がユ・インテなどとの接触過程で「武装」云々といった発言をした事実はあるが、中央情報部が民青学連の背後に総連や日本共産党がいると発表したことは全く根拠のない捏造である。

（3）民青学連事件の捜査過程で拷問などの人権侵害があったのか

民青学連関連者に対する捜査過程で、相当数の学生に対して殴打・水拷問・眠らせない・侮辱・脅迫などの過酷な行為が慣例的に行われていた。当時捜査に参加した前中央情報部職員のなかに拷問の事実を認めた人、あるいは告白した人はいないが、事件関連者の拷問関連証言が具体的な状況や方法において一貫しており、加害者でも被害者でもない中立的な人物（教導官・派遣警察・検察書記）が拷問の事実を確認している。

（4）裁判過程で被告人たちの権利は守られたか

民間人である民青学連関連者たちが、戦時でも戒厳状況でもなかったにもかかわらず、緊急措置によって軍事法廷である非常軍法会議において裁判を受けたこと自体が、維新独裁の暴力的人権侵害の露骨な実状を露にしている。

特に、第二審の非常高等軍法会議においては、民青学連および人民革命党関連被告人四八人に対し、人定審問のみを行ったあと、「被告人の権利を擁護する」という名目で、不当にも、法廷審理、弁護士の反対尋問、被告人の最終陳述などの機会を剝奪し、ほとんどの被告人の抗訴を棄却した。そしてキム・ジハなど一一名の弁護を担当したカン・シンオク弁護士は、愛国学生に対して検察側が死刑と無期懲役を言い渡したのは司法殺人行為に他ならず、職業上弁護士席に座っているがむしろ被告人席で彼らと一緒に座りたい、と発言したために、緊急措置違反で拘束された。維新体制下の軍事会議法でさえ、軍事裁判における「弁護人は裁判に関する職務上の行為によっていかなる処分も受けない」と明記していたにもかかわらず、カン弁護士は非常軍法会議において、懲役一〇年を言い渡され、弁護人の弁論権は踏みにじられたのである。

3 人民革命党再建委員会事件

1 朴正煕大統領の特別談話と捜査当局の主張

一九七四年四月三日、朴正煕大統領は特別談話を通じて、民青学連という不法団体が反国家的不純勢力の背後指導の下、「人民革命」を遂行しようとしていると指摘した。一九七四年四月二五日、中央情報部部長シン・ジックスは民青学連事件捜査状況発表において、「民青学連は過去の共産系不法団体である人民革命党組織、在日朝鮮総連の指導をうけた日本共産党員、国内左派革新系の人物などの複合的に影響を受けて」いるとした上で、その背後の人物にすべて共産主義者か共産主義活動の経歴があると主張した。一九七四年五月二七日、非常軍法会議検察部は追加発表において、ソ・ドウォン、ド・イェジョンたちが一九六九年から地下でばらばらになっていた人民革命党勢力を糾合し、党を再建し、大邱およびソウルにおいて反政府学生運動を背後で教唆した(人民革命党再建委員会事件)、と発表した。

民青学連と人民革命党再建委員会事件に対する公判は、軍法会議において一瀉千里の速さで審議され、一九七四年七月一一日と一三日に、ソ・ドウォン、ド・イェジョンなど人民革命党関連者七名、イ・チョル、ユ・インテ、キム・ジハなど民青学連関連者七名にそれぞれ死刑が言い渡された。非常高等軍法会議は、一九七四年九月七日に二審判決を下し、大法院は一九七五年四月八日に、人民革命党事件関連者たちの上告を棄却した。そして、ド・イェジョン、ソ・ドンウォンなど八名に対しては、大法院にて死刑が確定されたわずか一八時間後に死刑が執行され、司法殺人だという非難が巻き起こった。

2 疑惑および争点

(1) 「人民革命党再建委員会」は実在したのか

この事件は、朴正熙大統領の四・三特別談話で「人民革命」という用語が使われた状況のなかで、ヨ・チョンナムなどの民青学連関連者に対する調査において、彼らが一九六四年の人民革命党関係者と接触したのではないかとして捜査が始まったことに端を発したものである。中央情報部など捜査当局は、この過程の中で「人民革命党再建委員会」を、組織再建が完了した実体として位置づけた。

しかしこれは、お互い知己を得ていた事件関連者たちが大邱やソウルなどで数回会ったことを、人民革命党再建委員会「慶北指導部」「ソウル指導部」「ソウル指導部のような組織」と捜査過程で名づけたものであり、裁判過程で他の隠密組織の結成事実を立証できなかったにもかかわらず、大法院において「人民革命党再建委員会」という曖昧な名称で性格規定された。したがってそのような団体の実体を立証する物証や証拠は、裁判にかけられた人物たちの自白以外には存在しなかったのである。

ゆえに八名の関連者を死刑に処したいわゆる「人民革命党再建委員会」という団体は、中央情報部と軍事法廷検察部が検察送致直前に捜査の便宜上つけた名称に過ぎず、実在した地下組織の正式名称ではなかった。つまり人民革命党再建委員会とは、中央情報部が発表した事件の名称だけで存在するのみで、実在した組織ではない。

(2) 人民革命党再建委員会は国家紊乱を企図し、民青学連を背後で指南したのか人民革命党再建委員会事件に関わったとされた革新系人物たちの活動は、反朴正煕もしくは反政府活動だと言えるかもしれないが、体制転覆や国家転覆企図行為だとみなされる根拠は発見できなかった。

そして、ヨ・ジョンナム以外に人民革命党関係者たちが民青学連と関連を持ったことはなく、当時の捜査関連者らも「真実委」との面談において、ヨ・ジョンナムが民青学連を背後で指南していたとは言えない、と陳述するなど、人民革命党再建委員会が民青学連の背後勢力であるという当局の主張は十分な根拠を持ったものではなかった。

（3）人民革命党再建委員会は北朝鮮の指令を受け、工作金をもらったのか

一九七二年二月、ハ・ジェワンがソン・サンジンの助けを借り、二〇日あまり、北朝鮮放送を聴取しながら、朝鮮労働党第五次大会報告文をノートに写し、ソ・ドウォンなど一部革新系の人物がこれを回し読みしたのは事実である。しかしこれは、兵役期間に北朝鮮放送を録取する任務に従事していた特務隊中士［下士官の中間階級］出身のハ・ジェワンが、退役後に、北朝鮮の統一政策について知りたがっていた周囲の革新系の人物たちに、北朝鮮の放送内容を知らせただけのことであった。人民革命党再建委員会関連者たちが北朝鮮の指令を受けたという中央情報部の発表内容も、指令の受信方法において通常の南派工作員が暗号文を受領し乱数表で読解するのと違っているのに、党大会報告文を聴取したことをでっちあげたものである。その内容においても「南朝鮮革命は南朝鮮人民が主導になり遂行すべき」というもので、指令としての具体性を著しく欠くものといわざるを得ない。

北朝鮮の工作金が人民革命党再建委員会に流れたという前中央情報部職員たちの主張は、キム・ベヨンがカン・ムガプを通じてイ・スビョンに渡したとされた金の流れを説明したものであるが、すでに一九七四年の調査結果においてなんら根拠のないことが判明し、当時の訴状からも抜けていた内容であった。ハ・ジェワンなどが北朝鮮放送を録取して周辺の人々と回し読みしたことは当時の反共法に違反したことに間違いはない。しかし、このノートが人民革

命党再建委員会という反国家団体の結成の唯一の物証になり、八名の命を奪ったことは、中央情報部の捜査がいかに強引であったか、そして反共法・国家保安法を前面に出した権力の乱用がいかに深刻な結果を招いたかを露にしてくれる事例である。

（4）人民革命党再建委員会事件は拷問によって捏造されたのか

この事件の被疑者たちが中央情報部において拷問を受けたという主張は、被疑者だけでなくその家族、弁護人、教導官、派遣警察、ソウル拘置所収監者などによって広範囲に渡り提起されてきた。人民革命党再建委員会事件の被告人たちは、抗訴と上告理由書を通じて、殴打・水拷問・電気拷問などさまざまな拷問を受けたことを主張し、ド・イェジョン、キム・ヨンウォン、ハ・ジェワン、ソン・サンジン、ヨ・ジョンナムなどは、拷問の日時、方法、それによる傷や後遺症、拷問捜査官の名前などを具体的に陳述した。

ソウル・城北区署派遣の警察であったジョン・ジェパルは、人民革命党再建委員会事件捜査を担当した派遣警察が中央情報部において電気拷問を行った場面を目撃した。彼は捜査官が軍用電話の回しレバーを手にしながら、期待していた話が出てこないとレバーを回した、と「真実委」との面談で陳述した。

当時の担当検事ソン・ジョンイ、中央情報部のイ・ヨンテク、ユン・ジョンウォン、派遣警察ソン・ジュンドク、パク・ジェミョン、シン・ホンスなどは、自分たちによる拷問や拷問捜査への関与を否定したが、不審を受けたという被害者の陳述が一貫性と具体性を持っており、拷問の被害者ではない第三者目撃者なども拷問があったことを証言している。このような事実に鑑みるとき、「真実委」は人民革命党再建委員会事件調査過程において拷問が行われた情況を確認した。*

＊二〇〇二年度の「疑問死真相究明委員会」も人民革命党再建委員会事件関連者であるチャン・ソックの疑問死事件調査の結果、人民革命党再建委員会事件の捜査過程で拷問が行われたと結論づけている。

（5）公判調書は改変されたのか

民青学連の場合と同じように、この事件の公判過程においても、被告人たちは反対尋問と証人申請の機会が剝奪された。また、陳述機会の制限、家族接見禁止など、被告に認められている権利を著しく侵害されもした。しかしこの事件の場合、単純な権利の侵害を通り越し、公判調書が実際の答弁内容と異なるという疑惑が提起された。「真実委」はこのような事実を確認できた。

一九七七年一二月二九日に作成された「人民革命党事件公判調書の改変を漏洩した者に対する内査結果報告」という文献によると、中央情報部は公判調書改変疑惑を提起したとしてチョ・スンガク、キム・ジョンギル弁護士および関連者家族一五名の代表イム・インヨンなどを連行し調査した。この連行調査の目的はそのような主張を二度と提起しないようにするためであった。この公判調書改変疑惑の震源地は公判調書を閲覧した二人の弁護士であり、特にチョ・スンガク弁護士は、一九七五年二月公判調書のうち被告人の陳述が、法廷においての実際の答弁とは違うように記録された部分に下線を引くかXという印をつけ、これらをコピーし被告人家族に回した。

また両弁護士は、中央情報部の強制によって公判調書が改変されたのではないという陳述書を作成しはしたが、陳述書の内容の中に公判調書と実際の答弁が異なる部分があるという主張は曲げなかった。すなわち、中央情報部の一九七七年の調査報告書は公判調書が「改変」されていないという結論を出しているが、その内容において公判調書と実施の答弁が異なると明記しているのである。

両弁護士が公判調書と実際の答弁が異なると指摘した部分は、「共産主義国家建設を目的とする共産秘密組織を構成しようと会合決意した事実」など、反国家団体結成と関連して唯一の証拠として提出された被告人たちの自白に関するところである。大法院は反国家団体結成の証拠が自白しかない状況のなかで、被告人たちの検察尋問調書陳述の任意性を判断する際、検察尋問調書に記載された内容を被告人たちが認めたとしながら、一審公判調書を判決文に引用した。しかしチョ・スンガク弁護士が例として提示した公判調書の改変された部分が大法院で引用されているという事実は、実際の答弁と正反対に作成された公判調書が大法院における死刑確定判決に決定的な影響を与えたということを示してくれる。

(6) 死刑執行をめぐる疑惑

(a) 死刑執行の背景

維新政権は緊急措置四号を発動し、想像を絶した重い刑罰で反維新運動を弾圧しようとした。その結果、民青学連と人民革命党再建委員会事件によって一千名を超える人々が調査を受け、一四名が死刑判決を、一三名が無期懲役を、二八名が懲役一五年以上の重刑をそれぞれ言い渡された。それにもかかわらず、検察から死刑を求刑された二二歳の大学生キム・ビョンゴンが「光栄です」と答えながら嘲笑したように、維新政権の厳罰政策が反維新運動を制圧することはできなかった。

この当時、朴正熙維新政権に対する闘争は、野党と在野団体によって最高潮に達していた。このように反維新運動が強化されていくなか、朴正熙政権は、一九七五年一月二二日、維新憲法に対する国民の支持を問う国民投票を二月一二日に実施すると発表した。賛否に関する議論は一切許されない状況下で、しかも「維新体制に反対すると赤い魔手が流れ込んでくる」という恐怖感を流布しながら実施された国民投票は、賛成七三・一%という結果に終わった。

国民投票によって名分を取り戻した朴正煕は、一九七五年二月一五日、拘束されていた人々の釈放を発表した。この措置でイ・チョル、キム・ジハなど民青学連関連の死刑囚たちは釈放されたが、人民革命党関連者と学生ではない民青学連関係者は釈放から除外された。このとき釈放されたキム・ジハは、東亜日報を通じて人民革命党事件関連者に対する拷問を暴露し大きな波紋を呼んだ。

朴正煕は、一九七五年二月二一日、文化広報部を年頭巡視した席上で、最近釈放された者たちは緊急措置ではなく国家保安法でも極刑に処することができるのに、「刑務所を出るとき、まるで凱旋将軍のように万歳を叫びながら出て行った」と言いながら、「民青学連事件は人民革命党が背後で指導したのが明白なのにもかかわらず、一部政治家たちはこれを否認するばかりか、彼らを同志だの愛国の士だの言っている、これは法に触れないのか、法務部と中央情報部は法をどのように解釈しているのか」と非常に激烈な調子で関係者らを叱責した。朴正煕は人民革命党が金日成の指令によって組織されたものだと強調した。

朴正煕の叱責があった直後の一九七四年二月二四日、ファン・サンドク法務長官は記者会見を開いて、「政府の法的見解を代弁する法務部の長の立場で、人民革命党事件に対する政府の公式見解と方針を述べる」と前置きしながら、「人民革命党は、金日成の指示によって一九六一年に南派された北傀間諜キム・サンハンが、一九六二年一月に組織した地下組織であり、キムはそのあと一九六二年五月事業報告と運営資金の調達のため越北し、当時資金担当であったキム・ベヨンが新しい指令のもと工作金を受領するため越北した」と発表した。人民革命党が金日成の指示で北傀間諜によって組織されたという大統領と法務長官の発表は、一九六四年の人民革命党事件の実状と全く違うものであった。しかし、国民にはこの組織が北朝鮮の指導をうけた地下組織として認識され、大法院の判決にも相当な影響を与えたものと考えられる。

大法院は一九七五年四月八日、ド・イェジョンなど被告人二二名全員の上告を棄却し、これによってド・イェジョン、ソ・ドウォン、イ・スビョン、ソン・サンジン、ハ・ジェワン、キム・ヨンウォン、ウ・フンソン、ヨ・ジョンナムの八名の死刑が確定された。被告人たちは一九七四年四月に逮捕されて以降、ただの一度も家族たちと面会することはなかった。

死刑宣告の翌日の一九七五年四月九日午前四時五五分、ソ・ドウォンをはじめとする八名に対する死刑が執行された。当時の新聞はほとんどの死刑囚が宗教意識を拒否し、ド・イェジョンは「祖国が共産主義の下、統一されることを願う」という言葉を残したと報道した。しかし「真実委」の調査結果、死刑囚たちの最終陳述（遺言）は、事実と違い死刑執行命令簿に記載されており、このように捏造された遺言を言論に公開することによって、人民革命党再建委員会関連者たちは本当に共産主義者だった、という世論操作の根拠に活用したのである。

（b）刑確定後わずか一八時間で電撃的に死刑が執行された理由

大法院において人民革命党再建委員会事件関連者八名に対する上告棄却決定が下された一九七五年四月八日に、大統領緊急措置第七号が発動された。この措置は軍を動員し高麗大学に休校を命じるものであった。一大学の休校措置を大統領の緊急措置を以って指示するほど維新政権は理性というものを失っていたのだ。

同じ日、共和党と維新政友会は合同議員総会において、「朝鮮半島が事実上戦争状態」にあるとしながら、ベトナム情勢が衝撃を与えているなか、一部指導者級人物たちの亡国的言動が続けられていると主張し、大統領に対して、現行法上のすべての権限を行使し、必要なすべての措置を迅速に取るように建議する決議文を採択した。

人民革命党再建委員会関連者たちは、大法院で上告が棄却され刑が確定されたわずか一八時間後に死刑に処された。死刑囚に対する刑の執行が、通常の場合、刑の確定以降一年以上経過した後に行われるのに比べると、これは前例のないことであった。しかも被告人の再審の機会までをも剝奪したので、国際法律家協会からは司法史上の暗黒の日だという非難を受けている。

電撃的な死刑執行に対して、朴正熙大統領の指示があったかどうかを確認する文章や証言は発見されなかったが、事前に国防部や法務部との緊密な協力と準備がなければ死刑の執行が無理だというい う点に鑑みるとき、大法院の刑確定の直後に処刑するという方針がすでに青瓦台［大統領の公館］のレベルで決定されていたと判断することが自然である。

（7）拷問の痕跡を隠蔽するために遺体を奪取したのか

警察は死刑執行の翌日の一九七四年四月一〇日、ソン・サンジンとヨ・ジョンナムの遺体を家族の同意なしに火葬場で強制的に火葬した。これは拷問の痕跡の隠蔽のためというより、合同葬儀が行われた場合の世論の非難を予防するためだと判断される。しかし国家機関が家族の意思に反しながら、クレーンまで持ち出して遺体の火葬を強行したのは人道的に黙過されうる行為ではない。

4 結論および意見

1 結論

一九六四年の人民革命党事件と一九七四年の民青学連事件および人民革命党再建委員会事件は、朴正熙政権の民生移譲直後と維新体制誕生直後に、それぞれ学生たちの大きな抵抗に直面したなかで発表された大型公安事件であった。さまざまな反独裁民主化運動の活動のなかで最も熱烈で進歩的立場を保ったものを、北朝鮮と直接つながっているとするか、朝鮮総連など国外共産系列の背後指導を受けている反国家団体とするかして、捏造しでっち上げた事件だったのである。

これらの事件において、学生デモによって政権が危機的状況に陥ったなか、まともな捜査が始まってもいない段階で、大統領と中央情報部長によって事件の実態がとてつもなく誇張されたまま発表され、その発表において規定されたこれら団体の性格がそのまま捜査指針になり、そのシナリオに沿って無理な帳尻合わせが行われた。その過程で、これらの団体は反国家団体に仕立て上げられ、不利な陳述を強要するために、そして核心人物の所在を探し当てるために、関連者たちに対する拷問などが行われたのである。

一九六四年の人民革命党事件の場合、ソウル地検公安部検事たちが証拠不十分を理由として不起訴処分を主張したために、辞職に追いやられるほど波紋が広がった。しかし、前中央情報部次長のシン・ジックス検察総長など検察の首脳部が起訴を敢行したことで、検察の独立性が政権と中央情報部によってひどく侵害される転機となった。

民青学連事件は、大統領みずからが前面に出て、学生たちの反政府デモを共産主義者たちの背後指導を受けた人民革命の企図として歪曲し、一千名あまりを令状もなしに逮捕・拘束し、二五三名を軍事法廷に立たせ、七名に死刑を、一〇数名に無期懲役と一〇年以上の重刑にそれぞれ処した、韓国史上最大の学生運動弾圧事件である。

人民革命党再建委員会事件は、学生たちの維新政権に対する激しい抵抗に直面した朴正煕政権が、学生デモの背後に北朝鮮とつながりを持つ共産主義者たちがいるように見せかけるために利用したもので、大法院の確定判決のわずか一八時間後に八名を処刑することによって、国内外から「司法殺人」という批判を受けた最悪の公安事件である。この事件は、国家保安法上の反国家団体概念をサークル水準の集まりにまで適用することによって、一九八〇年代の国家保安法による幾多の組織捏造の原型となるような、民主化運動弾圧の役割を果たした。

また一九七四年の二つの事件の場合、緊急措置によって多数の市民と学生たちが法官の令状なしに逮捕・拘禁され、軍法会議で一審と二審の判決を受けたが、これは当事者たちの人権をひどく侵害しただけでなく、三権分立という司法部の存立意義に対する重大な侵害だと言わざるを得ない。

人民革命党再建委員会事件の場合、北朝鮮の放送を録取したノートを回し読みした行為はもちろん実定法違反であったが、その処罰は反共法による最も厳しいものとしても懲役一—二年で収まるのが妥当であったと言えよう。それにもかかわらず、事件を捏造し、八名をも死刑に処した措置は国家の刑罰権乱用であり、正当性を欠いた独裁政権を維持するために、有無を言わせない恐怖感を作り出す必要性から行われた、と結論づけざるをえない。

2 意　見

被害者たちの名誉回復のための国家レベルでの適切な措置が迅速に行われる必要がある。過去の権威主義時代には国家安保という名分の下、国家保安法によって市民たちの憲法上の権利を著しく侵害してきたが、これからはこのような過去と決別しようとする国家レベルの決断が必要である。

人民革命党事件、民青学連事件、人民革命党再建委員会事件は、中央情報部の責任の下に捜査が展開されたが、政権レベルの危機状態のなかで、権力者の恣意的要求によって捜査の方向が予め決められたために、国家の最高情報機関の独立性と自立性が著しく侵害された事件でもあった。国家の最高情報機関は、国家レベルではなく政権レベルの政治的必要性に応じて揺らいではならず、このようなことが再発しないように国家情報院は不断の自己反省を心がけるべきである。

［翻訳：金杭］

［訳者注記］

二〇〇七年一月二三日、ソウル地方裁判所刑事合意二三部（ムン・ヨンソン部長判事）は、「人民革命党再建委員会事件」の関係者、故ウ・フンソンさんら八人に無罪を言い渡した。これによって「人民革命党再建委員会事件」の関係者らが三二年ぶりに「スパイの汚名」をすすぐことになった。

ヨ・ジョンナムさんについては、国家保安法違反の疑い、内乱予備陰謀の疑いに対しては無罪を言い渡したが、防共法違反の疑いについては有罪とし、懲役一〇カ月・執行猶予二年を言い渡した。

遺族や関係者らは「民主化運動弾圧のために中央政府がでっちあげた容共操作事件」とし、疑惑を何度も提起してきた。そして二〇〇五年一二月、裁判所は「当時、調査過程で中央情報部の捜査官らの汚職・暴行の事実が認められる」とし、遺族らが出した再申請級訴訟を受け入れていた。

「官製民衆主義」の誕生
朴正煕とセマウル運動

韓承美

「プリギプンナム（根の深い木）」という出版社から発行された「民衆自叙伝シリーズ」のなかで、全羅南道・ボルギョ地域のある老人は、一九四〇年に大きな戦争が起きるまでは「日本人のおかげで本当に楽に暮らせた」と言っている。幼い頃に親を失い、あちこちで小作農をしているうちに婿養子になったこの老人は、義父が再婚し息子をもうけると家から追い出されるはめになるが、自らの生涯を口述しながら植民地時代を非常に肯定的に懐古し、「日本の植民地支配が韓国に近代化をもたらした」とも言っている。この田舎の老人の驚くべき発言をどのように解釈すべきなのだろう。単に植民プロパガンダの名残りと見るべきなのか、それとも下層「民衆」は「公式のナショナリズム(official nationalism)」とはかけ離れた世界観を持っている証拠とみなすべきなのか。この発言と現代韓国社会における一般大衆の歴史認識／世界観とは果たしてどのような関係があるのだろうか。

植民地時代に対する歴史認識より難しい問題が、朴正煕（パク・チョンヒ）時代（一九六一―七九年）に関する韓国人の記憶であろう。「植民統治に対する民族主義」という「公式のナショナリズム」の明らかな正当性とは異なり、朴正煕時代のナショナリズムは、独裁、国家安保、経済発展および近代化などの、さまざまな社会現象と価値観を包括する、曖昧なイデオロギーになってしまったからである。植民支配者たちが去った後、「ナショナリズム」を一つの集団が専有することは不可能だったため、たとえ政府がナショナリズムを声高に謳ったとしても、朴正熙の権威主義的統治を民族主義の名の下で完全に正当化することはできなかった。それにもかかわらず朴正熙が大統領だった頃、その強圧的な統治に強く抵抗した人々が多かったのと同じぐらい、彼を熱狂的に支持していた多くの大衆がいたことも事実だった。一九九〇年代末の金融危機と幾度の大統領選挙を経るなかで、朴正熙に対する再評価があちらこちらで新しい政治的含意とともに出現したことからも、「遠くない過去」を解釈することがいかに困難なことなのかを推し量ることができる。

この論文はそのような政治的追随者や批判者とは違う立場で、何が朴正熙をして、その独裁にもかかわらず、長きにわたって大衆的な支持を獲得させたのか、そしてそのような支持の限界は何だったのかを探求したものである。例えば日本史を研究しているミリアム・シルヴァーバーグは、軍国主義と反西欧資本主義(anti-Western capitalism)が横行していた一九三〇―四〇年代の日本において、どのようにしてチャップリンの映画が上映され、都市的消費文化が花開くことができたのか、などの問題を提起したが、これはそのような文化現象を軍部の絶対的支配に対する大衆の「暗黙的な抵抗」とみなせるかを問うためであった。またルイス・ヤングは、一九三〇―四〇年代の日本は軍部主導の政治ドラマにすぎないとの主張に対して、大衆の熱狂的な支持なしに果たして強力な「帝国」が成立しえたのかと反問する。このようなお互いに相反する視点から出発した両研究は、共に一九三〇―四〇年代の日本を理解するのに役立つ。朴正熙とクーデターの同志たちがみな貧農出身だった点、また朴正熙が一九三〇年代の日本における軍部のクーデターを熱心に研究したという点に鑑みるとき、彼の執権は通説のように明治維新にならったものと言うより、一九三〇年代の軍部クーデターに大きな影響を受けたものとみなせる。したがって朴正熙時代の政府と一般大衆の関係を理解するためには、「農村運動」から始まって最後には一種の国民総動員運動に変貌した「セマウル運動[1]（一九七一—七九年）」に焦点を当てることが必要である。セマウル運動は現在でも多くの韓国人の集団的記憶のなかに残存しているので、朴正熙時代を眺望するための適切な窓口だと言えよう。

1■セマウル運動の歴史的背景——一九七〇年代以前の韓国社会像

セマウル運動は、当時の政治的・経済的必要性に対する妥協の産物として始まったが、大衆のエネルギーを動員することには成功を収めた。これには大体三つの理由がある。まず、以前の政府と比べて政府の財政が改善されたため、高米価政策を推進できたこと、次に試行錯誤を通じて官僚が経験を積んだこと、最後に最も重要な理由として、政府が、ある種ロマン的心情を持った都市エリートなどの「特殊要員」を遠くに派遣するよりは、地域社会密着型の指導者こそが社会変化をもたらすためには最重要だということを自覚し積極的に育成したこと、などである。

セマウル運動は、農村開発運動というより韓国版エンクロージャー運動であった。つまりヨーロッパでエンクロージャーの始動によって多くの農民が都市へ移ったように、セマウル運動もまた「より豊かに生きるための運動」だったのだが、驚くことに朴正熙政権は農民が必ずしも農村でその目標を達成する必要はないと考えた。一九七〇年の冬、政府はより豊かに生きようとする意志の弱さが農民を貧しくしていると判断し、「精神教育」を強調しながらセマウル運動を開始した。しかし実際にはもう十分強烈に燃えたぎっていた「より豊かな生活への欲求」をさらに駆り立て、何かが変わるという浮ついた雰囲気を作り出す役割を担ったという方が正確だろう。「小規模農家への過密な人口集中による潜在的な農村失業[2]」を最も深刻な問題として認識していた政府は、あらゆる手段をつくして、都市に多くの働き口を作ろうとした。すなわち、公に宣伝されたわけではないが、セマウル運動を通して勤労意識を涵養した農民の多数が、都市へと旅立ち生計を立てることが、豊かな生活へ辿り着く近道だと認識されていたのである[3]。しかし都市の近代的な部門において社会問題が次々に発生し深刻化していくと、一九七〇年中盤以降のセマウル運動は段々と社会統制メカニズムとして機能するようになる。

一九五〇年代末から一九六〇年代初めにかけて「農村啓蒙」を謳いながら、多くの大学生たちが休みを利用して農村奉仕活動に出向いたが、新生活運動から地域開拓団に至るまで、ロマン的心情の都市エリートたちの自発的努力が農村に大きな変化をもたらしたり、生活の質を高めたりすることはなかった。これは、ほんの短い間とどまる「外部人力」に依存したプロジェクトの限界でもあった。毎年三〇万世帯ほどの農家が極貧状態にあえぎ、一九六〇年代半ばまでこのような状態が続いた[4]。当時の政府も、ますます忍耐力を失っていく大衆をなだめようと、経済開発計画(一九六〇年)と国土開発計画(一九六〇年)に着手したが、直後に起きた軍事クーデターによって結実には至らなかった。クーデターによって権力を握った当初、軍事政権は農村に富を再分配するぐらいの過激で急進的な思考を持っていたが、すぐにそれが非現実的だと認識し、一九六三年を前後して、輸入代替産業および輸出主導の軽工業育成を通して産業化を進めていくように方向転換を図った。

朴正熙時代を通して、財閥と農民は最も熱烈な支持者であった。一九六三年当時、人口の三分の二程度は農民であり、一九八五年にようやく一次産業と二次産業の人口比率が均衡を保つようになった。しかしいわゆる「与村野都」現象は一九七〇年に入って現れた現象であった。一九六七年の大統領選挙において、野党のユン・ボソン候補が高米価政策を公約として掲げると、農村では野党が圧倒的な支持を得た。驚いた朴正熙政権が、一九六七年から六八年の「農漁村所得増大推進事業」を通して、軍事クーデター以降足踏み状態だった「国家再建運動」の成果を補完しようと努力したが、わずかな政府資源は「運動本部」を組織するのに費やされ、実際に農民が利益を得ることは少なかった。第二次経済開発計画がほぼ終了に近づいた一九七一年にも、都市と農村の格差は縮まらず、朴正熙はかろうじて選挙で勝利を収めた[5]。

セマウル運動はこうした都市と農村の経済的格差を縮めようという政治的融和背策として始まった。一九三〇年代の植民政府の農村開発運動が、農村生産向上だけでなく、当時ますます過激になっていた赤色農組運動の勢いをくじこうとする意図を持っていたように、セマウル運動もまた、農民たちの生活水準向上だけでなく、失墜していくばかりの農村における政府への信頼を回復しようという、二重の意図から始まったのである。(6)

一九七〇年代初め、都市の近代的生活様式は羨望の対象であったが、近代的な部門における労働者の焚身自殺（一九七〇年）やソンナン市バラック小屋村の撤去を巡る籠城（一九七一年）など、急速な近代化に伴う副作用もあちらこちらに現れていた。これは、ニクソン・ドクトリン、ドルショック、米の保護貿易主義の台頭、韓国の輸出実績の成長率低下などと相互作用し、政権内に「危機意識」を醸成させる要因となった。一九七一年に正式に始まったセマウル運動は、七・四南北共同声明（一九七二年）、八・三経済措置（一九七二年）などと同じ線上で、「時代の挑戦に対処する方案」として宣布され、この全てが権威主義的維新政府が台頭する礎となった。

それにもかかわらずセマウル運動は、歴代のどの農村開発運動よりも農民たちに大きな反響を呼び起こし、近代化の恵みがついに農漁村にまで及ぶようになったと、人々を喜ばせた。ロマン的な心情に裏打ちされていた「啓蒙」や「文盲退治」などのスローガンは影を潜め、その代わりセメントと鉄鋼の無償分配が農民たちの参加を促した。以前の農村開発運動の失敗が行政部署と村落の間の行き違いや不手際に起因したとするならば、(7)セマウル運動は解放後はじめて政府が農村に物資を投入すると共に、大掛かりな住民動員を組織的に敢行したものであった。

そのような物資の投入にもかかわらず、セマウル運動のための大きな予算が別に組まれたわけではなかった。最初の数年間は政府の各部署から捻出したお金をその費用に当てた。(8)実際、運動を推し進め、人々を動員する主な方法は「精神教育」だった。日本式の「精神教育」に慣れ親しんでいた朴正熙は、経済がうまくいくためには精神武装が必要だと考えていたし、西洋式近代教育を通じてマックス・ウェーバーに接する機会があった彼の側近たちも、それに異存はなかった。「スイス人にはプロテスタントがあり、日本人には二宮金次郎がいた」[9]という青瓦台［大統領の公館］の高位政策諮問の発言は、興味深いことにある田舎の老人にセマウル運動を語りかけた瞬間に再確認できた。「俺は大統領が何を言っているのかすぐにわかったよ。二宮金次郎だったんだよ。国民学校六学年の教科書にも出てたっけな」（京畿道ヨジュ郡の七〇代の老人とのインタビュー、一九九九年五月）。

実際、農民たちが精神の弱さのために貧しいということ――ぐうたら、絶望、放縦などに特徴されるいわゆる貧困の文化（culture of poverty）という概念――は都市民の偏見にすぎなかった。貧困は構造的な問題だった。ヴィンセント・ブラントは金持ちほどすることが多く忙しく、貧民は一生懸命に働きたくても仕事がないので「だらだらしているように」見えるしかないという事情を指摘している[10]。農民たちの生に対する意思と欲求は、近代化の恵みに対する熱望と同じくらいに強かった。政府の政策が間違った前提のうえで始まったにもかかわらず、農民たちが歓呼し支持したということは、それだけ農漁村地域において転換の機会が渇望されていたことを意味する。

朴正熙はなによりも「耕地整理、井戸づくり、防波堤建設、飢餓救済」などで記憶された。農村における朴正熙に対する記憶は、他の部門における彼の過ちを覆い隠す様相を呈していた。

私らの町でも立派な人物がいっぱい出たよ。判事も、警察署長も、民主党大統領候補も出たんだから。でもみんな役に立たなかったの。他人の世話もしてくれなかったし、町に橋の一つかけてくれなかった。［…］私らはご飯を食べれるようにしてくれたからセマウル運動を熱心にやったわ。朴正熙は独裁者だったかもしれないけど、みんなを飢えから救ってくれたのよ。

（全羅南道地域の五〇代後半の前セマウル運動指導者とのインタビュー、一九九九年七月）

確かにセマウル運動は、ときには強制的な展開を見せた。それは土地のない人には気の遠くなるような無給奉仕の連続を意味し、土地富豪には耕地整理や道路拡張のために貴重な土地を無償で寄附するよう強要した、無茶な事業だったからである。[11] しかしより重要な事実は、官僚たちこそが強制的に動員された張本人だったことであった。当時セマウル運動は、大統領の大きな関心事であったため、肥料や米の生産が目標量に到達しないと面長が即座に解任され[12]かねなかった。そのため、田植えや稲刈りが終わってないところがあると、面事務所の職員が総出でがんばるしかない情況だったのだ。そしてこのような圧力のもと、目標値の達成のために、時には管轄地域の農民たちに無理強いする場合もあった。多くの農民たちはそれにもかかわらず、官僚が腕組して見下ろすよりは、みずから初めて農民たちを「手助け」してくれたことに感謝した。非常に興味深い事実は、後にカトリック農民会（またの名を「カ農」）の指導者として農民運動を主導した人物が、セマウル運動が始まった当初は自分も積極的に支持したと述懐したことだった。これは初期のセマウル運動が、より豊かな生活を願っていた農民たちに、真の対案として受け入れられたことを証する事例である。

最初セマウル運動が始まったときはみんなすごく喜んでいたよ。近代式の台所に、トイレに、と。六・二五事変以降、政府が何もしてくれなかったからね。ただの一回も。僕は一九七四年に初めて農民運動に関して知るようになったんだ。その前までは政府が本当に僕ら農民たちのために努力していると思ったさ。だからそれまで何も不足しているものなんてなかった。食べるものがあったからね！［…］ある日知らない神父さんが村に来て講演をなさるというので、営農技術に関するものかなと思って行ってみたんだよ。それから一九七四年の冬に初めて「カ農」研修を受けて、一九七八年には「カ農」京幾道支部の総責任者になったんだ。
（京畿道ヨジュ郡カトリック農民会指導者とのインタビュー、一九九九年八月）

重要なことは、政府が高米価政策を長期にわたって持続させようとは、当初は計画していなかったことであった。この政策はもともと糧穀輸入を抑えて、食糧安保を目的として施行されたものであった。ゆえに、都市と農村の間の家計収入の格差が均衡になったらすぐに中断するよう計画されていたのである。(13) また一九七〇年代の後半に入ると、重化学工業化の推進とともに財政赤字が増え、興信政策が歪曲され、輸出の成長も鈍化され始める。こうした情況のなか高米価政策が中断されると、たちまち都市と農村の間の家計収入格差は再び開きはじめた(当時の内務部の統計による)。

結局、セマウル運動が韓国社会に及ぼした影響を理解するためには、その二重のアイロニーを理解する必要がある。まず、セマウル運動は最初からその経済的目標と政治的目標の間に根本的な矛盾を内包していた。セマウル運動は「総合農村開発計画」と大々的に宣伝されたが、その隠れた目標は農村そのものを開発することより、韓国版エンクロージャー、つまり農村の多くの潜在的な失業者を近代的な産業化の働き蜂に仕立てることであった。土地は小さく家族は多かった既存の農家構造を改善するのに、産児制限が重要な経済計画の一環になったことや、みずからが率先して不妊施術を受けたり、多くの村の住民にも手術を勧めたりしたセマウル指導者に勲章が与えられたのも、同じコンテクストで起こったことだった。つまり地域開発ではなく、エクソドス(exodus)が目標だったのである。

政府が農夫を豊かにしてくれるわけではなかったんだよ。それよりは「早く起きろ! 働け! お前の人生だぞ!」と警鐘を鳴らしてくれることだったんだよ。都市には工場ができ、他の仕事口も多くなって、農民が都市へと逃れるのに一〇年しかかからなかったよ。日本より一〇倍も早かったんだから。それが農民たちを救ったんだ。

(前政策立案者とのインタビュー、一九九九年四月)

したがって、農漁村を基盤にしようとしたセマウル運動の政治的有効性は、最初から限られたものであった。セマウル運動が成功すればするほど、早いスピードで政権の支持基盤は蝕まれていくはずだったからである。「離農速度は［…］早すぎた感があったな」（同上）。セマウル運動を組織し実行に移した人々が、心の奥では農村に対する真の同情と愛情を持っていたとしても、セマウル運動が農漁村を直接「開発」したと言うにはあまりにも欠如したものが多かった。民衆イデオロギー陣営において、都市の「庶民」と村落の「農民」が異なる構成要素として区分される意識と連動しながら、農民運動が発生したという点に注目するべきだろう。

次に、セマウル運動の公の目標は所得増大だったが、政府は全力を尽くして農村所得増大事業に投資するより、挙国的な精神教育を一段と強調した。政府のセマウル運動予算は一九七一年の四一億ウォンから一九七五年の一六五三億ウォンへと急速に増加したが、実際に所得増大事業が占めた割合は二六・五%に過ぎなかった(14)。大都市近郊の農村のなかで市場の需要に敏感に対応し、商業作物の栽培に成功したところもあった。しかし政府の投資がいつも狙い通りの結果をもたらしたわけではなかった。環境改善事業はお金がかからないし、多くの人々を動員できるので、精神教育の側面で働く意欲を掻き立てるのに良いとして、最優先事業に挙げられたのである。

精神教育に対する強調は、セマウル運動のもう一つの隠された目標であった思想統制の側面をも合わせ持つ。「私は利害打算に機敏な人は絶対共産主義者になれないと思いました。中国を見なさい。農民とは政策によって共産主義者にも資本主義者にもなるものなんですよ。セマウル運動は表には現れなかったが、（経済活動を奨励する）極めて洗練された反共政策だったと言えるでしょう」（前政策顧問とのインタビュー、一九九九年五月）。共産主義は実際に存在する脅威でもあったが、独裁を正当化する口実でもあった。したがってセマウル運動を批判することは、そのまま国家に抵抗することとみなされ、即刻処罰の対象になったのである。

大学二年生のとき、戒厳下の軍法会議に付されたことがありました。そこに安全企画部[15]の職員が来て、僕がソウル大の科会議[16]でセマウル運動に対する批判的発言をしたことがあると言いながら、危険分子と言いました。すぐに令状が来て軍隊に行くことになりました。一九七三年、新兵訓練所へ行くバスのなかで、朴正熙とセマウル運動指導者たちの声が、ラジオを通じて鳴り響いていたことがいまだに生々しいです。

（前学生運動指導者とのインタビュー、一九九九年八月）

そして、第四次経済開発計画（一九七七―八一年）とともに政府の農業部門投資額は激減した。一九七〇年代末に近づくにつれ、政府はだんだん所得増大事業より「精神教育」に邁進し、韓国を訓育社会（disciplinary society）化し始めたのである。

2 ■官製民衆主義と産業化――大衆動員手段としての平等主義のエートス

セマウル運動は、抽象的な理論というより現実問題を解決する方便だった。青瓦台はセマウル運動がその実用的な性格を失わないよう格別に注意した。朴正熙政権がセマウル運動を通じて権力を行使した方法を見ると、広く知られているような「儒教と権威主義的統治の結合」だけでは説明しつくせない、より複雑なメカニズムが作用していたことがわかる。つまり統治のイデオロギーとしては儒教的な要素を選択的に前面に押し出したが、大衆動員の手段としては非儒教的な要素を十分に活用し極大化することによって、反エリート的な情緒に基づいた官製民衆主義を実行していったのである。

特にこれと言った仕事を持たなかった地方の伝統的なエリート――少しばかりの富、学歴、そして良い家系という背景を持つ村の老人――は、選挙のたびに政府が有用に使いこなす梃子のような存在だったが、彼らに政府のプロジェクトを遂行するように資源や権力を分配することはなかった。朴正熙政権は、選挙政治を活発化させる気が全くなかったので、このような地方の土着エリートは、単に儒教的な忠孝の概念を通じて政権のイデオロギーを支える存在とみなされた。これとは対照的に、あまり良い家系の出身ではないけれでも強い意志を持ってより豊かな生活を欲望する、三〇代後半から四〇代初めの比較的若い世代は、この伝統的なエリートを適当に牽制しながらセマウル運動を遂行するため積極的に動員された。セマウル運動が広めた「何でもできる」というエートスは、運動の計画者たちが意図したとおり、極めてダイナミックな労働倫理（work ethic）を奨励するのに役立ったが、ときには――特に一九七〇年代中盤以降には――したくない仕事、もしくは過度な労働を人々に強いる手段にもなった。

セマウル運動が好意的に記憶される理由は、多くの韓国人が近代化過程と経済的成功とこの運動を同一視しているためであるが、同時に、自らの情熱的だった青春期の甘くもあり苦くもあった記憶が回想されるからであろう。今は誇らしげに自らを「批判勢力 anti-governmental forces」と呼ぶあるセマウル指導者の事例は、二つの点を示唆してくれる。第一に、官製民衆主義と民衆イデオロギーがいかなる要素を共有するのか、そして、どのように民衆イデオロギーが一九八〇年代以降の変化した社会情勢のなかで、さまざまな諸個人の記憶を一つにまとめ、批判勢力という「集団記憶」を作り出す社会的枠組み（cadres sociaux）[(17)]として機能させるのか、という点である。第二に、一九七〇年代のセマウル運動に上部下達的な要素と自発的な要素が共存したならば、一九八〇年代には、再び浮上する農村の不満に対処しようとする目的で、新しい軍事政権がセマウル運動を再組織する過程において、農村住民たちの意識に大きな変化がもたらす契機になった、という点である。

一九五〇年代の半ばから一九六〇年代の末まで、特に朝鮮戦争が終わった直後は、非常に短い時期だったけれども、社会階層が大幅に移動可能な期間であった。土地改革（一九四九－五〇年）によって多くの地主たちが基盤を喪失し始め、初期産業化における未整形の社会構造のなかで、多くの人々が未知のキャリア（career）に挑戦し始めたからである。

もちろん村落の階層構造や社会的位相に関する秩序が完全にひっくり返ったと言うわけではなかった。ただ都市ほどダイナミックではなかったにしろ、村落共同体のなかで以前には現れなかった流動性と開放性が少しずつ現れ始めたのである。

国家はセマウル運動を通じてこのような社会風潮を十分に強調しながら、特定の方向に雰囲気を醸成していった。運動の初期から、過去の「村長／里長」とは違う指導者のスタイルが必要だということが強調されたのである[18]。国家がこのような「ニューフェイス」を支持するにつれて、新しい政治的かつ社会的な提携が生まれることになった。経験も少しあり、当面の仕事がまったくなかったわけでもなく、それで生活にそれほど困っていたわけでもないこれらの若い指導者たちは、ほとんどが村の「良い家系」の出身ではなかった[19]（社会科学専攻の前政策諮問委員とのインタビュー、一九九九年七月）。徐々に彼らはそれぞれの村の支配構造を変化させながら、確実にみずからの地位を築き上げていった。彼らの緑色の帽子や腕章、不満事項があれば官僚的プロセスなしに即刻報告可能だった内務長官宛の直通葉書、そして農協内で増すばかりの彼らの影響力などは、彼らに対する国家の堅い支持を象徴するものだった。彼らは行政の雑務を処理していた里長よりも、はるかに大きい影響力を持つようになった。そのような過程で、「官製民衆主義」とも言うべきものが作り上げられ、全国的な大衆動員のために機能し始めたのである。「自由」と「革命」が一九六〇年代の韓国人の心を躍らせたならば、「経済的平等」と「平等主義」は一九七〇年代の韓国を動かした言葉であった。そしてこれは、セマウル運動を起こし持続させるために取られたすべての措置が、すみずみまで浸透させた価値観（ethos）だったのである。

セマウル運動は政権の正当化だけでなく、さらに資本主義体制そのものの正当化および土着化を目的にしていた。ウェーバーのプロテスタント倫理に比肩できる何ものかを作り出すこと、これこそがセマウル運動の公式の存在理由だったのである。この運動は表面的に内務部の所管事業のように映ったが、最終的に運動の方向性を決め、それをアメーバー的な無形の「精神教育の場」に作り上げたのは大統領と青瓦台だった。朴正熙の時代にはセマウル運動に関するいかなる法も制定されなかった。セマウル運動の指導者研修は専用の建物がなかったために、農協中央本部の建物を借りて行われ、訓練も農協の職員が担当するぐらいだったのである。セマウル運動を法人化しようという意見もあったが、この運動を官僚主義化させぬよう努力したのは青瓦台だった。「まるで宗教運動だったよ。お金もあまりかからなかったしね」（前青瓦台政策顧問とのインタビュー、二〇〇四年三月）。

面白いことは、植民地時代を通じてほとんどなくなっていた、韓国村落の伝統的労働組織であるトゥレが、社会変動を促すために「復活」させられ戦略的に活用された点である。[20] トゥレとは、共同体倫理によって比較的平等に運営されていた自治的な労働組織で、村に何かあれば有力者であれ何であれ一家に一名は必ず参加せねばないという原則を持っていた。本人が参加できない場合は、使用人を出すか、牛でも一晩ただで貸してやらねばならなかったのである。[21] このように共同体を強調する精神がセマウル運動の原動力となったが、昔から伝授された古い伝統そのままの形ではなく、新たに浮上してきた大衆の近代的な欲求を受容できるよう加工されたものであった。一九六一年の軍事クーデター以降、農漁村各地にはリーダーシップの交代が徐々に起こっていた。[22] 儒教的な世界観によって村の年長者が大小事の決定権を掌握し、若い人々の積極的な参加や発言が事実上不可能だった構造が、軍隊を除隊し、村の外の世界を経験した人々によって少しずつ瓦解していったのである。セマウル運動が都市と農村の間の均衡発展というマクロな目標を提唱したことは、各地の若い指導者たちにとって、村内のヒエラルキーの上層にのし上がるという、ミクロな次元での「小さな革命」を味わう機会だったに違いない。

全羅道ハンピョン地域のある指導者は、村の平等主義的な労働倫理に対して次のように懐古した。

学歴のある人、お金のある人、昔高官だった人、息子が都市で成功した人、こんな人たちはみなセマウル運動を軽蔑しました。金持ちや高学歴の人はみなこぞって貧しい人に背を向けたんですよ。協力すべきときも彼らは参加しなかった。村の掃除に出てこいというと、「なんで私がこんなことをしなきゃならん？ セマウル運動の指導者であり農夫であるあんたの仕事だろう」と言っていたもんです。こっちが怒って「あんたもこの村の人だろ？ 何がそんなに違うんだ？」と突っかかりもしました。参加しなかった人は、その代わり、労働現場の一日分の賃金に値する罰金を払わないとだめでした。それが協同運動の力だったわけです。一対一だと言うことをきかないからね。そのようにいばって非協力的な人の家の前にみんなで押しかけて、「何で出てこないんだ、あんたがそんなに偉いのか」と大声で罵倒すると、その人らは赤面して恥ずかしい思いをしましたよ。本当に面白かったことも多かったな［…］。正直言って、セマウル運動が官主導だと言っても、野党も官僚もそれに反対してたんですよ。私は昔、金大中（キム・デジュン）氏がこの地域で選挙運動したときの参謀をやったんですが、「セマウル運動は与党が選挙に利用するために、政治的計算で作ったんだ」と選挙本部で言っていたのを思い出します。[23] けど私はそのように考えなった。セマウル運動はわれわれ農民を豊かにしてくれる運動だと思ってたんです。金大中氏も都市人だから農村を知らなかったと思ってました。

（全羅道ハンピョン地域の前セマウル運動指導者とのインタビュー、一九九九年七月）

セマウル運動は、国家の道徳的地平のなかで、さまざまに分裂していた社会集団の溝を埋める情緒的基盤（ethos）を作り出すのに役立った。その際、社会を動員することにおいて、非儒教的な平等主義と官製民衆主義が作用した。そして国家的イデオロギーとしては、儒教的ヒエラルキーや忠孝などが維新体制（一九七二―七九年）の根幹を形成した。このような様相は農業協同組合（農協）が各地域に根付いていく過程でも現れた。一九七〇年代の農協の信用金庫は、契［村の互助組織］や高利貸に流れていく資金を吸収する役割を担ったが[24]、これは農村の有力者や資産家たちを牽制しようとする目的を持ったものであり、日本とは著しく異なる特徴である。日本の場合は、国家が主導した農業協同組合が地方の有力な豪農や親方衆の社交クラブのような性格を持っていて、彼らの地位をより強固にする役割を果たす傾向を有していた[25]。国家が既存の社会構造を揺るがさずに、地域社会を国家の秩序内に編入させ再配置させた日本とは違い、韓国においては、国家が地域社会を再組織化する過程で、これまでになかった地位上昇の機会を住民たちに与えたのである。

官製民衆主義が朴正熙政権の道徳的地平において重要な要素として機能している間、都市労働者、学生、進歩的知識人および一九七〇年代以降幻滅を覚えた農民たちの間では、民衆イデオロギーが国家―財閥の連合戦線に対抗する、新たな道徳的ビジョンとして根付いていった。このような脈絡に鑑みるとき、全羅道ハンピョン地域セマウル運動指導者の事例は非常に興味深いと言わざるを得ない。なぜなら、自らがセマウル運動とカトリック農民会の間にはなんら関係がないと言いながらも、一生身を投げ打った二つの運動を同じ次元に並列させるからである。彼の話は、朴正熙の死後セマウル運動の意味がどのように変化したのか、そしていかにしてセマウル運動に関する記憶が、一〇年あまりハンピョン地域を支配していた民衆イデオロギーという「集団記憶」と、大きな衝突なしに、そのなかの一要素として共存しえたのかを露にしてくれる。

自らを「批判勢力」と呼ぶ彼の経歴は、一九六六年海兵隊から除隊してすぐに、村の農協幹部が公金を横領した事件が発生し、これを解決しようとソウルの農協中央本部の前で「闘争」したことから始まる[26]。彼はその後野党の選挙本部でも働きもした。どのようにして六〇〇〇坪にもなる土地を相続したのにセマウル運動の指導者になれたかを聞くと、[27]彼は心外そうに答えた。

俺の親父が三〇年も使用人だったんだよ。親父は本当に自手成家した人だったんだ。セマウル運動指導者は村のために一生懸命働かないとだめだ。ハンピョン事件[28]のときみたいに、政府と戦ったり、警察にむちゃくちゃにされたりすることではないんだよ。我々は所得増大させよと政府と戦うことは夢にも見なかった。

セマウル運動指導者と農民運動をしていた人の間には会話がなかったですよ。カ農の人は意識が非常に高かったし、知っていることも多かった。なんか世界的なネットワークもあると聞いたな。俺たちみたいに警察を怖がる人たち[29]は、権利や何や言いながら警察の前で声を張り上げたりすることはなかったんですよ。

ハンピョン事件に関わった人たちは本当に死ぬほど叩かれました。その村人たちよりも、主にハンピョン郡の外から来たカトリック農民会会員が、犠牲も厭わず光州まで行ってデモを主導したんですよ。ハンピョン事件のとき、村からは少ししか参加しませんでした。郡単位で動いたわけではなかったんです。でももし俺たちの村にそんなことがあったとしたら、俺も出て行って戦っただろうと思います。セマウル運動指導者は村のために自分を犠牲にしなきゃならないですから。

（全羅道ハンピョン地域セマウル運動指導者とのインタビュー、一九九九年八月）

彼の話では、「犠牲」という単語が、両極端な理念のスペクトラム下の活動を取り結ぶ媒体になっている。カトリック農民会に対する彼の驚嘆のまなざし――多少の劣等感さえもが垣間見られる――にもかかわらず、彼は自分なりに村を守るために最善を尽くしたし、その意味でセマウル運動も「農民運動」だったのであり、それなりの正当性を持っていたと主張する。「カトリック農民会の主張も正しいかもしれないが、彼らは政府を批判するだけで対案がなかったんですよ。どうしたら豊かになれるか、という話はまったくなかった」（同上）。重要な点は、彼が一生のうちの貴重な一時を捧げたセマウル運動をいまだに誇りに思っていたとしても、朴正熙死後の新しい軍事政権が「セマウル運動の本意を捨てた」ことに批判者的な立場を取ると同時に、セマウル運動期間に都市へと旅立って行った兄弟や村人より自分が貧しく暮らしている、という心情を吐露している点である。

俺も都市に行ってたらうまくいってたかもしれないね。俺の家は一〇〇万しかしないのに、弟や妹のマンションは数億もするんだよ。俺の知っているセマウル運動の指導者みんなが、そのように自分を犠牲にしたんだ。新しい軍事政権はセマウル運動を再組織して何とかしようとしたさ。でも俺らが反対したんだ。俺らはセマウル運動が農民によって行われたものだから農民のものであるべきだと、大統領のものになってはだめだと首肯しなかったんだ。でも彼らは、セマウル運動指導者を自分の目的のために利用しようとしただけだった。運動はもともとの趣旨を失ったし、俺らみんな政府を信じなくなった。

（全羅道ハンピョン地域セマウル運動指導者とのインタビュー、一九九九年八月）

結論的にセマウル運動は、新しい要素を伝統的なものに加味することによって、平等主義的な情緒（ethos）を作り出した。そして、それに訴えることによって、大衆を動員することに成功したと言える。日常生活の規範としての儒教的なヒエラルキーは「非効率的なもの」として蔑まれ、権威主義的な政体を維持するのに役立つ、統治理念としての価値だけが強調されたのである。

3 セマウル運動の軌跡——訓育(discipline)と「韓国的」民主主義

中国の文化革命と違い、セマウル運動は世代間での権威の移動は促進したが、村を全般的にひっくり返しはしなかった。しかし若く意欲に満ちた運動の指導者たちさえもが都市へと旅立って行くと、重要な変化が現れるようになった。この節ではセマウル運動が労働倫理涵養運動から社会統制メカニズムへと、その性格を変えていく過程をたどってみたい。精神教育はますます、個人が自分に負荷された国家政策の意味を吟味してみる、重要な場になっていった。ある女性指導者の悲劇的な情況に対するケース・スタディは、セマウル運動がすばらしい修練場になりうると宣伝していた、いわゆる「韓国的」民主主義というものが、その追従者たちにいかなるものだったのかを表してくれる。

商業作物に対する需要の増加、新しい品種の普及、そして高米価政策によって、農家の収入はある程度までは増加した。しかし多くの人々が、子供の教育のために、「幻滅」のために[30]、もしくは世代間の葛藤をこれ以上耐えられないという理由で、都市へと旅立って行くと、一九七八—七九年を境に政府の政策がまた「比較優位」を重視する方向へと旋回した[31]。つまり農業政策は、輸出与信政策、金融政策、そして重化学工業政策などとともに、経済企画院によって真っ先に批判のターゲットになったのである。

一九七〇年半ばになると、多くの運動の指導者たちが考えを改めるようになったよ。実質的な利益があまりなかっただけでなく、自分たちが運動に参加するのに忙しく、家庭のことがひどくおろそかになったからね。多くの能力のある指導者たちが、自分の家族を養うために都市へと旅立ち始めたよ。

(前政策樹立者とのインタビュー、二〇〇〇年三月)

逆説的に聞こえるかも知れないが、「セマウル運動はなによりも精神革命だった」と主張した前高位政策樹立者の言葉は一理あるものだった。一方では、いくら一生懸命働いて優秀な指導者に選ばれても、個人的な物質的補償はないということを知ったこと、他方では、商業化、TVの普及、深刻になっていく農村の労働力不足現象などによって、これ以上「共同体」を維持できなくなると、個々人に強調されていたセマウル運動の労働倫理は、今度は都市という新しい環境下で一段と強く要求され始め、セマウル運動は近代化に関する「全ての形態の修練と訓育」を称する言葉に変化した。この過程でセマウル運動の意味は、逆境に屈しない意志、厳格な自己管理、そして経済発展など、近代化に伴う肯定的側面をすべて内包する意味に変質し、ますます増幅され始めたのである。

本当の意味で韓国社会に資本主義のモラル・ビジョンを調達したのは、ブルジョアや一九世紀末の儒学者[32]ではなく、軍事政権というべきだろう。資本主義的な労働倫理が人々の間に根付くようにしたのは、大資本だけでなく政権の命運をかけた死活問題だったからである。

注目すべきことは、セマウル運動に対する批判が強くなれば強くなるほど、精神教育の対象が拡大していったことである。中央政府の高位公務員、国会議員、銀行家、事業家、財閥とその二世、教授、音楽家、小説家、軍の将軍および社会的に影響力のある人物すべてが、その対象となったのである。これらの人々に精神教育をさせる目的は、多様な性格の社会集団を一緒くたに小さな「苦難」にさらすことによって、批判の声を和らげることだった。彼らは農民たちと一緒に食べて、寝て、走って、セマウル指導者の成功談を「平等主義的」雰囲気の中で傾聴せねばならなかった。「政権の影響力下に置くべき人々が教育の対象になりました。労働者や野党の人物は戦略的に除外されたんです」(青瓦台セマウル運動下位執行官とのインタビュー、一九九九年八月)。青瓦台において各階層に属する人物たちの被教育者リストを作成していたこの官吏は、精神教育プログラムについて次のように述懐した。

一九七四年、いわゆる「社会指導層」に対する教育が始まりました。伝えようとするメッセージは、「かわいそうな人々の汗水で楽しようだと？　笑わせるな」というものでした。それでアメリカの学位を持っているやつらを片っ端から捕まえてきました。「セマウル運動が独裁の手段だって？　よし、このエリートたちの精神状態を一から変えてしまわないといかん。社会の底辺から聞こえてくる声を聞け！」調子のずれた話はもうやめにして、我が国の事情に合った話をしてみろ、というメッセージだったわけです。（インタビュー、一九九九年五月）

平等主義のエートス、社会福祉に対する理想、発展至上主義の政権、これらの要素が一つになって作られた官製民衆主義は、異なる利害関係を調整する適法なプロセスや過程を知らなかった。「民主主義とは選挙を通じて達成されるのではなく、国家のプロジェクト（例えばセマウル運動）の遂行を通じて漸進的に学習され実践されるもの」というのが、政府の基本的立場だったのである。また一度決まった目標を追求するためには、いかなる対価をも払うことができるということも、「韓国的」民主主義の一特色であった。したがって目標を定めることに関しては何の発言権を持たなかった当事者たちにとっては、情況の変化を手放しで見ているほかなかったのである。

実際、官製民衆主義は民主主義にはほど遠かった。代議制（representational politics）はもちろん、適切な意思決定の過程までもが尊重されなかったからである。単なる「不運」もしくは「官僚たちの過剰な忠誠の計り知れない代価」が、国家の政策を忠実に履行しただけの人々にも、何の前触れもなく与えられることが可能だったのである。

朴正煕は大衆を徹底的に「訓育（discipline）」と「集団褒賞（group reward）」という枠組みのなかで動員したので、人々はみずから運動に参加したと考える傾向があった。その反面、セマウル運動が農村で反響を呼び起こせた社会的条件が熟していたのも事実だった。極貧層と最上層が都市へと旅立った後、村落内の土地所有構造が比較的同質になった点、そしてそれまで一度も組織的な指揮を受けたことがなかったが、戦争と飢えの足かせから逃れようという熱望がそれであった。実際、ヨス、ハンピョン、ダルソンの事例で明らかなように、官がセマウル運動の細部にわたって関与したにもかかわらず、人々は、自分たちが運動の初期に熱心に参加したのは、自発的だったという点で一九八〇年代とは違うときっぱり言った。このような自発性（voluntarism）の強調は、後のカ農で指導者として活動した人物までもが確認させてくれることだった。つまり彼は、豊かな村を作るというセマウル運動初期の約束が守られなかったためセマウル運動に背いたにすぎず、セマウル運動そのものに反対したわけではなかった。反面、政府の立場は、「政府にできることは人々を激励するだけで、実際に豊かになるためには、人々自らが何とかするべきだ」、というものだったのである。

国家は、非儒教的な、ギンズブルグの言葉を借りれば、「頑固な農村社会底辺の特徴（persistent peasant elements)」[33]とも言うべき平等主義的エートスを、発展プロジェクトにうまく利用した。官製民衆主義は、実際、社会底辺を強調するという点において、民衆イデオロギーと驚くほど似ていたのである。より正確に言えば、国家が韓国村落社会の伝統の中でも、平等主義的要素を選択的に強調し、これを社会全般において浮き彫りにさせたことは、むしろ民衆イデオロギー陣営という対抗勢力の登場に大きな役割を果たしたと言える。平等主義のエートスが韓国文化の重要なレパートリーの一つとして根ざすようになったからだ。

「真の民主主義の実現と分配的正義の実践」という旗幟のもとで、政府に対抗し立ち上がった民衆主義陣営は、逆説的にも、官製民衆主義とヘゲモニー闘争を行っているうちに、官製民衆主義に似通うものになっていった。国家も民衆イデオローグたちも、皆民族（ネイション）ディスクールを独占しようとした。民族というものは妥協の対象になり得ない上に、真の民族精神は、自分たちによってしか代表され得ないと強調した。重要なことは、意識的であれ無意識的であれ、両方ともそれぞれ望ましい人間像を作り出すべく、非常に強力な訓練技術を使用した点である。このような傾向は、強力な国家と挑戦的な社会との闘争がますます激しくなるにつれ、相手かまわず、敵か友かという二項対立によってのみ思考しようとする傾きを強化するようになった。フーコーが言ったように、権力は、本当に生産的であった。被圧迫者は、圧迫者あるいは加害者の技術を自分の抵抗のために利用した。セマウル運動研修院の精神教育指針と、都市産業宣教会（Urban Industrial Mission）の意識化作業プログラムとの間には、フーコー式の類似性を見出すことができる。両方とも小集団活動を活動を拠点とし、訓育（discipline）を有効なコミュニケーションの手段としたからだ。加害者の圧迫が暴力的で強力になればなるほど、非圧迫者の抵抗もより頑固で暴力的なものになっていった。

朴正煕の統治が底辺から大きく揺らぎだした原因が、政府が都市労働者たちの利害関心を徹底的に排除したことにあったにもかかわらず、このような問題に対するセマウル運動の対処は信じられないほどナイーヴなものであった。いわば「工場セマウル運動」というものが一九七四年から始まったが、これは一種のQC運動ないし省エネ運動に過ぎなかった（ソウル商工会議所前セマウル担当役人とのインタビュー、一九九九年六月）。単に事業体を所有している者だけを、セマウル運動研修院に集めて「精神教育」させた後、ただいま聞いた困難な事情に対し、各自の事業体では何をやれるのか、と人々の前で即答を強制したのである。ある人は、自分の工場内に夜学を設けると言い、またある人は、工場食堂のメニューを改善すると言った。「トップにいる人を苦労させ、彼の労働者たちへの責任感を持たせる」という論理が、急速な産業化の中で生まれた構造的問題を何でも解決できる、幻の薬のようになれなかったのは、当然であっただろう。大統領がときどきバスの車掌にジャンパーを送るとか、模範的なセマウル運動指導者を維新政友会の国会議員にするとかなども同じことだった。(34)

離農が進むにつれ、朴正煕の農村の支持基盤はそれだけ弱化していった。ますます加重されていくばかりだった都市労働者への作業負荷（workload）は不満を募らせた。怒濤のように押し寄せてくる社会からの挑戦と、高まるばかりの野党の民主化要求の前で、結局、朴正煕政権は一九七九年の彼の暗殺とともに、内側から崩壊するに至ったのである。

［翻訳：金杭］

注

（1）「セマウル」とは「新しい町（new community）」を意味する。［訳者］

（2）パク・チンファン『経済発展と農村経済』ソウル、ヘピョン先生華甲記念会、一九八七年、一四九頁。

（3）農村に「セマウル工場」などを建設し、農村の人口を維持することで所得増大を図ろうとする方策も初期に政府の構想のなかにあったが、大企業を中心とした生産体制と比較すると効率性が劣ったのですぐに廃棄された。

（4）チョン・ホンジュ「民主党政府は本当に無能だったのか」『新東亜』一九八五年四月号。『当時を知っていますか』ソウル、MBC Documentary Production、一九八七年。

（5）朴正熙の側近中一人は、この選挙が朴正熙にとってあまりにも辛い経験だったので、二度と選挙はしないと決断しただろう、と述懐した（高位政策諮問とのインタビュー、一九九九年五月）。

（6）赤色農組運動に関しては韓洪九教授にご教示いただいた。ここに感謝する次第である。

（7）キム・ビョンテ「農村政策の新しい展望——農民たちの努力を組織しよう！」『思想界』一九六三年三月号、二三〇頁。

（8）何年かたった後に専用の予算が組まれたが、その予算さえも高米価政策に最も多く支出されていて、そのお金を工業生産に回すべきだと主張する経済企画院と一九七〇年代以降深刻な葛藤関係に陥ることになる。セマウル運動に対する朴正熙の愛情には特別なものがあり、経済企画院の官僚や青瓦台の参謀陣がこの運動を批判すると、「精神教育」を新たに受けるようセマウル運動修練院送りにされた（高位政策諮問とのインタビュー、一九九九年八月）。

（9）「しばかりなわなひ、わらじをつくり、親の手助け、弟を世話し、兄弟仲良く、孝行つくす手本は二宮金次郎」。これは当時学校に通っていた人は誰でも知っている歌で、江戸末期の自手成家した農夫がモデルになった。

（10）Vincent Brandt, "Rural Development and the New Community Movement in South Korea," *Korean Studies Forum*, no. 1, 1976/1977, pp. 32-39.

（11）土地を持っていなかった人々は一九六七—六八年にかけての大飢饉の際真っ先に大都市に移った。村一番のお金持ちも教育などの目的で一九七〇年代以前にはすでに大都市に移住するケースが多かった。セマウル運動に抵抗した人々も村の階層秩序において両極端に位置した人が多かったという。

(12) 地方の行政単位［訳者注］。
(13) キム・チョンリョン『韓国経済政策三〇年――キム・チョンリョン回顧録』ソウル、中央日報社、一九九〇年、一八六頁。
(14) 全国二一〇の村落に対する調査結果では、所得増大事業はそれぞれの村のさまざまなセマウル運動事業のなかで五番目の位置に過ぎなかった。ムン・ビョンジプ「所得増大のためのセマウル運動の組織と運営――農協に関する一考（二）」『地方行政』二六巻二八九号（一九七七年）、一〇二―一一九頁。
(15) 当時はまだ中央情報部だった。現在は国家情報院。
(16) 学科別に行われていた学生たちの自発的な会議。当時多くの私服警察たちと情報員たちが校内に常住していて、一九八〇年代半ばまでそのような情況が続いた。
(17) Maurice Halbwachs and Patrick H. Hutton, *History as an Art of Memory*, Hanover : University of Vermont/University Press of New England, 1993, p. 7 から再引用。
(18) 『ソウル新聞』一九七二年四月二日。
(19) 一九七二年時点でセマウル運動指導者のうち二二％だけが高卒以上の学歴を所有していた。チェ・サンホ「セマウル指導者の社会的背景と動機に関する研究」『韓国農業教育』九巻一号（一九七四年）、七八―八三頁。
(20) チェ・ジェソク『ソウル新聞』一九七二年六月七日の対談記事。
(21) キム・ピルトン『韓国社会組織史研究』ソウル、一潮閣、一九九二年。
(22) チェ・ジェソク『韓国農村社会』五四六頁、アン・ソンジン「韓国農村の葛藤研究――カトリック農民運動の事例」ソウル大学人類学科修士論文、一九八六年。
(23) この人の親戚は野党の有力者であり、後にもその地位を保っていたという。彼はセマウル運動指導本部や政府に対して、セマウル運動関連行事に野党も参加させ、運動をより挙国的にしようと意見を披瀝したと言うが、彼の意見は一度も受け入れられなかったという。
(24) 中央日報韓国現代史研究会資料集（ソウル、韓国学中央研究院、一九九九年）、青瓦台セマウル運動関連下位執行担当／農協取締役だった人とのインタビュー、一九九九年八月。カトリック農民会幹部によると、信協運動はもともとカ農が始めたものだったが、カ農の勢力が急に大きくなっていくのを目の当たりにした政府が、対抗策として似たようなものを作ったという（京畿道ヨジュ郡カトリック農民会指導者とのインタビュー、一九九九年八月）。
(25) Seung-Mi Han, *From Regional Craft to National Art : Politics and Identity in a Japanese Regional Industry*, Ph.

D. thesis, Harvard University, 1995.

(26) 彼の闘争記によると、同じく海兵隊を除隊した「同志」たちは、同じ小学校の同窓生であり、一五人程度が一緒にこの事件を解決するためにがんばったという。最初の頃農協は、農民たちが連帯保証をしなければならなかったので、幹部が横領したお金はすべて農民たちの負債となった。「俺たちは農協本部に抗議に行きました。そうしたらやつらが白米で炊いたご飯を食べてるじゃありませんか。田舎では食べ物がなくて困っているというのに。国家再建運動も口だけで何も変わらないのに。本当に怒りでいっぱいでした。農協本部のまえに行って、ピケットを持って、「農民たちの血を吸うこのヒルどもめ！」と籠城しました。「お前らが解決してくれないと青瓦台に行くしかねえな。行って、朴正熙大統領、聞きなさい、あんた革命したんだろ、そんなあんたが農民たちを皆殺しにしてるんだ、デモするしかねえな、とうったえるぞ」と言いました。たぶん中央情報部に我々の話が入ったんでしょう。籠城三回目に農協にあった我々のお金も全部返してくれて、連帯保証でできた負債も全部清算してくれました」（インタビュー、一九九九年八月）。

(27) 彼が金のある人はセマウル運動に協力しないと言ったために、このような質問をせざるを得なかった。

(28) いわゆるハンピョン芋事件（一九七七年）で、農協が住民にサツマイモ栽培を奨励しながら収穫量の専売を約束したが、これを守らなかったために腐っていくサツマイモを積んで籠城した事件。農村地域では政府に抵抗することが困難でもあったし、もし抵抗があったとしても全国的に知られる場合がほとんどなかったので、この事件の象徴的意味は大きかった。

(29) 彼は自分の父親が日帝時代から面事務所や警察署を非常に恐怖に思い、そこから呼び出しがあると震えが止まらなかったと言った。父親の経験だけでなく、解放後に自分が見て聞いたことも多いとも言った。

(30) イ・チョンデ「我々はなぜ我らの愛する土地を捨てたのか」『対話』一一巻（一九七六年）、一六〇―一七七頁。

(31) チュ・チョンファン「いわゆる『西江学派』の誤謬」『新東亜』一九八五年八月号、二三四―二四五頁。Mark Clifford *Troubled Tiger: Businessmen, Bureaucrats, and General in South Korea*, New York: M. E. Sharpe, 1994.

(32) Carter Eckert, "The South Korean Bourgeoisie: A Class in Search of Hegemony" in Hagen Koo ed., *State and Society in Contemporary Korea*, Ithaca: Cornell University Press, 1993, pp. 95-130. エッカルトが韓国のブルジョアジーは西欧の場合と違って、国家／社会の政治的発展過程において保守的な役割を担ったために、ヘゲモニーを掌握することができなかった、と指摘したのは示唆的である。しかし彼のユ・ギルジュン（兪吉濬）と福沢諭吉の比較には問題がある。なぜなら、前者は後者が日本の近代化の過程で確保した位相や地位を享受できなかったからである。

(33) Carlo Ginsburg, *The Cheese and the Worms: The Cosmos of a 16th Century Miller*, Baltimore: Johns Hopkins University Press, 1980 〈1976〉.

(34)　当時国会議員の三分の一は、維新政友会（いわゆる維政会）という名の下で、大統領によって任命された。

現代中国のイデオロギー暴力

文化大革命の記憶

涂険峰

二〇世紀八〇年代後半、中国大陸の青年作家余華（一九六〇年―）は『一九八六』という小説を発表している。小説が描くのは、文化大革命（一九六六―七六年）で迫害されて発狂し、故郷を離れ、行方知れずになっていた一人の歴史教師である。彼は文革が終わって十年後の一九八六年、中国古代のさまざまな拷問道具を身につけ、再び街頭に姿を現す。いぶかって好奇心を抱いたやじ馬が、このパフォーマンスに引き寄せられる。その中には狂人の娘も含まれていた。狂人は自傷行為の果てに命尽き、屍を街頭に晒す。そして彼の妻は新しい夫と「幸せに暮らし」始めるのだ（1）。

この作品は読者に重く痛々しい印象を与える。直感的には狂人の自虐描写の残酷さからくるものだが、それ以上に小説中の傍観者たちの冷淡さと人々の痛ましい過去に対する無情な忘却が、読み手を不安にする。この冷淡な態度からは魯迅の国民性批判が想起されよう。二〇世紀初頭、魯迅は自国民が同胞の苦しみに無頓着で麻痺していることを痛感し「吶喊」の声をあげた。余華の小説はまるで魯迅の叫び声が世紀末にこだましているかのようだ。

しかし注意すべきは、それぞれの作家が対峙している暴力に質的な違いがあることだ。この違いを看過すると、二〇世紀の驚くべき暴力運動の歴史痕跡が消し去られてしまう。基本的な事実をひとつ忘れていると言い換えてもいい。魯迅が叫び声をあげて呼び覚まし啓蒙しようとした国民は、魯迅以降に大がかりに動員され、とうに傍観者でなくなっているという事実だ。彼らはかつて余華の小説で歴史の創傷を造り出した暴力に大々的に参与した。すなわち本論の検討テーマ――現代中国の「イデオロギー暴力」である。

1■現代中国のイデオロギー暴力

平時に起こる「イデオロギー暴力」は中華人民共和国建国後の大規模な暴力の主要形式であった。「反右派党争」「文化大革命」などの威勢がよく声高な政治運動となって現れ、自然災害以上に精神、肉体に重い傷を負わせた。大規模なイデオロギー暴力は一九七六年に収束した。一般的には、毛沢東逝去と四人組逮捕をメルクマールとしている。その後中国人は、災難を省察し、創傷を叙述する段階を経験した。そこで以下、中国のイデオロギー暴力にはいかなる特徴があるか、指導思想や表現形式はいかなるものか、簡単に検討してゆきたい。大まかに言って中国のイデオロギー暴力には次のような特徴がある。

第一、「歴史理性主義」の価値観を指導思想とする。

その基本内容は、歴史発展には従うべき「規律」があり、「歴史規律」は「あらかじめ予見でき」「阻めない」と承認するよう求めるものである。個体が自発的にこの「規律」に順応することが「理性」と見なされる。歴史の進歩における個体の犠牲は必然、必須で、ひいては合理的でさえある。歴史がより高次のレベルで獲得する収益ゆえ、個体の犠牲は「意義に満ちた」ものになる。歴史理性主義にはある種の全体性思考と「未来哲学」が含まれている。国家意思や革命事業など虚構の全体同一性を本位に、個体の主観意志が全体、普遍意志に服膺するよう求める。

歴史理性主義の言説では、暴力、傷害、苦難は系統的に積極的意義を与えられ、災難や創傷の性質は隠蔽される。人民大衆は「歴史の流れ、前進、歩調に順応しているか阻んでいるか」に基づいて分類され、「歴史の逆流」に区分された人間は、容赦なく排除すべきものと見なされる。歴史の障碍を取り除く闘争において、罪無く巻き添えにされた者の悲惨な境遇は、歴史の進歩に必要な代価として肯定される。このロジックから導き出される推論はこうだ。創傷は事後に合理的に解釈できるだけでなく、「歴史発展の必然的趨勢」を把握し歴史の「正確な方向」を「予見」したと思いこめば、この歴程を代価もいとわず猛烈に推し進めることができるのだ。

権力を有するイデオロギー国家について言えば、歴史意志はすなわち国家意志である。この理論は「国家を目的とし、人を手段とする」。その「第一の直接的結果は、人が愛国者と敵に分けられることだ。言い換えれば、人は国家に有用な手段、道具と、国家に有害で不利な道具とに分けられる。国家の利益のためには、後者を容赦なく排除せねばならないというのが暗黙の結論だ」[2]。極端な場合、国家を超越したより幻想的なユートピア式の革命全体を根拠にすることさえある。[3]

現代中国のイデオロギー実践活動において、この思考を極限まで高めたのが、毛沢東思想路線である。中国の「毛沢東式革命」はマルクス主義と異なりレーニン主義路線の延長だという指摘がある。[4]人為的な「上部構造の不断革命」は、具体的には「政治運動がひとつまたひとつと続き、攻撃対象がまたたく間に変わってゆき、最後は共産党内部の「新たに生まれた資産階級」(「右派」「右傾」「走資派」)に到達する」という形で現れた。[5]これは現代中国のイデオロギー暴力と災難を造り出した重要な思想淵源である。[6]

第二、精神改造と非肉体的破壊を目的とする。

現代中国のイデオロギー暴力には強い戦闘精神と破壊の意志があるが、ナチスのユダヤ人迫害やスターリンの大粛清と比べると、明らかな違いがある。それは、主として精神改造に着眼しているのである。初期の「思想改造」からいわゆる「魂に触れる」文化大革命まで血脈は通じており、後になるほど強烈になった。[7] 運動のさなか局部的にコントロールを失うといった極限状況を除けば、この種のイデオロギー暴力はふつう肉体の消滅を目的としない。精神改造が目的なので、イデオロギー暴力は弾性のある二つの極を兼ねることになる。まず、苛酷きわまりない。行為上の柔順さでは満足せず、「魂」にまで踏み込むことを求める。最も親密な人倫関係を破壊し、家庭内で思想、感情上の一線を画させ、すべての人間に魂の奥深いところで高度な思想一致性と政治的純潔性を保持するよう求める。このような「道徳理想国」と称すべき政治実践が国民にもたらすのは、酷刑よりもさらに苛酷な強制である。[8] しかし一方で、政治暴力ながらいわゆる「魂の改造」を目的とするため、思想転換に比較的積極的な改造対象には一定の寛容さを示すこともある。この寛大さをより強力な政治武器にして社会に作用してゆく。[9]

第三、大衆路線を歩み、多数の熱狂的参与者を擁する。

運動全体について、中国のイデオロギー暴力がスターリン式大粛清ともうひとつ異なるのは、「大衆路線」を歩み、膨大な大衆の支持を得ている点である。大規模な大衆運動を発動させるのが中国のイデオロギー暴力の主要な方式で、膨大な数の参与者がいる。参与者は往々にして熱狂的な理想主義的激情に駆られて運動に身を投じ、自分は政治的、道徳的に正義で合法だと信じている。直接的な結果として、苦難は「幸福」と感じられ、災難は「偉大な」体験となる。

第四、被害者と加害者の境界が曖昧である。

この特徴は文革で突出して現れた。個別的で局部的な暴力活動における被害者、犯罪者を弁別するのはたやすい。しかし、政治運動全体の挙国的熱狂について言えば、権力闘争と相互批判がめまぐるしく起こる中で、誰が被害者で誰が加害者だったかはっきり分けるのは難しい。一時的な加害者もすぐさま傷を負い、被害者はたちまち他人に害をなす者となった。この一場の暴力を造り出したのはそもそも結局誰なのか？　指導者個人なのかそれともある思想なのか？　単独の命令かそれとも広範な民意の支持、推進力さえ得た集団意識なのか？　イデオロギー災難が終わっても、こういった疑問と困惑に対する有効で直接的な回答は得られていない。

2 イデオロギー暴力の記憶について

上述の特徴をそなえたイデオロギー災難は、中国人にいかなる集団記憶を残したのだろうか？　傷を負った社会と心はどのような方式で自らの経験した巨大な歴史創傷を記録し、省察したのだろうか？　総じて言えば、中国のイデオロギー暴力についての記憶のあり方は、暴力の性質、暴力と災難の収束の仕方、新しい時代との関係などによって決定された(10)。

この暴力が収束してからすでに三十年になる。この間中国社会は目を見はる変化をとげた。歴史創傷を記憶する方式も、一度確立すれば不変とはいかなかった。現代中国のイデオロギー暴力が残した記憶は、大まかに三つの段階に分けることができる。それぞれ「記憶の中の忘却」「忘却の中の記憶」「遠ざかる他者」と呼びたい。

（1） 記憶の中の忘却

文革収束後の数年は、政治路線上「混乱を収めて正常に戻す」時期で、創傷言説が最も活発化した時期でもある。社会文化はほとんど文革の記憶をめぐって進行した。だがこの時期の記憶の方式は、過去の苦難を系統的に隠蔽しており、以下のように現れた。

第一、象徴的「断罪儀式」と懺悔の不均衡。

イデオロギー災難のひとつの重要な特徴は、参与者が極めて多く、加害者が無名なことである。[11] そのため断罪が難しくなり、結果として象徴的、代替的な断罪儀式が行われた。過ぎ去ったばかりの歴史災難を叙述しなおし、一歩進めて記憶を公共記憶へと整理したのである。社会全体であれ個体であれ、混乱した歴史災難を理解するには、何らかの説明秩序や語りの構造に乗らなければならない。この種の論理的「完結性」には災難の「原因」や「元凶」が必要である。道徳的に許す余地のない何人かの政治的「悪人」が引っ張り出され、審判を受けた。それは、法的意義を有していただけでなく、記憶の公共叙述の象徴であった。創傷を叙述する文学には、虚構の「少数の極端に下劣な形象」が描きこまれた。[12] 問題の発端となった者の形象は誇張され、妖魔化されたが、これには群体の罪悪感や心理負担を消し去る効果があった。悪辣で下劣ででたらめに誇張された悪者に向き合うと、誰でも自分はこうではない、全く違うと感じられるので、安全な気になり、自分が暴力に参与したことも容易に忘れることができた。

これに関連した現象に、懺悔の不均衡がある。しばしば被害者の懺悔は加害者のそれより多かった。大衆が大規模に暴力活動に参与すると、断罪が難しくなり懺悔も容易でなくなる。だが参与者の多さは懺悔を阻む原因のひとつにすぎない。より重要なのは、大部分の人が、自分では正しくて崇高で神聖だと思った目的と情熱から、活動に身を投じたことである。事後に一時的に方向を見失ったと認めたとしても、後悔が懺悔に勝っていた。対照的に被害者は事後かえってより強く道徳的負い目を感じた。その原因はこの種の政治暴力による「思想改造」の特徴と関係している。被害者は改造の対象であり、険悪な情況に置かれ、心ならずも裏切りを働いたり、批判に参与したり、他人に害を加えることはあまりなかったが、事後の省察に際して抱いた罪悪感や悔恨の情は加害者より大きかった。自発的に運動に参与した中堅分子は、むしろ往々にしてより言行一致、前後一貫している。またこの一群は罪に問われようがないので、ますます「純粋で過ちがない」。これもイデオロギー暴力がもたらす意味深長な現象である。

第二、創傷を造り出したイデオロギーが、依然として創傷の記憶と叙述を支配していた。

イデオロギーの継続が、文革の災難が終息した後の基本コンテクストだった。創傷の叙述の随所に、かつて創傷を作り上げた旧いイデオロギーの思惟特徴がはっきり認められる。その主な症状は、国家本位で創傷を記憶していること、今昔を対比する表現と感謝報恩の態度、未来哲学と勝者のロジック、それから苦難に意義を与え苦難に感謝する言説などである。

国家を本位として創傷を表現するのは、歴史を整理し回顧する際に当時よく見られた視角だった。ある学者は「文革」小説について考察し、国家を本位とする創傷の記憶は、傷を負った個人の「憂国の情」として現れていると指摘した。このタイプの主人公は、自発的に国家民族を代表して「思考」し、「国家民族の大義」と「革命事業と利益」という点から歴史災難を理解し描写し、災難と苦難の「積極的意義」を掘りおこす(13)。国家と政党はもともとイデオロギー暴力の道具である。「国家の創傷」を首位に置き、国家と革命事業を最大の被害者と見なすことで、イデオロギー暴力とそれが個体の心身を踏みにじった実質をある程度包み隠した[14]。まず今昔の対比を通して、現在「幸福」を謳歌していることを過去の苦難で裏付けるもの。これは「憶苦思甜（昔の苦しみを思い、今の幸せをかみしめる）」と階級抗議パターンの延長である。創傷の記憶を道具にし、過去の苦難を現在への感謝と未来への確信に転化させ、人をして現在の政治力と指導者に感謝したい、借りがあるという気持ちにさせる。

もうひとつは苦難への感謝で、苦難それ自体を論証する積極的意義があった。この現象はより意味深長である。文革研究者は、中国の「文革物語」には苦難に感謝する気持ちが溢れ出ており、その「積極的意義」を論証する傾向は世界文学においても極めて特殊だと指摘している[15]。長期にわたる政治的コンテクストによって、人々は意味が定まった苦難だけを受け入れるのに慣れていた。「創傷を力にする[16]」という当局の言説は記憶を縛りつけていた。「麗しい未来」に目を向けるよう強調するのは、そのまま現在への忠誠を意味していた。

現代中国のイデオロギー暴力の特徴と災難後の社会的政治的利益と群体文化心理は、創傷の記憶に大きな影響を与えた。大量の参与者が「行為に介入し、思想を一致させ、感情を投入する」ことを特徴とする暴力運動と、回想者が過去のイデオロギーや思惟方式と渾然一体になって自己保全を求めるという省察のコンテクストは、往々にして「記憶」の方式で「忘却」を実現する結果をもたらした。

社会の省察機能の主要な担い手たる知識人は、いまだに上に述べた創傷の記憶の隠蔽性を充分取りあげていない。「洗脳」式の思想改造と「魂に触れる」文化革命を経験し、災難が収束したとき、知識人は有力な批判の道具を探し当てられなかった。新しい思想資源に乏しくイデオロギーとの関係も曖昧だった。小説『一九八六』の狂人の行為は、知識人の表現の苦境を象徴的に説明し、省察者自身の気まずさをはっきり示している。彼には表現に利用できる言語がなく、はるかに遠く馴染みのない言語（古代の拷問）を借用して自身に施すことしかできない。あるいはこの時、事件の原因を作った者は、健忘症の人の群れの中にのうのうと逃れているのかもしれない。あるいは表現者自身が罪悪感に苛まされているのかもしれない。歴史の省察者は自虐という方式で創傷の記憶を表現する。加害者と創傷の原因は依然一片の空白だ。

（2）忘却の中の記憶

イデオロギー暴力の特徴を認識すると、小説『一九八六』に見られる傍観者の冷淡さと忘却を別の視点から見直し、社会記憶の第二段階の特徴を説明することができるかもしれない。

魯迅にとって冷淡な傍観者は啓蒙すべき愚昧な国民だった。しかし皆が熱狂する暴力運動を経験した後に傍観者の距離を保っているのは、ある種の覚醒と啓蒙の象徴と見なせなくもない。この冷淡さを陰で支えるのは、まさしく集団無意識と化した創傷の記憶である。この「忘却の中の記憶」という方式は、往事の革命イデオロギーに対する拒絶と挑戦になっている。

八〇年代以来、中国大陸は経済改革に始まって対外開放し、西洋思潮を改めて導入して中国の伝統に「文化的ルーツを探った」。社会全体が経済復興、文化再建の段階に入り、社会生活における政治的色彩はしだいに薄れた。階級言説、闘争言説はもはや支配的地位ではなくなった。当局の言説は国家本位の全体性思考を保持しているものの、転覆型の急進的革命言説は弱まった。この重心の推移は文化の質の更新と思想の多元化をもたらした。

これら全ては創傷の記憶という一大背景と切り離せない。日向から陰へ舞台から楽屋へ移動しつつ、創傷の記憶は政治的集団無意識となって中国社会の転形を押し進めていった。

この「忘却」過程の積極的意義を低く見積もることはできない。創傷の記憶は一種の否定の力となり、社会意識あるいは社会無意識に根を張った。それは急進的な政治的情熱と闘争の熱狂を拒絶し、その否定と拒絶を、制度化し物質化した社会形態へと変化させ、次世代に伝え、イデオロギー災難からかけ離れた秩序だった社会構造の中で生かそうとしている。その意味でこの意識的忘却は、やはり社会記憶の奥深い表現なのだ。

社会が多元化してゆく中で、歴史記憶はもはや主流の社会空間を占めなくなった。だがその痕跡がないわけではなく、各種の新しい思想資源と交流し衝突しながら、その面貌を変えている。八〇年代に中国が対外開放した際に起こった実存主義ブーム、精神分析ブームその他の非理性主義思潮の発生は、いずれも文革の創傷記憶と密接に関係している。各種の西洋の非理性主義哲学が中国の言説系統に入り込み、文革の創傷記憶を表現する思想資源となった。ちょうど西洋におけるこれらの思潮と第二次世界大戦の記憶の関係によく似ている。反面これら外来思潮の影響で、人々の苦難と創傷に対する態度は変わった。感性的個体の創傷をよりどころとし、苦難はもはや「歴史の進歩」ゆえに「意義に満ちあふれる」ことはなくなった。創傷は「世界の荒誕」に端を発するか、はたまた奥深い人生悲劇を暴いているかである。これらの言説の中で、歴史理性主義イデオロギー体系と創傷を隠蔽する安っぽい楽観主義は、一定程度瓦解した。

(3) 遠ざかる他者

近年歴史記憶を検討する中国大陸の学術著作において、しばしば忘却への憂慮が示されている。たとえば『創傷記憶』(一九九九年)という本は、記憶はないと豪語する「第四世代」に対し、序文で冒頭から警告を発している。[17] 五十の文革小説を読解した論著(二〇〇〇年)は『為了忘却的集体記憶(忘却のための集団記憶)』と題されており、作者は歴史記憶のジェネレーションギャップこそがまさしくこの本を書いた動機だと述べている。[18]

焦慮が生まれる直接原因は「創傷記憶の負担のない」世代がすでに成人していることだ。時の移り変わりが社会心理構造、文化趣味、意識の関心事を変えている。第二段階では、創傷の記憶という重い話題はとうに周縁化していたものの依然として広大な背景であり、偏在していて、いつでも呼び起こせた。現在ではそれは取り返しがつかないほどポスト文革の社会経験に取って代わられている。二つの世代間に対話の背景がなくなり、ディスコミュニケーションが深まっていることが焦慮を引き起こしている。また焦慮には現在の省察の水準に対する不満も含まれている。

イデオロギー暴力の省察は困難きわまりない任務であり、一時に解決することはありえない。これでなければあれ式の単純な思考は全く役立たない。人々は「政治的タブー」「当局の言説操作」といった言い方で中国の忘却現象を説明しがちだが、この視点は真実の一部に触れているだけで全面的でない。たとえば作家巴金は「文革」後に「文革記念館」を設立するよう呼びかけたが、彼が亡くなった二〇〇五年になってもまだ実現していない。政治的原因のあろうことは疑うべくもなく、残念なことだ。しかし、二〇世紀中国の最も偉大な作家のひとりである巴金が文革の記憶を系統的に回顧した大著『随想録』でも、省察はあるべき深度と強度に到達しておらず「元の場所をぐるぐる回っている」だけだ[19]。つまり「忘却」への焦慮を作り上げているのは、巻き戻しようのない時代の移り変わりと省察の困難さである。

社会の移り変わりは歴史負担のない若い世代を生み出したばかりでなく、目前の必要に応じてすでにあった記憶をも変えてきた。記憶の真実の見取り図がまだつまびらかになっていないのに、記憶の変遷で記憶の「叙述史」「解釈史」や「記憶の記憶史」が書けるぐらいだ。同じ叙述者の創傷記述が前後で一致しなかったり、言説の意図と苦難の感覚が全く異なることもありうる。

時の移り変わりと社会の転形につれて、往事のイデオロギー災難の記憶はしだいに遠のき、ますます光陰の中にある馴染みのない異邦のように、あるいははるかに遠い「他者」(The Other) のようになってきている。しかし、これはイデオロギー災難の記憶が徹底的に冷遇され、視野から完全にフェイドアウトすると意味しているのではない。それどころか「エキゾチックな味わい」で、たえず後の世代の観光客を引きつけている。

時間的な距離が生まれたことで、「他者」としての記憶を叙述し鑑賞し消費するのはますます自由になった。現在の中国では、過去の暴力の記憶がたえずスリル満点の通俗物語に編み込まれ、流行にあわせて広まっている。血なまぐささが消されて消費可能な文化記号になったり、(20)「欲望化」を進めた再叙述で現代の有閑観衆を引きつけたり、(21)次々と現れる理論方法の実験場となって思索者に知能ゲームを提供したりしている。最終的にはひとつの結果に行き着くしかないのだろう。創傷の記憶の厳粛性と真実性、苦難が積み重なった往時の歳月はいずれも、真実のような幻のような、信じられるような疑わしいような、めまぐるしく変幻する霞と化すのだろう。

この現象は筆者に、あるアメリカの学者が近年なぜ西洋でナチスのホロコーストに関する研究がブームになっているか説明した内容を思い起こさせる。理由のひとつは実に驚くべきものだった。一切の歴史客観性、真実性を否定する論者に対して「もしナチスのホロコーストのような事実さえも信じないのなら一体何を信じるというのか！」と問い返さなければならないからだというのだ。疑いを差し挟む余地のない口ぶりの詰問で、人は歴史と真実をどう見るべきか、道徳的なデッドラインを示していた。歴史記憶に関する思考―遊戯がどんなに変化しようと、厳粛にまじめに人類の暴力と創傷の歴史記憶に向き合わねばならないという要求である。それらを正視することが、私たちが社会全体、歴史全体に向かい合うときの最低限の出発点であろう。

記憶の距離は、私たちに自分の責任をより深く意識させるとともに、客観的な研究と思考の可能性をも示してくれる。ある意味では自身の文化記憶との距離が広がれば広がるほど、他民族の記憶と理解上の距離を縮められる可能性が出てくる。民族を越え文化を越えるマクロな比較研究を、より一層押し進める契機となろう。

［翻訳：河村昌子］

(1) 余華『一九八六』(『収穫』一九八七年六期)。

(2) 劉小楓『拯救與逍遥』(上海：上海人民出版社、一九八八年）一〇五頁参照。夏中義『新潮学案』(上海：上海三聯書店、一九九六年）二〇八頁も参照のこと。

(3) ある西洋の心理学者は、毛沢東は文化大革命で、一度の苦労で一気に不朽の革命ユートピアを作り上げ、それによって個人の死と革命の死への焦りを克服しようとしたと考えている。Robert Jay Lifton, *Revolutionary Immortality*, New York : Norton Library, 1976 参照。

(4) 「「レーニン主義」はマルクス主義と異なり、生産力の遅れた国家が社会主義革命をどう進めるかを、まず解決しようとする。それゆえレーニンは、主観的に生産関係を変革することで客観的生産力を促進させる「反作用」の策略を、生産力が生産関係を決定するマルクス主義の「基本原理」の弁証法的発展とせざるを得なかった」。「「毛沢東思想」はこの「レーニン主義」路線をさらに押し進め、より遅れた中国で、上部構造の不断革命によって生産力を「解放」しようとした」。張志揚『創傷記憶』(上海：上海三聯書店、一九九九年）五三頁参照。

(5) 同上、五三―五四頁。

(6) 毛沢東思想と現代中国の苦難の関係を検討した研究として Tu Weiming, "Destructive Will and Ideological Holocaust : Maoism as a Source of Social Suffering in China", *Social Suffering*, ed. Arthur Kleinman, Veena Das, Margaret Lock, Berkeley : University of California Press, 1997 が参照できる。

(7) 「洗脳」(brainwashing) とも言う。その初期段階を描写、分析したものとして Robert Jay Lifton, *Thought Reform and the Psychology of Totalism : A Study of "Brainwashing" in China*, Chapel Hill : The University of North Carolina Press, 1989 が参照できる。

(8) 毛沢東は文革中に法家を肯定し、孔子孟子を批判したが、杜維明 (Tu Weiming) が指摘するように、毛沢東自身極めて風刺的な意味で儒家のいわゆる「聖・王」の体現者であり、政治的指導者、イデオロギー立法者、道徳権威の三位一体の役割を演じた。これは中国史上かつてないことである。*Social Suffering*, p. 151 を参照。政治権力化した儒家は、ある意味法家が作り上げた制度よりも苛酷になりうる。というのも、後者は行動が矩を越えず法を乱さないよう求めるだけだが、前者は内心の道徳により多くを求めるからだ。内部の道徳修養がひとたび外部の社会秩序からの政治的要求になれば、内外から魂の奥底まで監視、コントロールされる警察制度のようなもので、疑うべくもなく苛酷な統治である。毛沢東が建立しようとした「イデオロギー理想国」は、この方向を発展させた政治実践と見なせよう。

(9) 何人かの経験者がこの点に言及している。例えば張賢亮は中国の労働改造の特徴を分析して、当時の中国には「社会全体、国家全体がひとつの暖かい大家庭だ」というある種の「集団無意識」が存在しており、「犯人側だけでなく、労働改造当局にも現れ」、労働改造当局の指導者の「厳格さには家長風の配慮があった」と指摘している。反右派闘争では、「大勢の無実の者が社会的に区別されることなく労働改造に送られたが、労働改造隊で区別された」。思想改造の過程で態度が良い犯人は比較的良い待遇が得られ、「高等犯人」になった。「大飢饉の時期に、何人もの「高等犯人」が労働改造隊から生きて家に戻ってみると、家人は飢え死にしており、「一家で労働改造に行ったほうが良かった」と嘆いた」。張賢亮『我的菩提樹』（北京：作家出版社、一九九四年）二〇〇―二〇一頁。中国の思想改造（「洗脳」）のプロセスと環節にも、慈悲を示す重要な転換段階がある。Lifton, *Thought Reform and the Psychology of Totalism : A Study of "Brainwashing" in China*, p. 72 参照。

（10）創傷の記憶の方式は、歴史コンテクストと時代環境から錯綜した影響を受けている。各種の複雑な要素が互いに作用を及ぼした結果である。アメリカの Martha Minow は、影響因子として「新政権が戦闘によって誕生したのか、協議によって前の指導者から受け継がれたのか」「結局のところ人民の一部が悪事に巻き込まれたのか、大部分か」を挙げている。この部分の論述は非常に啓発性がある。Martha Minow, *Between Vengeance and Forgiveness*, Boston : Beacon Press, 1998, pp. 4-5 参照。

（11）*Social Suffering*, p. 151.

（12）許子東『為了忘却的集体記憶』（北京：三聯書店、二〇〇〇年）一五五頁。

（13）同上、一八一―一八二頁。

（14）「国家の創傷記憶」は中国人の記憶の伝統の中で長い間主導的地位を占めてきた。近代以来、中国人の意識には列強に欺かれ踏みにじられてきたという痛ましい記憶が充満している。こうした記憶は主に国家、民族の創傷として整理された。創傷をまず国家が受けた創傷として理解することには、次のような機能があった。第一に、災難中の国家の役割を弁護する潜在的な方向性をはらんだ。国家本位あるいは抽象的大事業の角度から「創傷」を記録すると、国家と事業そのものは無罪になる。しかもしばしば損害を受けた被害者として創傷言説に現れる。歴史的災難において権力を掌握していた者を、国家および「歴史」に対立するもの、もしくは「逆行するもの」と見なしてでも、すべての傷害を個人の奪権行為の帰結と解した。第二に、創傷意識と悲劇的色彩を薄め、「積極的楽観的」態度を再建することを意味した。この「薄め」の過程は論理的には二段階で完成する。第一段階では、人々の意識に占める「国家全体」の位置は個体よりはるかに大きい。その帰結として、個体の創傷の意識における重要性は、国家の創傷に比べて大きく割り引かれる。第二段階では、国家の創傷に対する記憶と省察がより積極的、楽観的な結論を導き出す。なぜなら国家、民族は個体のように脆弱で消えやすくはあり得ないからだ。災難の打撃に踏みにじられた個体の青春や幸福ないし生命は往々にして返ってこないが、対照的に国家、民族は「永久」で、歴史の推移に従って「柳暗花明（苦境の中で希望を見ること）」し、不断に進歩する。それゆえ国民国家の全体と本質をよりどころにすると、個体生命の脆弱性は意識の奥底に踏み込む術がなく、楽観的に自己の「創傷記憶」を構築できる。この視角に基づくと、人々は未来を信じる充分な理由を、災難の苦痛が歴史の中で「合目的性」を持ち、過去に受けたあらゆる損失は「歴史の進歩」につれて将来挽回できると信じる充分な理由を持てるようだ。涂険峰『質疑與対話』（武漢：湖北出版社、二〇〇四年）二五―二六頁参照。

(15) 許子東『為了忘却的集体記憶』一四二頁。

(16)「悲痛を力にする」は中国当局がよく用いる弔辞のことば。

(17)「第四世代の青年は、だから自分たちは負担のない世代だと傲るが［…］それに対して私が言えるのはこれだけだ。私は君たちが羨ましい、天は君たちに新生活の特権を与えた。だが同時に忘れるな、過去の創傷記憶が君たちに属していないからと言って、将来の創傷記憶が永遠に君たちと無縁ということにはならない。［…］君にそれを突き抜ける能力がなければ、それは未来の想像の中で、それも最も美しく吸引力に富んだ想像の中で、ひっそりと復活するだろう。まさか君たちは、君たちの「傲った」口ぶり、語調の内に、それが復活する臭いを嗅ぎ取れないわけでもあるまい？」張志揚『創傷記憶』五頁を参照。

(18)『為了忘却的集体記憶』の後記に、執筆の契機となった興味深い話が記述されている。文革を経験した者が心を脅かされる「牛・鬼・蛇・神」の四文字を、言葉を学びはじめたばかりの娘がかぼそく子どもっぽい声で口にした。この四文字が若い世代に喚起するのは『美女と野獣』といった類のアニメへの連想なのかもしれない。天真爛漫な若い世代には、それが上の世代にとって重さ、恐れ、辛酸だとはどうしても理解できない。両世代の経験の隔絶を意識したことがこの本を執筆する動機となったという。

(19) 張志揚『創傷記憶』一一六頁以降を参照。

(20) この面で代表的なのは、現在に至るまで中国社会にあふれ続けている毛沢東についての記憶である。たとえば運転室にかけられた安全祈願の毛沢東像、過去の偉大な領袖を冒瀆する好色笑い話、「毛沢東風味」の飲食文化、革命聖地旅行、革命ロックなど。

(21) 文革の記憶についての欲望化された叙述（eroticized narrative）が西洋でも中国でも一定の市場を持っていることは、注意すべき現象である。たとえばアンチー・ミン（閔安琪）の『Red Azalea（レッドアザレア）』（この作品の文革に対する欲望化した叙述についてはWendy Larson, "Never this Wild : Sexing the Cultural Revolution", *Modern China*, Vol.

25, No. 4（Oct. 1999）, pp. 423-450 参照）、高行健の『一個人的聖経（ある男の聖書）』および王小波の小説などである。

光州の記憶と国立墓地

金杭

1　葬り、友と敵を区別せよ

韓国「国立顕忠院」と「国立五・一八墓地」のホームページにはそれぞれ次のような記述がある。

六・二五戦争による数多くの戦死将兵を処理するため、今まで軍人中心に行われてきた軍墓地安置業務が、一九六五年三月三〇日の国立墓地令によって再定義され、愛国志者、警察官、郷土予備軍にまでその対象が拡大された。これによって、国家と民族のために高貴なる生を犠牲にし、国家発展に大きな足跡を残した方々を、国民の名で祀ることができ、その忠意と遺訓を後世に永らく保存・継承する民族の聖域としての国立墓地の位相を確立することができた。

（韓国「国立顕忠院」ホームページ）(1)

国立五・一八墓地は、一九八〇年五・一八民主化運動当時、政権簒奪を企てた一部政治軍人たちの強硬鎮圧に対抗し、我が国の民主主義を守ろうとした戦いのなかで散華した方々と、負傷などで犠牲になられた方々が永眠なさっている聖域です。このホームページは我が国の民主化運動の中心で精神的支柱になってきた五・一八民主化運動の理念を具現し、この地の民主化のために犠牲になられた五月英霊を永遠に追悼しようと開設されました。我々はこの墓域を墓地の次元ではなく、推仰と顕忠の開かれた空間に構築していきます。

(韓国「国立五・一八墓地」ホームページ(2))

「国立顕忠院(3)」は国防省管轄下にあり、主に殉職した軍人が葬られている。その夥しい碑石のなかには「一九八〇年五月XX日光州 Gwangju にて戦死」と書かれたものがある。もちろんこの碑石の下に眠っている兵士も「国家と民族のために高貴なる生を犠牲にし、国家発展に大きな足跡を残した」ので、「国民の名で祀」られるべき死者なのであろう。それに対し、「国立五・一八墓地」のホームページによると、そのとき光州では「我が国の民主主義を守ろうとした戦い」が起こっていたはずで、軍の鎮圧によって「散華」し「犠牲」になったものたちが「推仰」されるべき「英霊」とされている。つまりその兵士が戦死したとされる戦争は、この民主主義のための戦いを指し示し、国家の永遠の追悼対象である「五月英霊」は、この兵士、つまり国家のために生を犠牲にしたとされるこの兵士にとって「敵」だったわけである。

一方には兵士が、もう一方にはその兵士に殺されたものが、同じく「国家」のために命を捧げ「犠牲」になったとされ、同じ「国民」の名のもとで「顕忠」の対象として「聖域」に祀られる。そのとき、この兵士と死者が命を捧げた「国家」とは果たして同じものなのだろうか。そして彼らの忠誠を顕彰すべきとされる「国民」とは単一のものなのだろうか。このように問いかけるその瞬間、韓国における公の歴史記憶は「単一の物語/歴史 eine Geschichte」に収まることができないように見える。なぜなら国家の追悼が「友/敵」の区分を宙吊りにしている(suspending）ように見えるからである。

周知のように近代国民国家は、その歴史記憶の再生産によって自らの連続性を確保してきた。その際、国家による追悼施設は、強制された死を顕彰の論理にすりかえることによって、歴史記憶を再生産する役割を担ってきた。(4) そして、その記憶には根源的に「友／敵」の区分が横たわっている。(5) 日本の例を見てみると、靖国神社の例で明らかなように、近代日本における公の歴史記憶は、戊辰戦争の官軍側死者だけを国家の追悼対象にすることによって、敵、つまり幕府側の死者を排除しながら単一の物語として成立した。(6) すなわち、近代日本の歴史記憶において、「敵」は排除されるために必要だったのであり、友の死の追悼を通じて「友／敵」が区別され、その区別こそが歴史記憶の根源を形どってきたのだと言えよう。

一九八〇年、上述の兵士は光州での「戦争」に参戦し、その命を国家のために捧げ国立墓地に葬られた。そうすることによって光州の「暴徒」たちは「敵」になったのである。しかし二〇〇二年、大統領令によって「国立五・一八墓地」が設立されると、今度はこの兵士が「敵」にならざるをえない。二二年の月日が流れて国家の記憶を根底において形どる「友／敵」の区分線が移動したのであろうか。「今日五・一八光州は「勝利の歴史」として復活しました。五・一八光州から始まった民主化の熱い熱気は、八七年六月抗争に受け継がれ、ついに平和的政権交代を成し遂げる土台となり、今日の政府を誕生させました。この政府はまさに五・一八光州の崇高な犠牲が創り出した政府なのです」。(7) ここにははっきりと一つの物語が、「民主化運動」の「勝利の歴史」によって、つまり「友／敵」の戦い（区分）に沿って語られている。ならば国立顕忠院に葬られた兵士は敵なのか、それともその忠意と遺訓を受け継ぐべき友なのか。そもそも国家の敵とは何ものなのか。国家が死者の追悼によって排除しようとする敵とは何ものなのか。(8)

2 ■ 作戦名、華麗なる休暇

一九八〇・五・一八。この日付を政治学者なら「決定的な分岐局面 critical juncture」と呼ぶだろう。つまり、「それ以前の条件において発生した分裂をいかなる方法によるかにかかわらず妥協させ、それ以降の状況を持続的に規定しつづける遺産（legacy）を生成させる、大きな変化の局面」だと。(9) 実際一九八〇年の「五・一八」は「いかなる方法によるかにかかわらず」「分裂」を「妥協」させたかのように見え、ある「遺産」を残した。その際「分裂」とは独裁者の突然の死によるものであったのだが、問題はその分裂を「妥協」させたのではなく、「いかなる方法」によっても想像できなかった「方法」によって、「分裂」そのものを「抹殺」したことであった。

一九七九年一〇月二六日、一九六一年五月一六日のクーデターによって政権を簒奪した当時の大統領「朴正熙 Park Jung Hee」が中央情報部長に暗殺された。これによって一八年間の独裁政権にピリオドが打たれた。国家の権限を独占していた大統領の死に直面して、各政治派閥、学生運動陣営、軍部などはそれぞれ違ったシナリオをもってこの非常事態に対応した。先手を打ったのは軍部内の政治色の濃い勢力であった。彼らは戒厳令下の最高責任者である陸軍参謀総長を拘束するという、下克上によるクーデターを敢行した（一九七九年一二月一二日）。いわゆる「一二・一二クーデター」である。これによって大統領代理は実権を失い、クーデターによって登場した新軍部のトップであった「全斗煥 Chun Doo Hwan」が政権を握る工作に着手することになる。このクーデター以降、学生や市民による多くの民主化運動が激化することになり、新軍部は民主化運動の象徴的人物であった「金大中 Kim Dae Jung」を拘束した。この措置によってますます激化した民主化運動を鎮圧するために、一九八〇年五月一八日〇時を期に戒厳令が全国に拡大される。

午前一時、韓国西南部の都市光州にある「全南大学 Chonnam National Univ.」と「朝鮮大学 Chosun Univ.」に、

図1　5・18〜5・20の間の空挺部隊による鎮圧（5・18記念事業団資料室所蔵）

軍の精鋭である「空挺部隊」が投入され大学を占拠した。午前九時、全南大学の学生たちが校門を境に空挺部隊と対峙しはじめた。三〇〇名近くに膨れ上がった学生たちが校門封鎖に抗議しはじめると、一〇時三〇分、空挺部隊が棍棒によって鎮圧をはじめた。これが以後一〇日間、光州を血で染めることになる惨劇のはじまりであった。その後「全羅南道 Chonranam-do 道庁（光州の中心部）」に向かおうとする学生と警察・空挺部隊との激烈な衝突はエスカレートし、午後一時、ついに陸軍本部は光州郊外に待機中だった空挺部隊を市内に出動させ作戦名「華麗なる休暇」を開始した。以後一日間、棍棒と銃剣で武装した空挺部隊は市民と学生を屠殺していく（図1）。

一九日午前一一時、すでに交通が遮断された「錦南路 Gumnamro（光州中心にある大通り）」に市民が集まると、空挺部隊は戦車を先頭にして突入してきた。午後一時、集まった市民は五千人に達し、午後三時には市民を解散させるために空挺部隊が鎮圧をはじめた。しばらくしてこの場所からは六体の死体が発見された。道庁前には二千名が集まっていたが、空挺部隊はこれを解散させるために火炎放

図2　5・21〜5・26 にかけての解放区光州（同所蔵）

射機を使用した。午後四時五〇分、ほかの場所に装甲車が登場し最初の発砲が行われる。この一連の過程で多くの学生と市民が無差別に殴られ、下着姿にされ侮辱された。

二〇日午後四時、またもや市民は錦南路に集結した。「戒厳令を撤回せよ」「金大中を釈放しろ」というそれまでの主要なスローガンは、一九日政府の光州に対する公式発表が出された後、「殺人鬼・全斗煥を八つ裂きにしろ」という風にエスカレートする。空挺部隊による屠殺はこの間もつづいたが、デモはいっこうにおさまる気配をみせず、放送局が焼かれるにいたる。午後一一時、ついに道庁前で集団的発砲が行われる。標的をしぼった照準射撃と、機関銃による無差別射撃が始まったのである。

二一日午前一〇時、道庁を守る空挺部隊員に実弾一〇発ずつが支給される。一〇万人近くの市民が道庁前に集結し、一〇時三〇分には戒厳司令官が市民の自粛を要請する談話文を発表する。しかし道庁前は一一時になると市民の数が三〇万人に膨れ上がる。一二時五〇分、デモ隊の前線でバスが発車し、空挺部隊の阻止線を突破する。阻止線を突破された空挺部隊は、午後一時、集団発砲を開始する。機関砲、装甲車、

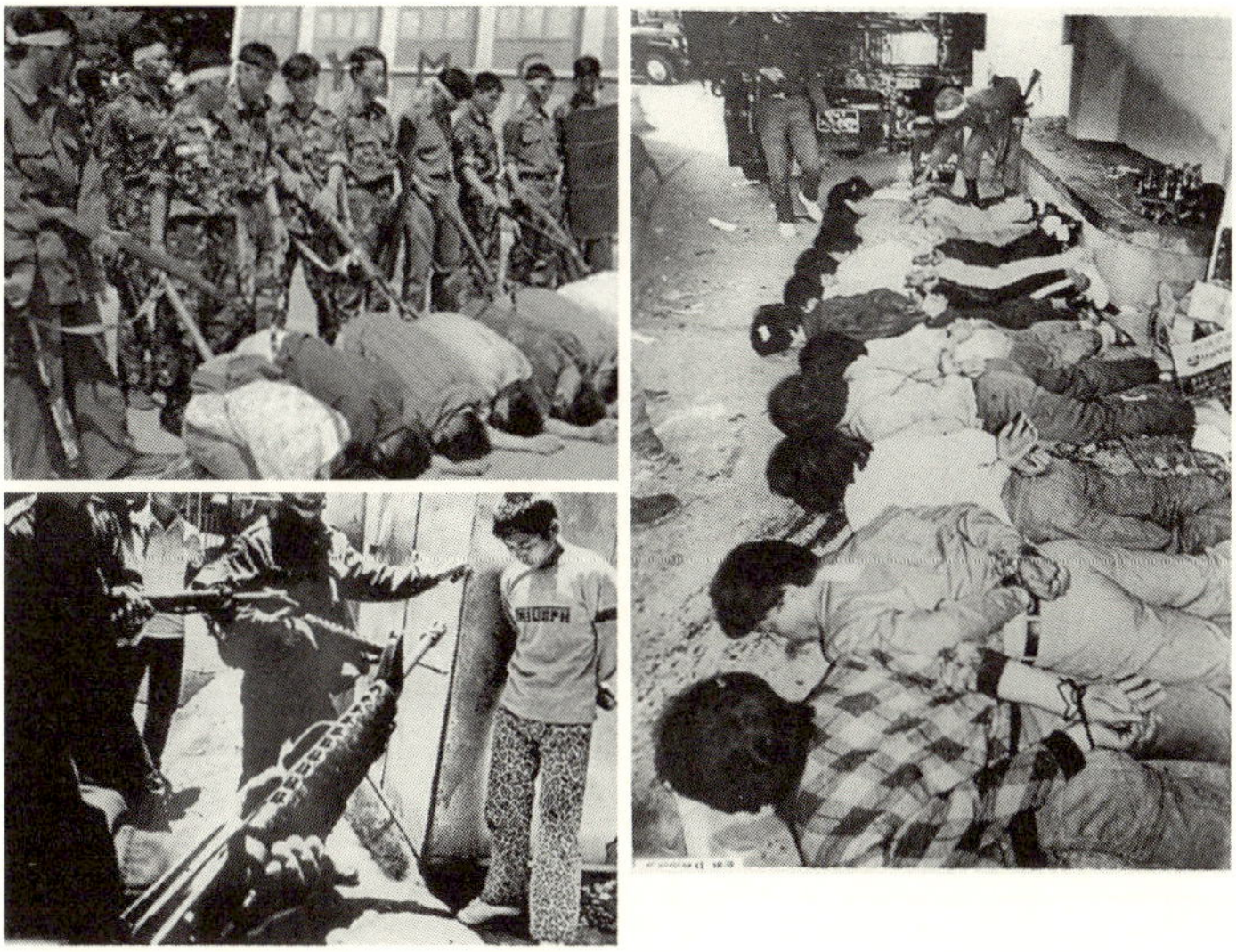

図3　5・27の道庁鎮圧後に並べられた遺体と捕えられた市民軍（同所蔵）

ヘリ、すべての銃口から逃げる市民、倒れる市民、救出する市民、すべての市民に向かって発砲が行われる。韓国軍のなかで最も優れた訓練を受けた、「敵を殺す」ことを唯一の任務とする精鋭部隊が、無防備の市民に、軍事計画に基づく作戦を発動した瞬間、光州の市民は韓国民ではなくなった。光州は韓国の地図から消去されたのである。そこはもはや「国内」ではなく、「敵と友」に分かれた戦場であるのみだった。

抵抗が強制されたものであったように、市民たちの武装もまた強制されたものであった。午後二時には市民たちが虐殺の現場である道庁前から逃れ、近くの警察署を襲撃して武器を手にする。武装した市民は道庁前に再び集まり緊張は高まった。そして空挺部隊は光州の外郭地域に退却することになる。しかしこの退却が市民の勝利を意味するわけではなかった。すでにこの日の早朝、戒厳司令部は新しい作戦を計画していた。「市内に駐屯していた部隊を外郭地域に再配置させ、外郭地域を徹底的に封鎖、光州を孤立させる。その後、孤立無援の光州に再進軍し、デモ隊を一掃する」という作戦である。二一日から二六日にかけて光州は市民たちによる自治によって「解放区」となる（図2）。しかし市民たちの「解放期間」は、戒厳軍の「一掃準備期間」に他ならなかった。ゆえに「包囲された祭り」は長く続かなかった。五日間の解放の期間、妥協を主張した「事態収拾対策委員会」も、最後まで闘争することを主張した「民主市民闘争委員会」も、戒厳軍のこのような作戦を知らなかった。二七日午前〇時、「忠情作戦」と名づけられた計画によって、道庁を占拠していた市民軍は五時間たらずで鎮圧された（図3）。作戦「華麗なる休暇」はこのように終った。

3 事態から民主化運動へ

朴正煕の死後、「八〇年の春」と呼ばれたソウルでの大規模なデモは、以後の政権が民主的プロセスによって構成されるべきだという市民の合意を見せてくれるものであった。しかし、新軍部の政権簒奪はまったく逆のプロセスを歩んだ。新軍部の政権簒奪プロセスは、次の通りであった。

（1）一九七九・一〇・二六―一二・一二：軍を掌握するための計画、
（2）一九七九・一二・一二―一九八〇・四・一四：軍の掌握後、国家装置に対する掌握準備、
（3）一九八〇・四・一四―五・一七：全斗煥の中央情報部長就任による国家装置および行政機構全般に対する掌握、
（4）一九八〇・五・一七―五・二七：非常戒厳拡大と政治勢力および市民に対する全面戦を通した降伏強制、
（5）一九八〇・五・二七―八・二七：光州での勝利を基盤に社会全体に対する支配を成立させ反対勢力を除去、全斗煥の大統領就任、

こうした五段階からなる「多段階クーデター multi-stage coup」いおいて、新軍部は、さまざまな抵抗を武力で鎮圧し政権を簒奪したのである。

このような背景の下で、光州での残虐な鎮圧は、以降一三年間続く軍事政権を可能にした原-暴力であり、そしてこの政権に対する市民の原-抵抗でもあった。ゆえに一九八〇年代以降の民主化運動は光州の記憶に発し、その復活を目指した運動であると言える。そしてその過程は一言で、「事態から民主化運動へ」と要約できるだろう。

一九八〇年五月二七日、鎮圧部隊の作戦が圧倒的な物理力によって幕を閉じた後、新軍部は戒厳司令部の名で「光州事態」という談話を発表する。

五月一八日の大学生のデモが発端になり、五月二七日に鎮圧されるまで光州市一帯で発生した暴動事態は、国家安保を危うくし国政の正常な遂行を阻害しただけでなく、国民にも不安の憂慮をもたらした前例のない悲劇であった。(10)

このように始まる談話は、この事態を「武装暴徒の動乱による光州市一帯の不法天地化」と規定し、次のように締めくくられる。

光州事態の発端と動機、そしてその是非曲直にかかわらず、二度とこのような不幸な事態が発生してはならず、［中略］この事態の渦中で現地市民と軍の間で多少の問題があった点、これに対しては適切な措置を考究中であり遺憾の意を表する。国民のみなさんはこの事態の貴重な教訓を反省と自制の契機にして、難局を克服することに精進することをお願いする次第である。

鎮圧されるべき暴動事態、その発端と動機の是非を問えない事態、これからの反省と自制の契機になるべき事態、光州一帯を不法天地にした事態、これが一九八〇年五月一八日から二七日にかけて起こった出来事に対する最初の位置づけであり、「光州事態」はそれにつけられた公式の名称だった。「事態」という言葉は韓国語のニュアンスでは、早急に収拾され忘れ去られるべき出来事を指し示す。新軍部にとって光州での出来事はまさに「事態」だったのである。そして、それが光州一帯という限られた地域における事態であったかぎり、出来事そのものの記憶はその外部において想起されるべきものではなく、その収拾はどこまでも当事者たちだけのものだった。

光州以降の韓国の反体制運動は、いかにこの「事態」から光州を救い出し、光州を公の記憶として復活させ虐殺者を裁くのか、という問題を中心に展開されて来た。そしてこの展開のなかに民主化への要求が凝縮されていたのは言うまでもない。一九八七年の憲法改正（大統領直接選出）はこの民主化運動の可視的な成果であった。一九八七年の選挙では民主化勢力の分裂によって、再度新軍部の「盧泰愚 Roh Tae Woo」が大統領に当選したが、新政権にとって光州問題はすでに避けては通れないものであった。一九八八年一月、新政権は「国民和合分科委員会」を構成し、光州の真相究明に乗りだした。この委員会は光州抗争(11)が戒厳軍の残虐な鎮圧によって発生したことを認めたが、犠牲者に対する金銭的補償にのみその解決を求めた。被害者団体の主要な要求である、真相究明、責任者処罰、名誉回復、賠償、記念事業は、単なる補償のレベルでは取り入れられなかったのである。

一九八八年には「光州聴問会」が国会で開かれた。この聴問会によって鎮圧軍による残虐な暴挙がある程度知らされることとなる。過剰鎮圧が新軍部のクーデター計画による必然的なものだったこと、その残虐な鎮圧の実状、市内や郊外で行われた良民虐殺などが明らかにされた。これによって死亡者一六三名、行方不明者一六六名、負傷者三一三九名という公式の集計が初めて発表された（もちろんそれ以前、軍や市民団体による集計などが発表されたが、いまだ正確な被害者数は定まっていない）。しかし実質的な捜査権を持たない聴問会においては、当時依然として新政権の中枢をなしていた実際の責任者に対する追及や証拠確保が難航し、真相究明や名誉回復などは先送りにされた。

この委員会を経て、一九九〇年「光州民主化運動関連者補償などに関する法律」が制定された。新政権はこの法律によって、新軍部の原罪であった光州問題にピリオドを打とうとしたのである。しかしこの法案は国家による賠償ではなく、補償として光州問題を処理しようとした。これは国家に法的責任がないことを示すものであった。この法案の制定をめぐってなされた議論のなかで、光州の犠牲者を国家功労者として報勲の対象にすべきなのか、という問題が台頭した。これは戦没者や独立運動家と光州の犠牲者との位相確定の問題であり、国家の正当性とも密接に関連する問題であった。当然ここには国立墓地化の問題も含まれているが、当時の政権は単なる補償でことをおさめる方向で法案をまとめた。その後、被害者の申請（一九九〇、一九九三、一九九八、三次にわたる）と関係機関の審査に基づき補償がなされることとなる。

一九九二年の大統領選挙で当選した「金泳三 Kim Young Sam」は「今日の文民政府は光州民主化運動の延長線上にある民主政府」として新政権を位置づけた。これは、一九九〇年に新軍部の与党と手を握ったことから大統領になったという負い目を、どうにか軍事政権との差別化を通して払拭しようとするジェスチャーであった。ところが、一九九三年五月一三日、金泳三は「五・一三特別談話」なるものを発表し、「（光州の真相究明は）暗かった時代の恥辱をもう一度掘り返し、葛藤を再演することでも、誰かを罰することでもないのだから、不十分なところは後世の歴史にあずけるのが道理」だろうと発言した。そして「五・一八記念日」を光州市議会の条例として制定することを勧め、それによって、いわゆる「光州の光州化」を推し進めようとした。これは光州問題を光州市民だけの問題に縮小させようとするものであり、自分が頼らざるをえない過去の新軍部勢力との妥協であった。

こうした政権の態度によって、一九九四年、それまで検察に係留中であったクーデターと光州抗争関連訴訟が、検察の公訴権なしという決定により棄却された。これに多くの市民団体は猛反発し、一九九五年には盧泰愚前大統領が「中国の文化大革命時には数千万の人々が犠牲になった。それに比べれば光州はなんでもない」との発言をしたことによって、全国規模の大衆集会が連日開かれた。このような情勢と政局の変化により、金泳三は、一九九五年一一月、「五・一八特別法」の制定を指示する。これによって一九九六年、全斗煥・盧泰愚という二人の前大統領が拘束され、一九九七年大法院最終判決によってそれぞれ無期懲役、懲役一七年を宣告されることになる（その六ヵ月後、二人は赦免を受ける）。こうして光州での虐殺の責任者処罰は「象徴的」に幕を閉じることとなる。

その後、二〇〇二年一月「光州民主功労者礼遇に関する法律」が制定され、同じ年七月に施行された。この法律は上で述べた一連の過程を経て、国家による光州抗争に対する最終処理ともいうべきものである。この法律は、「光州民主化運動と関連し、貢献または犠牲とされた者とその遺族や家族に対する国家の礼遇を以って、民主主義の崇高な価値を広く知らせ、民主社会の発展に寄与することを目的」とし、「我が大韓民国の民主主義と人権の発展に寄与した光州民主化運動は、我々と我々の子孫に崇高なる愛国・愛族精神の亀鑑として恒久的に尊重されねばならない。そして、その貢献と犠牲の程度によって、民主功労者とその遺族と家族の栄誉なる生活が維持・保証されるよう実質的な支援が行われねばならない」ことを理念として掲げている。

その適用対象者は、①死亡および行方不明者、②負傷者、③その他光州民主化運動の犠牲者であり（上の「光州民主化運動関連者補償などに関する法律」に基づく）、遺族の範囲は、①配偶者、②子、③両親、④成年直系男子子孫のない祖父母、⑤男子六〇歳未満、女子五五歳未満の直系家族のいない未成年兄弟、などである。この規定によって対象になった人々は、国家が定める範囲の報勲処置を受けることが可能になった。戦没者や独立運動家とともに、光州の犠牲者や遺族も国家による報勲対象になったのである。

また、この法律によって「国立五・一八墓地」が設立されることになる。この法律の第六三条には、「①光州民主化運動と関連し、光州民主功労者として死亡したものを安置し、その業績を称えるために大統領令が定めるところによって国立五・一八墓地を設立する、②光州民主功労者の遺骨や遺骸は、本人または遺族の希望によって、国立五・一八墓地に安置することができる、③安置対象者など安置に関する必要事項は大統領令によって定める」とされている。[12]

一九八〇年五月三〇日、光州の犠牲者は郊外にある「望月洞 Mangwoldong 墓地」に安置された。そして一九八〇年代の民主化闘争の際に亡くなった多くの人々もここに葬られ、この墓地は「民主化の聖地」とも呼ばれていた。この墓地に葬られた人々の中から、光州の犠牲者だけが新しく建てられた「国立五・一八墓地」に移葬されたわけである。二〇〇五年一二月現在、四三六名が安置されており、二〇〇三年五月一八日には初めて国家報勲処主催の「光州民主化運動記念式典」が、大統領や政府要員、遺族や関連団体の出席のもと盛大に開かれた。これによって光州問題をめぐる国家の補償、法的裁き、歴史的位置づけは一段落した。すなわち、「光州事態」は「光州民主化運動」として歴史的変貌を遂げたのである。

4■光州のエティカ――抹消されえない事態

法的にも、歴史的にも光州はもはや「事態」ではなくなった。現在韓国において「光州事態」と呼ぶのは、保守系でもまれなことである。光州が禁忌だったこと、そしてその記憶を語ることが困難だったことが、現在では遠い昔のことになっているのだ。これこそが現大統領にして「勝利の歴史」と言わせた時間の流れなのかもしれない。しかしその「勝利」は、多くの死者の上に築かれた「歴史」は、誰に対する勝利であり、誰の歴史なのだろうか。

二〇〇四年、現大統領は現政権が光州の「崇高な犠牲が創り出した政府」だと述べ、「五・一八の英霊のまえで頭を下げ感謝」した[13]。その次の年、彼は同じ場所で「苦痛と憤慨、憎悪と怨恨も克服すべきです。赦し和解して一つになりましょう」と光州市民と国民に呼びかけた[14]。しかしこの犠牲者に対する「感謝」、そして「赦し」は不可能である。

感謝するとは、謝意を感じることである。謝意とは何かをその感謝の相手に負っているときに生ずるものである。ゆえにこの国家は「犠牲者」に何かを負っているが、犠牲者に負うものは死しかない。そして彼はまた「赦しと和解」を国民に訴えかけた。赦しとは負債(罪)から人を救うことである。それでは誰が赦され、誰が赦すのか。お互いをお互いが赦す(和解)、のである。「そうしてすべての国民が一つになるとき五・一八光州精神は完成されるでしょう[15]」。このとき光州の犠牲は完全に報われる、すなわち、犠牲者に対する完全な感謝、そしてその赦しが完成されるのである。

しかし犠牲者に死を負っている国民がお互いを赦し、それが完成することは不可能である。なぜなら彼らには赦す能力がない。負債を負ったもの同士がお互いに赦しあったとしても、犠牲者が報われるわけではなく、つまり負債が債権者に返されるのではなく、負債者たちの間をどうどうめぐりするだけだからだ。そしてそもそも「犠牲」に「感謝」することは不可能である。なぜなら「誰も他人の代わりに死ぬことはできない」からだ。ゆえに死者に対する感謝はそもそも不可能なのであり[16]、誰も他人の死に感謝することはできないのだ。

このように国家による死者への感謝と、国民同士の赦しと和解には、根源的な不可能性が横たわっている。したがって光州での出来事を「勝利の歴史」として記憶し、犠牲と感謝と赦しの論理によってその精神を完成させることは、この不可能性を忘却することである。これは「光州のエティカ」の忘却にほかならない。つまり、「勝利の歴史」においての主体は「国家の歴史」そのものであり、その勝利は「光州のエティカ」に対するものなのだ。

一七年という時間が流れるなかでその日を眺める世間の目線もずいぶん変わった。最初の七年はただのたわごとで、流言蜚語か誇張された伝説だった。次の三、四年はテレビのなかでの騒がしい国会聴聞会というドラマのようなものだった。そして今ではそろそろ歴史の古臭い記録程度で整理されることを願っているようだ。今となって多くの人々がなんの妨げもなく語っている。今日われわれの眼の前に流れるあの河はその時の河ではない、と。その暴風荒れ狂っていた河はずいぶん前に過ぎ去ってしまって、もはや取り返せない遠い過去の海に流れ込んでいってしまった、と。しかし彼らは忘れている。銃口の横、もしくは後に隠れていた人々(もちろんそれは誰のせいでもない)なら、それは単なる一つの重要な歴史や事件の項目だとしてすんなりと整理できるかもしれないが、銃口のまえに立たされた人々には、永遠の悪夢か簡単に治癒できない傷だということを。(17)

光州での出来事を歴史化できるのは、その死者や傷を負ったものではない。彼らの死と傷は誰によっても、何によっても報われることができない。彼らにとって光州の出来事は「永遠の悪夢か簡単に治癒できない傷」だからである。ただ銃口の横や後にいたものたち、つまり感謝と赦しをするとされるものだけが「歴史」を創り出す。負えない負債を完全に返済したように振舞う。しかしその歴史化は決して「悪夢と傷」を癒すことはできない。一九八〇年五月に光州で現前したエティカを記憶できない。なぜならそのとき光州の市民たちは「孤立無援」の状況のなかで、誰も聞いてくれない状況のなかで、「このようには生きたくない」(18)という「倫理 Ethica」を叫んでいたからである。(19)それこそは光州のエティカにほかならない。

もっと驚くべきことは手榴弾を腰に付けて歩いていることだった。安全ピンのレバーを腰に付着させるフックだと勘違いし、そのレバーを綴りにしていくつも腰につけて歩いていた。それが抜ける日には皆殺しは免れない状況だったのである。また、銃を持つ方法も知らなかったので、まるで棒きれを持つようにぐるぐる回して歩いていた。冷や汗ものだった。私は手榴弾を回収し、銃の持ち方を教えるよう促した。しかしみな烏合の衆だったので、話を聞くわけもなかったし、集まれと言っても集まるわけはなかった。［中略］「みんな死ぬまで戦うんだ。収拾とはなんだ、収拾とは！」すぐあごの下に銃口を突きつけながら、（強硬派の若者は）声を張った。あごの下のへこんだ部分に銃口がはまって、首を回すと銃口もついてきた。引き金を引くと頭が吹っ飛ぶ状況だったのだ。「この野郎、もう十分なほど死んだじゃないか。これからは生きようじゃないか、てめえはてめえのお袋のことも忘れたのか、この馬鹿野郎！」わたしは銃口で頭を突き上げられたまま叫んだ。[20]

最初の抵抗が強制されたように、武装も強制されたものだった。光州の市民たちは新軍部とは違って何のシナリオも持ち合わせていなかった。彼らの悲劇は強制され武装した銃の銃口が、彼ら自身に向けられたことであった。何の戦略も戦術も知らなかった彼らは、歴史の言うような勝利を目指したのではなく、ただ殺戮への怒りと死んでいった者への悲しみだけを糧に、そのように生きないように（つまりそのように死なないために）戦っただけなのだ。解放区になった光州において指導部の路線が異なったのは、イデオロギーや戦略の違いのためではなく、そもそも指導など不可能だったからである。このような戦いが民主化要求や独裁終焉といったスローガンへと集約されたとしても、その根底にあったのは指導されえないエティカであった。

この事件は学生たちが起こしたものであったが、学生たちは一九日にすでにほとんど光州から出て行っており、実際に銃を持って戦った人々はこのどん底の市民たちだった。[21]

このような人々が五月二七日の残虐な鎮圧の後、「尚武台合同捜査本部」に連れて行かれ、「永遠の悪夢となる」拷問を受けた。「私は日々体が弱り動くことすらままならない。家族を養うことさえできない。妻は家政婦仕事で私の薬代に当てている。死ねなくて生きているだけで、妻に申し訳ないばかりだ」。「耳からは絶えず粘液が流れた。天気が少しでも曇ると体中に激痛が走った」。「私は今でも鎮痛剤と睡眠剤を飲んで寝る。これからどう生きていけばいいのかわからない」[22]。

ご覧のとおり、彼らのエティカは勝利の歴史として復活するどころではなく、苦痛と悪夢の連続のなかでの終わらない戦いとして残った。「事態」から「民主化運動」へと変貌しても、その出来事は抹消されていないのである。すでに亡くなった人も、現在生存している負傷者も、その死と悪夢と傷を誰にも感謝されることはできない。そして彼らの死と悪夢と傷は、歴史のなかで物語として語られるのではなく、忘却の淵へと追いやられている。一九八〇年五月がそうだったように、彼らの叫びは誰にも「言葉」として伝わらないのだ。国家がいくら民主化運動として、勝利の歴史として、栄光の記憶として感謝と赦しを完成させようとしても、この叫び、この事態は抹消しきれない。

私はクリスチャンです。しかし宗教を離れて神話を話しましょう。あなたがたは熊が人間になるためにどれだけ耐えに耐えたかよく知っているはずです。みんな苦しいでしょうが模範をみせてください[23]。

韓国の古代神話には熊が人になるために、百日間ニンニクとヨモギだけで洞窟暮らしをしたというものがある。違う生を切り開くために銃を持つことを強制され、むき出しの状態（the state of bare life）で暴力にさらされた挙句、熊になったものたち。彼らのエティカは勝利の歴史へと向かうことではなく、なによりもまず「人間」になることだったたろう。そしてこの際の「人間」こそは、八〇年代を通じて韓国の市民たちが目指したものに他ならない。しかし果たして熊から人間になったものが「勝利の歴史」のなかにいるだろうか。

5 国家の敵は何ものか

冒頭の兵士に話を戻そう。この兵士は誰と戦って顕彰されているのか。光州が事態ではなく民主化運動として位置づけられ、その死者が英霊になった以上、この兵士の敵はもはや国家の敵ではない。ならばこの兵士はもうこれ以上顕彰されないのか。そうではないだろう。犠牲と感謝と赦しと和解の論理は、この兵士も、光州の死者をも同じく顕彰する。なぜなら彼らは国家の敵ではなく友だからである。ただし彼らが歴史になる限りにおいて。歴史を持たないもの、それこそが「敵」なのだから(24)。

国家の死者追悼と記憶の根底には「敵／友」の根源的区分が横たわっている、と言った。しかし殺したものも殺されたものも、みな顕彰されるべき犠牲者なら、つまり友なら、国家の敵は何ものなのか。それは光州のエティカである。歴史化や物語化や記憶化が不可能なものである。それは言葉を持たず、叫ぶものである。

犠牲の論理とは不可能な死の贈与を可能にする装置だといえるが、光州のエティカはそのような論理がいかに不可能なのかを見せてくれる。光州の死者の死に報いることはできない。だれもその死と悪夢と傷を請け負うことはできない。ゆえにそれは歴史や記憶が完成させようとする物語から残る何ものかである。この残りものこそが、国家の追悼と犠牲の論理の根底に横たわっている「敵」に他ならない。

国家の追悼と犠牲の論理はなにも他国との戦争にまつわるものだけではない。現存する国家に正当性を与える歴史は、すべてこの論理の上に成り立っていると言っても過言ではない。韓国について言うと、上述してきた光州や四・

一九といった民主化運動においてもそうなのだ。そのような抵抗を記憶する場合においても、国家の犠牲と感謝と赦しの論理、そしてその上に築き上げられる勝利の歴史はとどまることを知らない。しかしその論理と歴史がいかに完璧を装うとしても、エティカ、歴史が残さざるをえないものは決して抹消されえない。なぜならエティカはほかならぬこの残りもの、熊の叫びからしか生じ得ないからである。

おそらく人間になろうとしたあの熊は、洞窟からまだ脱出していない。だからと言ってあきらめたわけではない。ただあの熊は洞窟からの脱出を繰り返す。この反復こそが光州のエティカ、歴史記憶において決して国家が完全に勝利できない「敵」なのだ。

注

(1) 韓国「国立顕忠院」ホームページ：http://www.snmb.mil.kr（傍点は引用者、以下同じ）。

(2) 韓国「国立五・一八墓地」ホームページ：http://518.mpva.go.kr

(3) 現在ソウルと大田（Daejeon）にそれぞれ第一、第二国立顕忠院がある。

(4) 高橋哲哉『国家と犠牲』東京：NHKブックス、二〇〇五年。

(5) 国家と戦争記憶の関係については、Michel Foucault (1976), David Macey trans., *Society Must Be Defended*, New York : Picador, 2003, pp. 23-42, 87-115 参照。

(6) このような事情は西欧近代国家についても言える。高橋哲哉、上掲書参照。

(7) 「盧武炫（Roh Mu Hyun）」大統領、五・一八光州民主化運動二三周年記念辞。

(8) ここではこの問題を「国立五・一八墓地」を中心に考察するが、すでに一九九七年の「四・一九墓地」の国立化はこの問題を露にさせた。国立顕忠院に葬られている独裁者「李承晩」と、生命を投げ打ってその独裁を崩壊させた若者たちが、同じ国立墓地という名の下で追悼されているからである。より遡れば、武装独立運動の参加者とその討伐の任務にあたっていた日本帝国の関東軍将校が、同じ国立墓地（顕忠院）のなかで祀られていることも、このような問題をすでに提起し続けていたと見るべきだろう。

(9) Ruth Berins Collier and David Collier, *Shaping the Political Arena : Critical Junctures, the Labor Movement, and*

Regime Dynamics in Latin America, Princeton : Princeton University Press, 1991, pp. 29-31.

(10) 戒厳司令部（一九八〇年六月）「光州事態」（「全南大学五・一八研究所」ホームページ：http://altair.chonnam.ac.kr/~cnu518)。このページでは貴重な証言資料を多数閲覧できる。

(11) 公の場で「事態」ではなく他の名称で光州の出来事を語り始めることができたのはこの時期からである。これ以降、「抗争」「民衆蜂起」「義挙」などが「光州」に連なるようになる。

(12) 二〇〇二年七月二七日の大統領令によって、いわゆる「五・一八新墓域」が「国立化」される。

(13) 盧武炫大統領、五・一八光州民主化運動二三周年記念辞。

(14) 盧武炫大統領、五・一八光州民主化運動二四周年記念辞。

(15) 同上。

(16) Jacques Derrida (1992), David Wills trans., *The Gift of Death*, Chicago : University of Chicago Press, 1995, p. 42 参照。

(17) 林哲佑 (Lim Chul Woo)『春の日』ソウル：文学と知性社、一九九七年。

(18) スピノザは倫理を幸福のための実践目録だと定義した。つまり違う生への可能性を切り開くこと、これこそがエティカなのである。Giorgio Agamben, Daniel Heller-Roazen trans., *Remnants of Auschwitz : The Witness and the Archive*, New York : Zone Books, 1999, pp. 22-24 参照。

(19) 当時武装した市民たちが真っ先に攻撃したのは放送局であり、外国人特派員は唯一の「口」として歓迎された。彼らはしゃべる口を奪われた状態だったのだ。

(20) 「송기숙 Song Ki Suk」の証言（上記「五・一八研究所」ホームページ）。

(21) 同上。

(22) 拷問被害者たち「チョン・スンナン、ウィ・チョンヒ、キム・スンチョル」の証言。もちろん彼らは一九九三年以降、負傷者申請によって金銭的補償を受けることができたが、個々人の事情は確認できない。このほかにも夥しい数の証言を「五・一八研究所」ホームページで見ることができる。

(23) 「명노근 Myung No Gun」の証言。彼は全南大学の教授で、鎮圧の後、指名手配を受けて自首し尚武台で拷問を受けた。この発言は収監者の極限状態における蛮行をなだめるためになされたものであった。

(24) ヨーロッパにおける「敵」の「非-歴史」を論じたものとして、Gil Anidjar, *The Jew, the Arab : A History of the Enemy*, Stanford University Press, 2003 を参照。

結びに代えて

つまり、動かぬものを打ち破ろうとしている人間は、友情を実現する機会をやりすごしてはならないのだ。
（ベンヤミン「ブレヒトの詩への注釈」）

あらためて一三本の論文を読み返してみる。すると、法と暴力という問題系のもと、新たな線がその間に次々と引かれ、別のコンステラチオン（布置・星座）が浮かび上がってくる。それらはそれぞれに巨大な問いを投げかけていて、ここで要約したり、まとめたりする類のものではない。それらは、新たな応答を待っているのだ。

長い準備期間を経て、本書のもとになった国際シンポジウム「東アジアにおける法・歴史・暴力」が、二〇〇六年一月に開催された。それが可能になったのはひとえに、「東アジアにおける法・歴史・暴力」という問いかけに国内外から応答し、参加していただいた多くの方々の友情のおかげである。しかし、それは奇妙な友情で、一度も会ったことのない者たちの間に成立する友情であった。それは、出会う機会を待ち続けている者の間の友情であり、ベンヤミンおよびブレヒトの言葉を借りるなら、「動かぬものがついに敗れる」（『老子』七八章）という約束を果たすための友情であった。では、その約束はどこから来たのだろうか。再びベンヤミンによるならば、それは過去から到来したのである。

かつての諸世代とぼくらの世代との間にはひそかな約束があり、ぼくらはかれらの期待をになって、この地上に出てきたのだ。ぼくらには、ぼくらに先行したあらゆる世代にひとしく、〈かすか〉ながらもメシア的な能力が附与されているが、過去はこの能力に期待している。

(『歴史哲学テーゼ』)

そう、「東アジアにおける法・歴史・暴力」という問いかけもまた、そもそも過去との「ひそかな約束」を果たすために問われたのである。「動かぬもの」の軛から過去を救済すること。

ここで重要なことは、その過去が、わたしたちの過去であるということだ。過去は、特定の国民的ナラティブに回収されるものではなく、複数の声と複数の視点からともに応答すべき何かである。もし『法と暴力の記憶——東アジアの歴史経験』という本書にまとめられた論文を貫いている命題をひとつだけ挙げるとするならば、こうであろう。

わたしたちはすべての過去に責任があり、すべての過去から期待されている。

これは容易ならざる命題である。「すべての過去に責任がある」とは、耳を塞ぎ、目を閉ざしてしまいたくなる命題である。しかし同時に、「すべての過去から期待されている」とは、何という慰めだろうか。わたしたちは世界の内に見捨てられているのではない。わたしたちは世界の友情のもとにいるのだ。『老子』に応答し、そこに「動かぬものがついに敗れる」チャンスを見たブレヒト。そして、そのブレヒトに応答したベンヤミンの星の友情は、ここに成立している。

ブレヒトは『家庭用説教集』に、世界がしめす友情についてのバラードを、書いたことがある。その友情は三つある。母はおむつでくるんでくれる。父は手を差しだしてくれる。ひとびとは墓に土をかぶせてくれる。そしてそれで十分なのだ。なぜならその詩の最後で、こういわれているではないか。

ほとんどみなが、そのとき世界をいとしがる
ひとすくい、ふたすくい、かれに土がかぶさる。

世界の友情の表明は、生活のもっとも苛酷な時期にあたってなされる。生まれたとき、人生へ最初の一歩を踏みだすとき、そして人生から去ってゆく最後のとき。それがヒューマニティーの最小限綱領である。

（ベンヤミン「ブレヒトの詩への注釈」）

死者を葬るのは、死者ではなく生者である。そして、生まれ来る者をかき抱くのも、生者である。この「ヒューマニティーの最小限綱領」は、本書で投げかけた法と暴力への問いにおいても同様に適用されなければならない。それは、過去への友情であると同時に、未来における再度の応答を期待したものだ。

「動かぬものを打ち破る」ために、未来の友情を待望する。これを、本書の結びに代えることにしたい。

中島隆博

二〇〇七年二月

［関連年表］

地域	年	事項
日本	68	明治維新
日本	89	大日本帝国憲法発布
日本	90	教育勅語の発布
日本	91	井上哲次郎『勅語衍義』
中国	51-64	太平天国戦争
中国	55-68	捻軍戦争
中国	56-60	第二次阿片戦争
中国	84-85	中仏戦争
中国	94-95	日清戦争
中国	95	下関条約の発効
中国	95	三国干渉　日本、遼東返還
台湾	74	日本、台湾出兵
台湾	95	清朝、日本に対して台湾の主権移譲の調印
台湾	95	日本政府は台湾に軍制を敷く
台湾	95	日本軍、台南城を占領　台湾民主国の崩壊
韓国	75	江華島事件
韓国	76	日韓修好条規締結
韓国	84	甲申政変
韓国	86	梨花学堂がアメリカ女性宣教師によって設立
韓国	94	未亡人の再婚を許容する法律
韓国	94	甲午農民戦争
韓国	95	「男女児童を修学させる」ことを定める「小学校令」が公布

1900

02 日英同盟

04-05 日露戦争

---

98 独は膠州湾、露は旅順・大連、英は威海衛・九龍（新県）を租借

99 仏は広州湾組借

00 北清事変（義和団の乱）

01 北京議定書

---

96 日本政府による台湾の「民政」

96 台湾の刑罰法規に日本の刑法を主に適用

96 台湾総督府法院条例の公布

96 台湾総督府臨時法院条例の公布

98 日本内地人または清国人以外の外国人に関する民事事項は、日本の民法と商法により処理し、台湾人または清国人間の民事事項に関してのみ旧慣または法理により処理すると規定

98 匪徒刑罰令の公布

99 刑事訴訟法を台湾に一律用いる

04 罰金及笞刑処分例の施行（一九二一年に廃止）

---

98 賛養会（別名：養成院）

	日本	中国	台湾	韓国
	12-25 大正時代	09-13 英国のチベット侵攻に対する反抗	04 犯罪即決制及び民事争訟調停制度の施行	05 ユン・ヒスンのアンサラム（家内）義兵団の結成
	14-18 第一次世界大戦	11 辛亥革命	15 西来庵事件	07 国債報償運動
	15 対中二一カ条要求	12 中華民国の成立		10 韓国併合に関する条約
		13 二次革命		10 日韓併合
		15-16 護国戦争		12 朝鮮民時令
		15-19 新文化運動		13 松竹決死隊の結成
		15-38 西南内戦		14 日本の抗日女性団体として朝鮮女性親睦会の結成
		17 張勲討伐戦争		17 『女子界』創刊
		17 第一次世界大戦に参戦		19 三・一運動
		19 五四運動		19 女性万歳運動
				19 大韓民国愛国婦人会を

20	
20	直皖戦争
22	第一次直奉戦争
23	魯迅『吶喊』
21-34	台湾議会設置請願運動
23	台湾人の民事財産法事項に関わるものに限り、日本の民法商法等を適用、ただし民事の身分法事項に関するものは旧慣によると規定
23	日本の民事訴訟法が台湾に施行
23	「台湾議会期成同盟会」
	組織
19	琿春愛国婦人会の結成
19	アメリカ地域大韓女子愛国団の結成
19	ハワイ大韓婦人救済会の結成
20	「新女性」の登場
20年代	女性教育運動
20-30年代	女性労働運動の支援組織である女性同友会、京城女子青年同盟、京城女子青年会の結成
20	金一葉『新女子』発刊
21	女学生盟休運動、淑明女子高から始まる
23	『新女性』創刊

30

日本

25 治安維持法分布
25 普通選挙公布
26-89 昭和時代
32 和辻哲郎「国民道徳論」
33 国際連盟脱退

中国

24 第一次国共同作
24 第二次直奉戦争
25 五・三〇事件
25 国奉戦争等
26-28 北伐戦争
27-36 第一次国共内戦
28 張作霖爆殺事件
28-30 国民党派閥間戦争
29 中東路戦争
30 中原大戦
31-45 日中戦争
37 盧溝橋事件
37 第二次国共合作
37 南京大虐殺

台湾

の設立を禁止
24 日本の刑事訴訟法が台湾に施行
27 治安警察法の下、台湾人が組織した近代政党、台湾民衆党が許可される
31 共産党員の大量検挙
35 州会、市会、街庄協議会議員の選挙

韓国

27 光州秘密結社組織少女会の結成
28 槿花会の結成
38 志願兵制度の導入
38 教育令改正・国体明

40
39-45 第二次世界大戦 41 日本海軍、真珠湾を攻撃　太平洋戦争起こる 42 座談会「近代の超克」 45 ヒロシマ・ナガサキの原爆投下 45 ポツダム宣言受諾 45-51 ＢＣ級戦犯裁判 46 日本国憲法公布 46-48 東京裁判（極東国際軍事裁判） 47 趙文相、シンガポール・チャンギー刑務所にて絞首刑 47 教育基本法
45-49 第二次国共内戦
45 日本植民地支配の終焉 45 蔣介石政府、連合国を代表し軍事的に台湾を接収 47 二・二八事件
徴・忍苦鍛錬・内鮮一体という三大綱領を定め、皇国臣民化を図る 38 朝鮮語科目の廃止、ハングル新聞の廃刊など 39 朝鮮総督府、朝鮮民事令改正による創氏改名 42 朝鮮人捕虜監視員の募集 43 改正兵役法 43 徴兵令 45 イギリス・オランダが「戦争犯罪に関する限り、朝鮮人は日本人として取り扱われる」と取り決め

	〜1950	1950〜
日本	47 日本国憲法の実施 47 BC級戦犯裁判で、李鶴来に死刑判決 47 李鶴来、懲役二〇年に減刑 48 東京裁判終る（東条英機ら七人絞首刑）	51 李鶴来、東京スガモ・プリズンに移される 51 サンフランシスコ講和条約の締結 51 日米安全保障条約調印 52 日本政府、朝鮮人・台湾人に国籍選択の自由を与えず、一方的に日本国籍を剝奪（法務府民事局長通達） 52 サンフランシスコ講和条約の発効
中国	49 中華人民共和国成立	52 対日講和条約不承認を声明
台湾	49 中国での内戦に敗れた蔣介石政府、台湾で中央政府としての執務を開始	52 日華平和条約調印
韓国	48 大韓民国成立　李承晩大統領 49-50 土地改革（地主制の改革）	50-53 朝鮮戦争

60

52 李鶴来ら七名の朝鮮人戦犯、獄中から「人身保護法」に基づく釈放請求裁判を起こす
52 最高裁、李鶴来らの釈放請求を棄却
56 李鶴来、仮釈放
56 日ソ共同宣言
59 日米安保条約改定の反対運動
60 日米安全保障条約調印
64 東京オリンピック大会開催
66 靖国神社はBC級戦犯刑死者全員を合祀

57-58 反右派党争
66-76 文化大革命

61 五・一六軍事クーデター、朴正熙が政権掌握
63-79 朴正熙大統領
64-（65に成立） 韓日国交正常化交渉
64 韓日国交正常化反対運動（「六・三事態」）において、政府が非常戒厳令を宣布
64 人民革命党事件
65 国立墓地令
65 韓日基本条約調印

	70	
日本	70	日米安全保障条約自動延長
	72	沖縄返還
	72	日中国交正常化
	77	靖国神社はA級戦犯刑死者一四名を合祀
中国	71	中華人民共和国の国連加盟
	76	毛沢東死去
	76	四人組逮捕
	78-	巴金『随想録』を発表開始
台湾	72	国民党政府、中央レベルの議員の定期改選を行う
	75	蔣介石死去
韓国	69	三選改憲（再選まで認められていた大統領選挙法を三選まで延長）
	71	セマウル運動の開始
	72	七・四南北共同声明
	72	八・三経済措置
	72	朴正煕いわゆる「維新憲法」を制定
	73	金大中事件
	74	「緊急措置」第一号、二号を発動
	74	民青学連事件
	74	「人民革命党再建委」事件
	77	ハンピョン事件

	80	90
	79 台湾先住民「高砂族」の遺族七名が、旧植民地の遺族として初めて靖国神社に合祀取り下げを求める 82 歴史教科書問題、外交問題に発展 89 昭和天皇死去 89- 平成時代	91 韓国・朝鮮人戦犯国家
	78 日中平和友好条約調印 79 中米国交正常化 79 中越戦争 87 余華『一九八六』を発表 89 天安門事件	
	79 美麗島事件 88 蔣経国死去、李登輝総統	
	79 朴正熙大統領暗殺 79 一二・一二クーデター 80 光州で五・一八民主化運動 80-88 全斗煥大統領 80年代後半　従軍慰安婦問題が姿を現わす 88 国会で「光州聴問会」が開かれる 88 ソウルオリンピック大会開催 88-93 盧泰愚大統領	90「光州民主化運動関連者補償などに関する法律」制定

日本	補償等請求訴訟が、一審・二審とも請求棄却 99 三菱会社に動員された被害者である勤労挺身隊女性、三菱を告訴 99 韓国・朝鮮人戦犯国家補償等請求訴訟、最高裁が上告を棄却して敗
中国	97 英より香港返還
台湾	92 国会は全て国民により定期的に選出された議員により構成される 96 台湾初の総統直接選挙で李登輝当選
韓国	92 刑法第一〇条の修正（政治的に異議を唱える者も、言論上の主張だけでは刑法的に制裁をうけることはなくなる） 93-98 金泳三大統領 95 「五・一八特別法」の制定 97 全斗煥・盧泰愚に大法院最終判決によってそれぞれ無期懲役、懲役一七年が宣告 98-03 金大中大統領

	2000
	訴が確定 06 教育基本法の改正
	00 民主進歩党政権の誕生
	00 戸主制の違憲訴訟提起 02 「国立五・一八墓地」の設立される 02 「光州民主功労者礼遇に関する法律」が制定 03- 盧武鉉大統領 03 「光州民主化運動記念式典」が国家報勲処主催で開かれる 05 憲法裁判所、戸主制に対する違憲判決

〔編著者紹介〕（＊は編者。台湾、中国、韓国の著作名は邦訳）

高橋哲哉（TAKAHASHI Tetsuya）＊
一九五六年生れ。東京大学大学院総合文化研究科教授。哲学。『記憶のエチカ――戦争・哲学・アウシュヴィッツ』（岩波書店、一九九五）、『靖国問題』（ちくま新書、二〇〇五）

王泰升（WANG Tay-Sheng）
一九六〇年生れ。国立台湾大学法律学院副院長。台湾法制史。*Legal Reform in Taiwan under Japanese Colonial Rule*（1895-1945）: *The Reception of Western Law*,（Seattle : University of Washington Press, 2000）、『台湾法律史概論』（台北：元照出版社、二〇〇四）

徐勇（XU Yong）
一九四九年生れ。北京大学歴史系教授。中国近現代史、中日関係史。『征服の夢――日本侵華戦略』（桂林：広西師範大学出版社、一九九五）、『中国抗日戦争史』（上中下、共著、北京：解放軍出版社、二〇〇五）

萱野稔人（KAYANO Toshihito）
一九七〇年生れ。東京大学大学院総合文化研究科二一世紀ＣＯＥ「共生のための国際哲学交流センター」研究員。政治哲学、フランス現代思想。『国家とはなにか』（以文社、二〇〇五）、『カネと暴力の系譜学』（河出書房新社、二〇〇六）

アラン・ブロッサ（BROSSAT Alain）
一九四六年生まれ。パリ第八大学哲学科教授。政治哲学、現代思想。*L'Épreuve du désastre――le XXème siècle et les camps*（災厄の試練――二〇世紀と収容所）（Paris : Albin Michel, 1996）, *La résistance infinie*（終わりなき抵抗）（Paris : Léo Scheer, 2006）

北川東子（KITAGAWA Sakiko）＊
一九五二年生れ。東大大学院総合文化研究科教授。哲学。『ジンメル――生の形式』（講談社、一九九七）、『ハイデガー――存在の謎について考える』（日本放送出版協会、二〇〇二）

陳昭如（CHEN Chao-Ju）
一九七二年生れ。国立台湾大学法律学院助教授。法学。『台湾重層近代化論文集』（共著、台北：播種者文化、二〇〇〇）、「性別と国民身分――台湾女性主義法律史的考察」『台大法学論叢』三五巻四期（二〇〇六）

金恵淑（KIM Heisook）
一九五四年生れ。梨花女子大学人文学部教授。哲学。『ポストモダニズムと哲学』（ソウル：梨花女子大学出版部、一九九四）、『芸術と思想』（ソウル：梨花女子大学出版部、一九九五）

中島隆博（NAKAJIMA Takahiro）＊
一九六四年生れ。東京大学大学院総合文化研究科助教授。中国哲学。『非・西欧の視座』（共編著、大明堂、二〇〇一）、『公共哲学の古典と将来』（共著、東京大学出版会、二〇〇五）

韓洪九（HAN Hong-Koo）
一九五九年生れ。聖公会大学教授。韓国現代史。邦訳書に『韓洪九の韓国現代史——韓国とはどういう国か』（平凡社、二〇〇三）、『韓洪九の韓国現代史2——負の歴史から何を学ぶのか』（平凡社、二〇〇五）

韓承美（HAN Seung-Mi）
一九六四年生れ。延世大学国際学大学院助教授。文化人類学。"Consuming the Modern : Globalization, Things Japanese and the Politics of Cultural Identity in Korea", *Globalizing Japan : Ethnography of the Japanese presence in Asia, Europe, and America* (Oxford : Routledge, 2001)

涂険峰（TU Xianfeng）
一九六八年生れ。武漢大学文学院教授。中国現代文学。『質疑と対話——二十世紀後期中国小説価値現象研究』（武漢：湖北人民出版社、二〇〇四）

金杭（KIM Hang）
一九七三年生れ。東京大学大学院総合文化研究科博士課程。政治思想史。『ヤスクニとむきあう』（共著、めこん、二〇〇六）

［訳者紹介］

阿部由理香（ABE Yurika）
台湾大学法律学院博士課程。銘伝大学非常勤講師

王　前（WANG Qian）
一九六七年生れ。東京大学大学院総合文化研究科二一世紀COE「共生のための国際哲学交流センター」研究員

菊池　恵介
一九六八年生れ。東京外国語大学ほか非常勤講師

朴　昭炫（PARK So-Hyun）
一九七三年生れ。東京大学大学院人文社会系研究科博士課程

孫　軍悦（SUN Junyue）
一九七五年生れ。東京大学大学院総合文化研究科博士課程

河村　昌子（KAWAMURA Shoko）
一九六九年生れ。千葉商科大学商経学部助教授

法と暴力の記憶
東アジアの歴史経験

2007年3月22日　初　版

[検印廃止]

編　者　高橋哲哉
　　　　北川東子
　　　　中島隆博

発行所　財団法人　東京大学出版会
　　　　代 表 者　岡本和夫

　　　　113-8654 東京都文京区本郷7-3-1 東大構内
　　　　http://www.utp.or.jp/
　　　　電話 03-3811-8814　Fax 03-3812-6958
　　　　振替 00160-6-59964

印刷所　株式会社三秀舎
製本所　株式会社島崎製本

© 2007 Tetsuya Takahashi, Sakiko Kitagawa,
Takahiro Nakajima
ISBN 978-4-13-010103-5　Printed in Japan

R 〈日本複写権センター委託出版物〉
本書の全部または一部を無断で複写複製（コピー）することは，著作権法上での例外を除き，禁じられています．本書からの複写を希望される場合は，日本複写権センター（03-3401-2382）にご連絡ください．

小森陽一・高橋哲哉 編　ナショナル・ヒストリーを超えて　46・二五〇〇円

小坂井敏晶　民族という虚構　A5・三二〇〇円

村田雄二郎・C・ラマール 編　漢字圏の近代　46・二四〇〇円

四方田犬彦 編　李香蘭と東アジア　A5・四四〇〇円

佐々木・山脇・村田 編　東アジアにおける公共知の創出　A5・三八〇〇円

宮本久雄・山脇直司 編　公共哲学の古典と将来　A5・四八〇〇円

三谷　博 編　東アジアの公論形成　A5・五八〇〇円

劉傑・三谷博・楊大慶 編　国境を越える歴史認識　A5・二八〇〇円

ここに表示された価格は本体価格です．御購入の
際には消費税が加算されますので御了承下さい．